Richard Emil Volkmann

Leben, Schriften und Philosophie des Plutarch von Chaeronea

Richard Emil Volkmann

Leben, Schriften und Philosophie des Plutarch von Chaeronea

ISBN/EAN: 9783741158490

Hergestellt in Europa, USA, Kanada, Australien, Japan

Cover: Foto ©Andreas Hilbeck / pixelio.de

Manufactured and distributed by brebook publishing software (www.brebook.com)

Richard Emil Volkmann

Leben, Schriften und Philosophie des Plutarch von Chaeronea

LEBEN UND SCHRIFTEN

DES

PLUTARCH VON CHAERONEA

VON

Dr. RICHARD VOLKMANN.

BERLIN.
VERLAG VON S. CALVARY & CO.
1869.

VORWORT.

Die gelehrten Arbeiten der letzten Decennien über Plutarch sind im ganzen mehr seinen Biographien, namentlich der Erforschung der ihnen zu Grunde liegenden Quellen, als seinen philosophischen Schriften zu Gute gekommen. Für eine Darstellung der gesammten philosophisch-religiösen Weltanschauung Plutarchs ist in Deutschland wenigstens, abgesehen von kleineren Skizzen und Abhandlungen, nichts grösseres geleistet worden. Die sonst vortreffliche Darstellung der Plutarchischen Philosophie von E. Zeller, die Philosophie der Griechen Th. 3. Abth. 2. S. 141—182 der zweiten Auflage, giebt natürlich keine klare Einsicht in die kulturgeschichtliche Stellung, welche Plutarch, im Zusammenhange mit den politischen, philosophischen und religiösen Bestrebungen seiner Zeit betrachtet, für unsre Beurtheilung jener Epoche der sich auflösenden Griechisch-Römischen Welt einnimt, auch konnte 'sie begreiflicherweise nicht auf alle Details der Plutarchischen Gedankenwelt sich einlassen. Und dass Plutarch in Folge seiner ganzen geistigen Eigenthümlichkeit, wenn er an historische Darstellungen ging, wohl viel schlechteres, aber schwerlich besseres leisten konnte, als seine Biographien, ist bis jetzt, so viel ich weiss, von den Darstellern seiner Philosophie noch nicht gezeigt worden.

Ueberhaupt werden diese Biographien vielfach zu einseitig lediglich als historische Arbeiten betrachtet und als solche einer immerhin höchst nothwendigen, ja unerlässlichen kritischen Prüfung unterzogen, wobei denn für Plutarch selbst das zwar richtige, aber doch blos negative und darum leicht irreführende Urtheil herauskömmt, dass er ein sehr unkritischer Geschichtschreiber war. Lässt man nun dabei unberücksichtigt, was Plutarch sonst gewesen ist, so kann man natürlich zu keiner vorurtheilsfreien richtigen Würdigung seiner litterarischen Stellung kommen. Uebrigens ist das ungünstige Urtheil über Plutarch keineswegs neu. Schon Niebuhr erwähnt in seinen Vorlesungen über alte Geschichte, da wo er Veranlassung hatte, Plutarch im allgemeinen zu charakterisiren (Th. 2. S. 360) einen Ausspruch W. von Humboldts: »es soll mir alles recht sein, wenn man Plutarch nur nicht als Geschichtschreiber betrachtet.« Er erzählt, wie ihn dieser Ausspruch zuerst nicht wenig frappirt habe, wie er aber mehr und mehr zur Einsicht von seiner Richtigkeit gekommen sei. Das letztere werden wir ganz in der Ordnung finden. Denn nur bei einer oberflächlichen Bekanntschaft mit Plutarch wird es möglich sein, ihn durch einen äusseren Schein verführt für etwas zu halten, was er in der That nicht gewesen ist. Einzig als Philosoph wird Plutarch richtig betrachtet und zwar als popularisirender Platoniker, der sich fast nur mit dem ethischen Theil der Philosophie beschäftigt hat, der darauf ausging praktische Lebensregeln aufzustellen und den vernünftigen Weg zu zeigen, den der Mensch in der Familie, im Verkehr mit anderen, in der bürgerlichen Gesellschaft, in seinem Verhältniss zu den Göttern, vor allem aber sich selbst gegenüber einzuhalten habe, um zum Ziele möglichster sittlicher Vollendung zu gelangen. Von diesem Gesichtspunkte aus sind auch seine Biographien geschrieben. Das werthvolle an ihnen sind nicht die historischen Details, die er giebt, sondern die eingestreuten Reflexionen, die ethischen Betrachtungen, die er über die einzelnen Personen anstellt, das Eingehen auf individuelle Stimmungen und Leidenschaften der grossen Männer, die er uns vorführt. Daher kann man auch seine Biographien nur erst dann verstehen und würdigen, wenn man sich mit seinem philosophischen Standpunkt bekannt gemacht hat. In Plutarchs philosophischen Abhandlungen liegt der Schlüssel zum Verständniss der Biographien. Je nachdem man ihn anwendet oder nicht, erscheinen die Biographien als ansprechende Kunstwerke oder als unkritische Compilationen.

Der Darlegung der Plutarchischen Philosophie ist vorliegende Schrift gewidmet. Da aber diese Philosophie ein durchaus subjectives Gepräge hat und überall durch die Lebensstellung und die individuellen Beziehungen des Philosophen zu seiner Umgebung bedingt ist, so habe ich ihrer Darlegung eine Darstellung von Plutarchs Leben und dieser wieder eine kurze Charakteristik der ganzen Culturepoche vorausgeschickt, welcher er angehört. Letztere macht natürlich auf Neuheit und Selbständigkeit keinen Anspruch, es soll mich blos freuen, wenn man den in ihr aufgestellten Gesichtspunkten wenigstens ihre Richtigkeit nicht abspricht. Dagegen sind in der Lebensbeschreibung Plutarchs manche bisher übersehene Einzelheiten zum ersten Male zur Sprache gebracht worden.

Ein zweiter einleitender Abschnitt behandelt Plutarchs Schriften, nicht um die erhaltenen wie verlorenen, so weit wir von letzteren Kunde haben, zu registriren, sondern um den Umfang und die Art und Weise seiner Schriftstellerei im allgemeinen zu charakterisiren, und die für eine Darstellung seiner Philosophie brauchbaren Schriften von den für diesen Zweck unbrauchbaren vorläufig auszuscheiden. Dabei durfte die Frage nach der Authentie der Schriften nicht umgangen werden, und so habe ich denn versucht, nach besten Kräften einen Beitrag zu ihrer Lösung zu geben. Ich bin mir wohl bewusst, diese schwierige Frage nicht zum Abschluss gebracht zu haben. Wenn ich aber bedenke, dass erst kürzlich Mullach im zweiten Bande seiner Fragmenta philosophorum Graecorum das meiste aus dem sechsten Capitel der eclogae ethicae des Stobaeus als Fragmente des Pythagoreer Didymus aufgeführt hat, dass ferner in einer der neusten und namhaftesten Geschichten der Philosophie zu lesen steht: »wäre die Schrift des Plutarch über die Meinungen der Philosophen wirklich ächt, so wäre sie jedenfalls die älteste Darstellung der verschiedenen Systeme, die wir haben. Jetzt ist erwiesen, dass sie nur ein Auszug ist, der aus der ächten Schrift des Plutarch gemacht worden ist, die noch Stobaeus vor sich hatte und excerpirte. So können die ziemlich gleichzeitig erschienenen Werke des Sextos Empeirikos und des Diogenes von Laerte vielleicht älter sein als jenes Pseudoplutarchische Buch. Die, einem Zeitgenossen von beiden, dem Arzt Galenos, zugeschriebene philosophische Geschichte ist nicht sein Werk, enthält aber manche brauchbare Notiz« — so glaube ich doch, dass das von mir gebotene, trotz seiner Mängel, einer gewissen Beachtung nicht unwerth sein wird.

Auf das verdienstliche Buch von O. Gréard de la morale de Plutarque, Paris 1866, welches mit feinem und richtigem Verständniss für Plutarchs Individualität und, wie wir dies an den wissenschaftlichen Arbeiten der Franzosen gewohnt sind, in einer geistvollen, äusserst anziehenden und eleganten Form geschrieben ist, habe ich überall in gebührender Weise Rücksicht genommen.

Indem ich schliesslich bemerke, dass ich eine Trennung meiner Arbeit in zwei Theile auf den Wunsch meines Herrn Verlegers vorgenommen habe, dass aber das Manuscript des zweiten Theiles bereits druckfertig vorliegt und seinem baldigen Erscheinen kein Hinderniss im Wege steht, bitte ich den geehrten Leser noch von folgenden Berichtigungen und Zusätzen zu vorliegendem ersten Theile Notiz zu nehmen:

S. 11 Z. 2 ist das Komma zu tilgen. S. 24 Z. 7 v. u. l. Quintus statt Quintius. S. 99 Z. 9 v. u. l. βιβλίων. S. 141 Z. 3 v. u. l. habuisse. S. 172 Z. 1 l. Onesicrates. S. 173 Z. 5 l. Onesicrates st. Soterichus. — S. 18 hätte noch die Alexandereiche bei Chaeronea Erwähnung finden können, Plut. v. Alex. c. 9. — S. 91. Georg Syncellus, dessen angeführte Worte auf p. 277 E der Venezianer Ausgabe von Jacob Goar (Script. hist. Byz. Vol. IX) v. J. 1729 stehen (p. 349 der Pariser Ausgabe), bringt diese Notiz, wo er die Ereignisse aus der Regierungszeit Hadrians anführt. Unmittelbar vorher geht die Wiederherstellung Nikomediens v. J. 123 und die Einweihung Hadrians in die Eleusinischen Mysterien v. J. 126; es folgt die Notiz Σέξτος φιλόσοφος καὶ Ἀγαθόβουλος καὶ Οἰνόμαος ἐγνωρίζοντο und dann Σαυρομάται κατεπολεμήθησαν, was gleichfalls in die Zeit nach 120 fällt. Nun werden aber alle Ereignisse aus der Regierungszeit Hadrians von der Ueberreichung der Apologie des Quadratus i. J. 126, bis zu seiner Bezeichnung als pater patriae, sowie der seiner

Gemahlin als Augusta i. J. 128 hinter dem chronologischen Lemma τῆς θείας σαρκώσεως ρϑ' angegeben. Die weiteren Ereignisse von der nochmaligen Erwähnung der Einweihung Hadrians in die Eleusinischen Mysterien bis zu seinem Tode i. J. 138 folgen unter dem Lemma τῆς θείας σαρκώσεως ἔτη ρκα'. Daraus ersieht man, dass diese Zahlen keinen chronologischen Anhalt für die Datirung der einzelnen dahinter angeführten Ereignisse bieten, dass also vielmehr, wie in Westermanns commentatio p. VII steht, zu sagen war: Syncellus lässt den Plutarch in seinem Alter durch Hadrian, etwa um 125, zum ἐπίτροπος Griechenlands machen, nicht aber, wie dies Suidas thut, durch Trajan, vorausgesetzt nämlich, was übrigens nicht nothwendig ist, dass dessen Worte προσέταξε μηδένα τῶν κατὰ τὴν Ἰλλυρίδα ἀρχόντων παρὲξ τῆς αὐτοῦ γνώμης τι διαπράττεσθαι mit dem ἐπιτροπεύεω Ἑλλάδος κατεστάθη des Syncellus auf dasselbe hinauslaufen. — S. 95, Z. 4. Auch in seiner φιλόσοφος ἱστορία hatte Porphyrius des Plutarch ehrenvolle Erwähnung gethan, Joh. Malal. chronogr. p. 56, 11 bei Nauck Porphyrii op. tria p. 13. Die Angabe über die Zeit des jüngeren Sopater auf derselben Seite beruht auf der Autorität von Westermann in Pauly's Realencycl. VI, 1 S. 1289.

S. 105. Nicht dem eigentlichen Commentar des Olympiodor zum Platonischen Phädon, S. 1—66, 4 der Finckh'schen Ausgabe, in welchem nur der Neu-Platoniker Plutarch, der Sohn des Nestorius, der Zeitgenosse der Hypatia und des Synesius erwähnt wird (Zeller, Phil. der Gr. III, 2, S. 678), sind die in Rede stehenden Fragmente entlehnt, sondern den in den Handschriften sich daran anschliessenden Auszügen aus allerlei anderen Werken. Ihre einzelnen Abschnitte sind nicht durch dem Platonischen Text entnommene Lemmata, sondern durch fortlaufende Zahlen von einander geschieden, und zwar gehen diese Zahlen zunächst von $α—σγ'$, S. 66, 4—103. Es folgt eine Abhandlung S. 104—119, 7 über den Platonischen Unsterblichkeitsbeweis von den Gegensätzen aus, welche in einer Handschrift dem Paterius, in einer anderen einem Schüler des Olympiodor beigelegt wird. Von S. 119, 19 ab kommt mit der Ueberschrift κεφάλαια τοῦ ἐκ τῶν ἀναμνήσεων λόγου eine neue Sammlung von Scholien und Auszügen mit fortlaufenden Zahlen von $α—ρηβ'$. In diesem Theile steht vor $κη'$ der Titel ἐκ τῶν τοῦ Χαιρωνέως. Auf Grund dieser Ueberschrift hat Wyttenbach die nun folgenden 34 Nummern unter die Fragmente Plutarchs aufgenommen. Weiteres aufzunehmen hinderte ihn die in $νη'$ vorkommende Erwähnung des Plotin. Es muss indes bemerkt werden, dass diese Ueberschrift nicht ganz sicher steht. In der Hamburger Handschrift fehlt sie ganz, in der zweiten Münchner lautet sie: ἐκ τῶν τοῦ Πλωτίνου, ὡς βούλονται τινες, ἢ ἐκ τοῦ Χαιρωνέως πραγματειῶν. Auf S. 178 endlich kommt unter der Ueberschrift ἐπιχειρημάτων διαφόρων συναγωγὴ δεικνύντων ἀναμνήσεις εἶναι τὰς μαθήσεις ἐκ τῶν τοῦ Χαιρωνέως Πλουτάρχου ein nochmaliger kürzerer Auszug aus dem bereits dagewesenen, der nichts neues enthält.

Von dem späteren Neu-Platoniker Plutarch wissen wir übrigens, dass er sich gerade mit psychologischen Fragen eingehend beschäftigt hat. Es wäre daher nicht unmöglich, dass die von Tyrwhitt veröffentlichten zwei Abhandlungen auf ihn zurückgingen. Er hatte, wie wir aus Proclus und Philoponus lernen, Commentare zu Aristoteles περὶ ψυχῆς und zum Platonischen Parmenides geschrieben. Sein Schüler und Nachfolger Syrianus hat ausser seinen philosophischen Schriften meist exegetischer Art bekanntlich auch einen Commentar zu Hermogenes περὶ στάσεων verfasst. Auch Lachares, ein anderer Schüler Plutarchs, war nach Marin. v. Procl. c. 11 ein gefeierter Rhetor. Ferner wird Nikolaus, dessen Progymnasmen wir noch haben, und der ausserdem μελέται ῥητορικαί verfasst hatte, bei Suidas als Schüler des Plutarch und Proclus bezeichnet. Es liegt die Vermuthung nahe, dass diese Männer die Anregung zu ihren rhetorischen Studien dem Unterricht Plutarchs verdanken, und dass dieser vielleicht selbst der Rhetorik eine gewisse Aufmerksamkeit schenkte. Auf ihn also, und nicht auf den Chaeronenser Plutarch, möchte ich den Commentar zum Platonischen Gorgias zurückführen, aus welchem uns in den bei Walz Rhet. Gr. T. VII, p. 33 veröffentlichten Prolegomenen zum Hermogenes des Gorgias Definition der Rhetorik mitgetheilt wird, s. Hermag. S. 1. Schon dass unmittelbar darauf die Definition des Sopater folgt, macht es wahrscheinlich, dass hier nicht an den älteren Plutarch zu denken ist. Nun haben wir neuerdings ein weiteres rhetorisches Fragment des Plutarch in dem von Fr. Hanow Dionysii Halicarnasensis de compositione verborum libri epitome e germanicis exemplis edita, Sorau 1868 (Leipzig, Teubner) mitgetheiltem Scholion der Darmstädter Handschrift zu Dionys. de comp: §. 21 erhalten: ὁ δὲ Πλούταρχος τὸ μὲν τῆς συνθέσεως ἁδρόν, τὸ δὲ ἰσχνόν, τὸ δὲ μέσον καλεῖ. Das Alter dieses Scholions lässt sich nicht bestimmen, aber dass es aus sehr alter Zeit stammt und nicht etwa der müssige Einfall eines Byzantinischen Technographen ist, der von Plutarch nichts mehr wissen konnte, ist klar und von Hanow richtig bemerkt. Merkwürdiger Weise lesen wir nun in der unzweifelhaft aus Neu-Platonischer Zeit stammenden Pseudoplutarchischen Vita Homeri c. 72: *ἐπεὶ δὲ καὶ χαρακτῆρές εἰσι τῶν λόγων τὰ καλούμενα πλάσματα, ὧν τὸ μὲν ἁδρόν, τὸ δ' ἰσχνόν, τὸ δὲ μέσον καλεῖται.* Dass die *χαρακτῆρες* oder *πλάσματα τῶν λόγων* identisch sind mit den *εἴδη συνθέσεως* darf unbedenklich behauptet werden. Doch kommen wir damit nicht weiter. Denn schon der Lateinische Rhetor Chirius Fortunatianus, den man, ich weiss freilich nicht mit welchem Rechte, um 240 setzt, hat diese drei Ausdrücke zur Bezeichnung der genera orationis, ja sie finden sich wenigstens indirect schon im Quintilian XII, 10, 58 und gehen wohl bis auf Theophrast zurück, s. Hermag. S. 317 ff. Sollte vielleicht in dem Neu-Platoniker Plutarch der Verfasser der Schrift de fato zu finden sein, die gegenwärtig mit Unrecht einen Platz unter den Schriften des Chaeronenser Philosophen einnimmt, jedenfalls aber einen nicht unbedeutenden Philosophen zum Verfasser hat? Die starke Vermischung Platonischer und Aristotelischer Philosophie, die in ihr zu Tage tritt, passt ganz auf ihn, der in dieser Hinsicht als Bahnbrecher für Proclus zu betrachten ist, ebenso die Verweisung auf die in der Schule gehaltenen und noch zu haltenden Vorträge über Platonische Schriften, endlich die für den Chaeronenser Plutarch so ganz unpassende *εὐλάβεια πρὸς τὸ γράφειν*. Bei ihm dürfte es auch nicht befremden, dass er sich zu anderen Platonikern in einem bestimmten Gegensatz weiss. Ich wage es jedoch nicht, auf diese allgemeinen Indicien hin meine Vermuthung schon jetzt in Form einer wirklichen Behauptung auszusprechen, und muss die ganze Sache bis auf weiteres auf sich beruhen lassen.

S. 145. Auch das *μυρία δ' ἐπὶ μυρίοις* ist, wie ich jetzt

aus einer Bemerkung Krabinger's zu Synes. de provid. S. 297 ersehe, aus Plato de legg. p. 638 E. geflossen und hat seine Nachahmung bei Basilius or. ad juv. 16, 64 μυρία παθόντες ἐπὶ μυρίοις gefunden. Deshalb ist aber der Tadel über den Pseudoplutarchischen Ausdruck, wenn man auf den ganzen Zusammenhang der Worte sieht, immerhin aufrecht zu erhalten.

Jauer, den 20. August 1868.

ERSTER ABSCHNITT.

PLUTARCHS LEBEN.

ERSTES CAPITEL.

Die kurze Regierungszeit Nerva's bildet in der Geschichte der Römisch-Griechischen Welt den Uebergang zwischen einer Periode wachsender Schwäche und Auflösung, ja man möchte sagen einer barbarischen, sinnlosen Zerstörung alles Bestehenden, und einer Periode wo nicht neuen, frischen Lebens, so doch einer allseitigen friedlichen Restauration der schon im Sinken begriffenen Welt. Diese beiden Perioden, von denen die eine etwas mehr, die andere etwas weniger als ein Jahrhundert umfasst, haben bei aller Uebereinstimmung und Aehnlichkeit in den äusseren Verhältnissen des damaligen Lebens doch ein recht verschiedenes geistiges Gepräge, und bringen bei dem aufmerksamen Beobachter einen sehr verschiedenen Eindruck hervor. Der Anblick, den uns das erste Jahrhundert der Kaiserzeit darbietet, ist im Ganzen und Grossen ein überaus trauriger. Der Eintritt des Römischen Principats war ein geschichtlich nothwendiger. Aber wenn man sich nach der Befestigung desselben unter Augustus über den völligen Untergang der Freiheit vielleicht mit der Aussicht auf einen gesicherten Weltfrieden und einen dadurch bedingten ruhigen Genuss des Daseins getröstet hatte, so hatte man sich damit, zunächst wenigstens in Rom, einer argen Täuschung hingegeben. Wenn schon Augustus selbst ohne allen sittlichen Adel uns nur als kluger Egoist und geschickter Comödiant erscheint, so stösst uns Tiberius durch sein verstecktes finsteres Wesen, das sich zuletzt als herzlosen Despotismus offenbarte, vollständig ab, die nachfolgenden Caesaren aber, ein Cajus, Claudius und Nero, empören durch ihre wahnsinnige Grausamkeit, durch ihre moralische Nichtswürdigkeit oder Schwäche alles menschliche Gefühl. Unter ihnen feierten Tyrannei und Wollust in Rom ihre scheusslichsten Orgien, und die ganze übrige Welt, so will es uns scheinen, befand sich damals im traurigsten Zustand moralischer Ohnmacht und Apathie, in welchem das menschliche Leben allen Halt und sittlichen Werth verloren hatte, daher Selbstmord an der Tagesordnung, hastige Genusssucht die alleinige Losung war.

Dies ist der Eindruck, den die Römische Welt unter den Julischen Kaisern nach der ergreifenden Schilderung des Tacitus auf uns macht. Es ist möglich, dass er zu schwarz und düster gezeichnet hat, aber wir sind nicht im Stande seine Darstellung zu berichtigen. Was uns aber Seneca von den sittlichen Zuständen seiner Zeit berichtet, das spricht nur zu sehr für die Richtigkeit der Taciteischen Zeichnung. Und hatte Nero durch seine ruchlose Tyrannei das Römische Reich fast an den Abgrund des Verderbens gebracht, so wurde die Noth der Zeit durch den nach seinem Tode ausbrechenden Bürgerkrieg, dem selbst das Capitol, dieses ehrwürdige Symbol Römischer Grösse und Herrlichkeit zum Opfer fiel, noch vermehrt. Die Besserung der Verhältnisse, die unter Vespasian eintrat, war eine nicht durchgreifende und vorübergehende, und gerieth unter der schrecklichen Regierung Domitians bald wieder in Vergessenheit. Welche Schande für die Römische Waffenehre der Tribut, der unter ihm den Daciern entrichtet wurde. Es schien, als ob das Römerthum in der Agonie lag, und der Zorn der Götter wie ein schwerer Fluch auf der ewigen Roma lastete. Edle Charaktere gehören in jener Zeit zu den glänzenden Seltenheiten. Trotz alles äusseren Glanzes und einer ziemlich allgemein verbreiteten Bildung, finden wir überall sittliche Verkommenheit und Fäulniss. Wo aber die moralische Grundlage fehlt, da kann auch der Geist keine wirklichen Blüthen treiben. So sehen wir denn schon unter Augustus die Römische Poesie verstummen und die Prosa im raschen Fall von Stufe zu Stufe herabsinken. Selbständigkeit und Originalität der Gedanken verschwinden, und selbst die gelehrten Studien verflachen bei der Überhand nehmenden Neigung zu encyklopädischer Compilation. Seit Augustus' Tode aus beiden Litteraturen kaum ein Dutzend bedeutender Namen, die es verdient haben, auf die Nachwelt gebracht zu werden. Und wie lastet selbst auf dem berühmtesten und geistreichsten Schriftsteller des Jahrhunderts, auf dem reich begabten Seneca, der Druck seiner entarteten Zeit, wie hat seine sittliche Haltung unter den schrecklichen Einflüssen des Neronischen Hofes gelitten, welch traurigen Eindruck macht auf seine Leser der nicht weg zu leugnende Widerspruch zwischen Leben und Lehre des Mannes, wie ermüdet sein hohles sittliches Pathos, sein unaufhörliches Prunken mit Geist und geistreichem Wesen.

Und doch bedurfte es nur eines Wechsels in der Person des Regenten, einer durch sie veranlassten neuen Strömung, um die trotz aller Verwüstung namentlich in den Provinzen noch zahlreich vorhandenen besseren Elemente hervortreten zu lassen. Fast unmittelbar mit Nerva's Regierungsantritt traten daher andere, bessere Zeiten ein. Er gab dem Reiche in der Person Trajans einen edlen, trefflichen Nachfolger.

Hadrian trat in seine Fusstapfen und trotz mancher Schwankungen seines Charakters überwogen die guten Eigenschaften desselben weitaus die schlechten. Die beiden Antonine waren als Menschen vortrefflich, und wenn auch keine kräftigen, so doch wohlmeinende Regenten. Erst unter diesen Kaisern kam Rom zur freien Verfügung seiner ungeheuren Mittel und konnte seiner eignen Grösse froh werden, und als durch die Bezwingung der Dacier und durch Trajans Siegeszüge im Orient der Glanz der Römischen Waffen wieder hergestellt war, als im Innern des Reichs für Gerechtigkeit und gute Verwaltung gesorgt, als auch der herrschenden Unsittlichkeit durch das gute Beispiel der Herrscher ein Damm entgegengesetzt wurde, da erreichte das Römische Weltreich seinen höchsten Glanz und erschien dem geblendeten Auge der Zeitgenossen wie ein stolzer, festgefügter, für die Ewigkeit berechneter Organismus. Man hat das zweite Jahrhundert der Kaiserzeit als eine der glücklichsten Perioden der Menschheit bezeichnet, jedenfalls war es die glücklichste Periode der Griechisch-Römischen Welt seit Alexander. Der Auflösungsprozess, in welchen dieselbe mehr und mehr gerathen war, machte einen Stillstand, freilich nur um nach kurzer Dauer dem um so heftiger andringenden Verderben Thür und Thor zu öffnen. Aber das konnten die Zeitgenossen, die am Ende des ersten Jahrhunderts die Regierung Nerva's und Trajans mit Freuden begrüssten, wie denn Tacitus mit Bezug auf sie von einer »rara temporum felicitas« spricht, »ubi sentire quae velis et quae sentias dicere licet«, oder ihr wie der jüngere Plinius die überschwenglichsten Lobeserhebungen spendeten, selbst nicht wissen. Sie gaben sich rückhaltslos der freudigen Stimmung hin, welche das Glück der Gegenwart ihnen bereitete und legten kräftig Hand mit an, die alte

Welt wieder herzustellen, die bereits vorhandenen Spuren ihres Verfalles zu beseitigen, und ihrem Jahrhundert den Charakter einer grossartigen Restauration der Vergangenheit aufzudrücken. In diesem gemeinsamen Streben vereinigten sich alle besseren Kräfte bei Römern und Griechen, jedoch so, dass die Römer ihrer geschichtlichen Stellung entsprechend mehr die Restauration auf dem realen Gebiete des politischen Lebens, die Griechen auf dem idealeren Gebiete des geistigen Lebens in's Werk setzten. Aber Römer und Griechen standen dabei im innigsten Verkehr mit einander, ihre beiderseitige Thätigkeit berührte und durchkreuzte sich in mannigfacher Weise. Griechische Kunst und Wissenschaft sonnte sich im Glanz des wieder erstarkten Römerthums, und das Römerthum war eifrig bemüht zur Mehrung seines eigenen Glanzes Hellenische Bildung zu fördern, und es war ihm dies durch die ganze Lage der Zeit nothwendig geboten.

Denn die alte virtus Romana war wesentlich moralischer Art, sie basirte auf der Achtung vor Recht und Gesetz und diese wurzelte wiederum in der alt überlieferten Religiosität der Vorfahren. Sollte diese virtus in's Leben zurückgeführt werden, so musste man auch die ihr nothwendigen Grundlagen der Moral und Religiosität wieder herstellen. Sollten aber diese Bestrebungen allgemein Eingang finden, so durften sie mit der Gesammtbildung der Zeit nicht in Widerspruch stehen, vor allem dem philosophischen Bewusstsein derselben nicht widersprechen. Daher liessen sich denn jene Kaiser auch eine Unterstützung von Kunst und Wissenschaft angelegen sein, und wir sehen im Zeitalter Trajans und der Antonine Politik mit Religion und Philosophie im Bunde.

Nun war Kunst und Wissenschaft von jeher in Rom nur

eine Aneignung und Nachahmung dessen gewesen, was Griechenland auf diesen Gebieten geleistet hatte. Kein Wunder also, dass man auch jetzt wieder sein Auge auf Griechenland warf und Griechische Bildung auf alle mögliche Weise begünstigte. Freilich war auch für Griechenland die Zeit selbständiger Production auf den Gebieten des geistigen Lebens längst dahin. Sollte es also nochmals der Lehrmeister Roms werden, so konnte dies nur dadurch geschehen, dass es selbst in seine geistige Vergangenheit zurückgriff und daraus dasjenige hervorholte, was den Bedürfnissen der Zeit entsprach, der es nicht um todte Gelehrsamkeit, sondern um glänzende, gefällige Form, daneben aber auch um eine durch Moralität veredelte Weltanschauung zu thun war, um eine mehr glänzende als gründliche, dabei aber sittlich fruchtbare Bildung, durch welche sich auf bequeme Weise das Bewusstsein der Gegenwart mit dem Gedankengehalt einer grossen Vergangenheit vermitteln liess. Und diesem doppelten Bedürfniss der Zeit hat Griechenland verstanden Genüge zu leisten durch Sophistik und Modernisirung der Platonischen Philosophie. Durch die Sophistik, auf welche fortan die hauptsächlichsten Bestrebungen der Griechen gerichtet waren, sollte die künstlerische Form der Darstellung, die Kunst seinen Gedanken in geschmackvoller, eleganter, das grosse Publikum anziehender Form einen Ausdruck zu verleihen, zurückgewonnen werden. Und man darf diese ernsten Bemühungen um schöne Form nicht unterschätzen. Allerdings lag bei dieser Richtung die Gefahr nahe, über der blossen Form den Inhalt hintanzusetzen, oder bei Behandlung trivialer Gegenstände in Schwulst und manirirtes Wesen zu verfallen, und dieser Gefahr sind die Sophisten des zweiten, noch mehr die der folgenden Jahrhunderte vielfach erlegen. Andrerseits ist aber nicht zu übersehen, dass eine wirklich schöne Form zuletzt auch einen schönen Inhalt verlangt, und dass gar manche Sophisten schon durch ihre sorgfältige Behandlung der Sprache darauf hingewiesen wurden, auch ihren Gedankenvorrath durch Studien zu erweitern. Mit Entschiedenheit ist aber zu behaupten, dass das sophistische Zeitalter vor dem rein gelehrten der Alexandriner, sowie vor der Uebergangszeit des ersten Jahrhunderts wie in der Form, so auch in den Gedanken und dem Geschick, die durch gelehrte Studien gewonnene Bildung sich zu einem lebendigen Besitz zu machen, unendlich viel voraus hat. Aber es sollte auch die alte hellenische Gedankenwelt wieder in das Bewusstsein der Zeit zurückgerufen, und die Summe althellenischer Weisheit zu einem Gemeingut der Gebildeten gemacht werden. Daher finden wir im zweiten Jahrhundert parallel mit den sophistischen Studien und vielfach mit ihnen verbunden eine Richtung auf mystische, theosophische Philosophie. Wenn es die damaligen Römer mit richtigem Blick als ein unmögliches Beginnen erkannten, die Tugend der Vorfahren wieder herzustellen, ohne zugleich auf ihre Religiosität zurückzugehen und die nationale Götterverehrung neu zu befestigen, so erschien auch den Griechen eine Wiederbelebung der alten Weisheit unmöglich, ohne zugleich die alte Religion, von welcher die Weisheit ja ausgegangen war, im Bewusstsein der Zeit zu neuer Geltung zu bringen und sie durch Philosophie zu stützen. Dass dabei von unfruchtbarer Skepsis abzusehen war, verstand sich von selbst; aber man musste auch über die Systeme der Stoiker und Epikureer zurückgehen, nicht allein weil beide auf nachklassischem Boden erwachsen waren, sondern auch weil die auf ma-

terialistischer Grundlage beruhende Lehre Epikurs mit ihrem
ablehnenden Verhalten gegen alle Religion, und ihrem eigenthümlichen, pessimistisch-quietistischen Zuge, welcher die Be-
theiligung am Staatsleben verwarf, einer nach ethischer Rege-
neration verlangenden Zeit nicht genügen konnte, aber auch die
stoische Philosophie mit ihrer strengen Sittenlehre zwar den praktischen Sinn der Römer noch befriedigen mochte, dagegen dem
feineren Bedürfniss der Griechen in einer Zeit der Ruhe und
der Erholung nicht mehr zusagte. Denn auch sie verhielt sich
zur Religion der Vorzeit mehr ablehnend, hinter der allegorischen Hülle der Mythen erblickte sie nicht ethische, sondern
physikalische Gedanken, und der Welt- und Menschen ver-
achtende Trotz ihres Weisen mit seiner selbstgefälligen Re-
signation bot dem Gemüth gar wenig Befriedigung. Auch der
nüchterne, abstruse Aristoteles konnte schon wegen der ab-
schreckend schwierigen Form seiner Schriften der Zeit nicht
das gewähren, was sie suchte, zumal die Peripatetiker schon
frühzeitig die Ethik über den mehr gelehrten Zweigen philosophischer Forschung vernachlässigt und sich dadurch dem
Bewusstsein der Zeit entfremdet hatten. So war es natürlich,
dass man sich Plato wieder zuwandte, und seine Schriften
eifrig studirte, in denen man einen tiefen, das Gemüth für
alles Edle begeisternden Inhalt mit einer vollendeten, klassisch
schönen Form verbunden fand. Wie schon längst in Alexandria,
so erblickte man jetzt in der ganzen hellenistischen Welt in
Plato den eigentlichen Kern und Mittelpunkt altgriechischer
Weisheit, deren Wiederbelebung der Zeit einen tieferen, sittlichen und zugleich religiösen Gehalt zu geben versprach.
Aber selbstverständlich las man Plato eben deshalb im Geist
einer positiv dogmatischen Richtung, und betrachtete seine

Lehren unter dem Einfluss einer fortgeschrittenen Cultur-Entwicklung in einem gewissen, romantischen Lichte. So schuf man allmälig ein neues, oder richtiger ein modernisirtes System des Platonismus, das sich in vielen Punkten mit Aristotelischer Metaphysik, auch Stoischer Ethik berührte, oder wenigstens es gestattete, auch Aristotelische und Stoische Gedanken als Consequenzen der Platonischen Grundanschauung zu betrachten, und daher ohne weiteres zu adoptiren, ein System, wie es uns mit einiger Vollständigkeit in Plotins Enneaden vorliegt und als die letzte geistige That des untergehenden Heidenthums erscheint.

Wenn nun auch die Blüthe der Sophistik erst unter Hadrian fällt, so reicht doch der Beginn derselben als ausgesprochener Moderichtung der Zeit bis auf Trajan und Nerva zurück. Plotin lehrte bekanntlich erst unter Decius und dessen Nachfolgern, also erst im dritten Jahrhundert, aber Plotin, so original und selbständig er mit der systematischen Strenge seines Denkens auch dasteht, ist doch in culturhistorischer Hinsicht keineswegs der Schöpfer des Neu-Platonismus. Er hat ja nur das Verdienst, die Lehre des Ammonius Sakkas aus Alexandria nach Rom verpflanzt, sie eigenthümlich vertieft und ausgeführt, und was wichtiger ist, sie schriftlich aufgezeichnet und in schulmässige Form gebracht zu haben, aber schon vorher finden wir in Numenius, Atticus, Taurus, vor allen in Apulejus und Maximus von Tyrus solche modernen Platoniker, und dass man bereits unter Trajan, also gleichzeitig mit den Anfängen der Sophistik, auch wie von selbst darauf kam, den Plato zum eigentlichen Mittelpunkt der philosophischen Weltanschauung zu machen*), das sehen wir an

---

*) Eine dilettantische Beschäftigung mit Plato war schon damals in dem

dem Mann, dessen nähere Betrachtung ich mir zum eigentlichen Gegenstand meiner Aufgabe gestellt habe, an Plutarch aus Chäronea.

Plutarch ist gerade dadurch besonders geeignet, uns in das Verständniss des geistigen Strebens im zweiten Jahrhundert einzuführen, und uns dasselbe gleichsam zu erschliessen, weil er sich eigentlich in nichts über das geistige Niveau desselben erhebt, und doch der bedeutendste und angesehenste Mann ist, den Griechenland damals hatte. Als praktischer Philosoph, als Lehrer und Erzieher der Jugend, als ἀνὴρ πολιτικός, der in seiner Vaterstadt wichtige Aemter bekleidete, und für ihre municipalen Interessen fortwährend thätig war, ferner als Inhaber priesterlicher Würden und Ehren, endlich durch mannigfache Reisen, darunter eine Gesandtschaftsreise nach Rom, die ihn mit hochgestellten Persönlichkeiten der dortigen Aristokratie in anhaltend freundlichen Verkehr brachte, ist er mit den besten Kreisen seiner Zeit auf die verschiedenste Weise in innige Berührung getreten, und hat sich in dieser Berührung überaus behaglich und glücklich gefühlt. Als positiver Ertrag seines langen Lebens sind zwei umfangreiche Sammlungen historischer und philosophischer Schriften auf uns gekommen. Es sind dies Werke eines milden, liebenswürdigen, mit hoher Empfänglichkeit für alles Edle und Schöne ausgestatteten Geistes, der, im Besitz einer nicht gewöhnlichen Bildung, seine nicht eben kärglich zugemessene

---

gebildeten Kreisen geradezu Modesache. In Rom kam man auf den Einfall, bei Gastmählern die leichteren platonischen Dialoge von Kindern dramatisch aufführen zu lassen, Plut. Sympos. VII, 8. Ernster denkende Männer missbilligten natürlich diese Sitte, aber sie ist jedenfalls charakteristisch für die Zeitrichtung.

Musse zu schriftstellerischen Arbeiten verwandte, um sich und Anderen dadurch Freude zu machen. Seine Stärke liegt nicht in der Genialität und Selbständigkeit seiner Gedanken. Er war auch nicht eigentlich gelehrter Forscher, sondern trotz eines mannigfaltigen Wissens in Geschichte und Naturwissenschaften, in beiden Fächern nur wohlbelesener Dilettant. Daher sind auch seine Schriften nichts weniger als Resultate mühsamer oder gar berufsmässiger Arbeit in unserem Sinne, sondern meist Gelegenheitsschriften, in denen er gab, was er hatte, oft flüchtig hingeworfen und in der Ausführung übereilt, mehr für vornehme, gebildete Leser, selbst Frauen nicht ausgeschlossen, als für eigentliche Gelehrte bestimmt*). Eben so wenig war er als Philosoph ein systematischer, streng logischer Denker, wohl aber ein aufmerksamer Beobachter seiner selbst und des menschlichen Lebens, ausgezeichnet durch die Gabe, das concrete und individuelle an Personen und Verhältnissen aufzufassen, und es in wohlwollender, freundlicher Weise zu beurtheilen, wirklich bewundernswerth aber durch sein Geschick, alles was ihn im Leben umgab, sofort unter einen moralischen Gesichtspunkt zu bringen, und dadurch auch dem Kleinen und Unbedeutenden einen sittlichen Werth zu verleihen. Das Ethische ist das eigentliche Element, in welchem sein Denken und Wollen sich bewegt. So ist es auch das feine ethische Gefühl, das seiner Darstellung Farbe, Lebhaftigkeit, ein charakteristisches Gepräge und eine oft reizende

---

*) Nicht unrichtig urtheilte Scaliger (Scaligerana Colon. 1695 p. 93) von Plutarch: aulice tantum scripsit, non doctis. Wenn er ihn hier mit Cicero zusammenstellt, von dem er sagt: libros omnes philosophicos Ciceronis nihili facio; nihil enim in iis est, quod demonstret et doceat ac cogat, nihil Aristotelicum — so schreibt er doch auf p. 317: Plutarchus totius sapientiae ocellus.

Frische und Naivität verleiht. Plutarch schreibt im Ganzen correct und nicht ohne Sorgfalt, gehört er ja zu den Schriftstellern, welche den Hiat sehr achtsam vermieden haben, aber er schreibt nicht kunstvoll, sein Stil ist frei von aller Manirirtheit und Affectation. Er hat wenig Antithesen und geht äusserst sparsam mit rhetorischen Figuren um, aber er ist unerschöpflich in Gleichnissen und Bildern, im Anführen von Sprichwörtern, Sentenzen, Apophthegmen und historischen Beispielen. Er schreibt weder knapp und gedrängt, noch weitschweifig und verworren, sondern in gemächlicher, behaglicher Breite, dabei immer so, dass der Stil als der natürliche und sachgemässe Ausdruck seiner Gedanken und als ein treues Abbild seiner ganzen Persönlichkeit erscheint*). Daher kömmt es denn auch, dass man seine Biographien, trotz des darin zu Tage tretenden und oft gerügten Mangels an historischer Kritik, und der oft einseitigen Beurtheilung von Zeiten und Thatsachen, dennoch mit Vergnügen und Bewunderung liest. Denn unwillkürlich tritt man bei ihrer Lectüre in ein persönliches, sympathisches Verhältniss zu den geschilderten Helden und ihrem Biographen, weshalb Jean Paul in der That das Rechte getroffen hat, wenn er Plutarch in seinem Titan den biographischen Shakspeare der Weltgeschichte nennt. Ganz ähnlich ist aber auch der Eindruck, den seine philosophischen Schriften auf uns machen. Auch da, wo sie manches enthalten, was an sich als unbedeutend und alltäglich erscheinen könnte, wissen sie uns doch zu fesseln, da sie überall die

*) Ich kann mich nicht mit dem Urtheil von H. Ritter befreunden, Gesch. d. Philos. Th. IV, S. 500: »der Prunk der Gelehrsamkeit und geistreicher Wendungen, die Lust an witzigen Worten, die Begierde, seine rednerische Geschicklichkeit zu zeigen, alles dies verkündet uns in seinen Werken den Verfall schriftstellerischer Kunst.«

liebenswürdige Person ihres Verfassers erkennen lassen und
ein erfrischender Hauch klassischer Humanität und Bildung
sie durchzieht, innig verbunden mit dem Geiste der Zeit,
in der sie geschrieben sind, einem Geist, der ja mit dem modernen, christlichen Bewusstsein in mannigfacher Weise sich
berührt. Und wenn man mit Recht bemerkt hat, dass sich
durch alle Schriften Plutarchs, die geschichtlichen wie die
philosophischen, ein grosses übereinstimmendes Interesse hindurchzieht, indem jene das Grosse in den Thaten, diese das
Grosse in den Ideen der Vorzeit hervorsuchen, jene die Idealisirung der antiken Geschichte, diese der antiken Weltanschauung
sind*) — so wird sich aus dem bisherigen Verlauf unserer Betrachtung einerseits die Berechtigung der oben aufgestellten
Behauptung ergeben, dass Plutarch vor anderen Autoren geeignet sei, uns in das Verständniss des geistigen Strebens im
zweiten Jahrhundert der Kaiserzeit einzuführen, andrerseits
wird man zugestehen müssen, dass die philosophische Weltanschauung Plutarchs, als eines Vorläufers des Neu-Platonismus, wohl geeignet sei auch unsrer Zeit ein mehr als flüchtiges Interesse einzuflössen, die sich ja auf philosophischem
Gebiete eine Versöhnung und Vermittlung des christlichen
Geistes mit dem aus dem Alterthum uns überkommenen und
durch seine Betrachtung wieder und wieder geweckten Geiste
freier, wissenschaftlicher Forschung zur Aufgabe gestellt hat,
und der bei diesem Streben das Alterthum selbst nicht wie
den christlichen Schriftstellern der ersten Jahrhunderte vom

---

*) H. Thiersch Politik und Philosophie in ihrem Verhältniss zur
Religion unter Trajan, Hadrian und den beiden Antoninen. Marburg 1853.
S. 15. Ich habe mich dieser geistvollen Skizze im Obigen überhaupt mehrfach angeschlossen.

Standpunkte eines nüchternen Realismus aus als ein gefährlicher, zu fürchtender Gegner erscheint, sondern die bei aller vermeintlichen Objectivität der Forschung doch immer geneigt ist, dasselbe im Lichte romantischer Idealisirung zu betrachten. Vorstehende Bemerkungen sollten in einleitender Weise den culturgeschichtlichen Standpunkt skizziren, welcher meines Erachtens einer Betrachtung Plutarchs zu Grunde zu legen ist. Der eigentlichen Darstellung seiner philosophischen Ansichten werden wir jedoch zunächst eine Zusammenstellung der äusseren Verhältnisse seines Lebens vorausschicken müssen, soweit dieselben aus seinen Schriften, der allein hierfür vorhandenen Quelle, sich gewinnen lassen, um durch sie den urkundlichen Beleg für das im Obigen ausgesprochene Urtheil über das Verhältniss Plutarchs zu seiner Zeit zu liefern.

ZWEITES CAPITEL.

Plutarchs Geburtsort war bekanntlich Chäronea, eine Stadt des nordwestlichen Böotiens, hart an der Phocischen Grenze an der Strasse von Lebadea nach Delphi gelegen, am Anfang der grossen Böotischen Ebene, welche Epaminondas als Tanzplatz des Ares bezeichnet hatte. Die Stadt war klein, aber uralt und reich an historischen Erinnerungen aus alter und neuer Zeit. Ursprünglich hiess sie Arne, und wurde unter diesem Namen noch im homerischen Schiffs-Catalog aufgeführt. Ihren späteren Namen hatte sie, wie man behauptete, von Chäron, einem Sohn des Apollo und der Thero oder Thyro, einer Tochter des Phylas, erhalten, Paus. IX, 40, 5. Dieser Chäron hatte der alten gegen Westen gelegenen und den am

Parnass sich brechenden Strahlen der Mittagssonne ausgesetzten Stadt eine mehr östliche Lage am Abhange des felsigen fast unzugänglichen Bergkegels des Petrachos gegeben, Plut. de curios. 1. Noch gegenwärtig haben sich, wie Hettner in seinen Griechischen Reiseskizzen, Braunschweig 1853, S. 296, berichtet, auf diesem Berge die festen Quadermauern der Akropolis und das in den Felsen gehauene Halbrund eines durch zwei Gurtbände in drei Stockwerke getheilten Theaters erhalten. Als die Thessalier mit ihrem König Opheltas unter Anführung des Wahrsagers Peripoltas nach Böotien einwanderten, war Chäronea die erste Stadt, welche sie nach Vertreibung der Barbaren — doch wohl der Aonen, Hyanten und Temmiker — in Besitz nahmen, und die Nachkommen dieses Opheltas bildeten lange Zeit eins der streitbarsten Geschlechter der Stadt, welches sich in Chäronea selbst bis auf die Zeiten des Lucullus, im benachbarten Steiris aber im Phokerlande noch zu Plutarchs Zeiten erhalten hatte, v. Cim. 1. Aus der Heroenzeit besass Chäronea eine merkwürdige Reliquie im Scepter des Agamemnon, einer Arbeit des Hephästos. Es war eine alte Lanze, die man auf der Grenze der Chäronensischen und Panopeischen Markung mit einem Schatz wieder aufgegraben hatte. - Die Phoker erhielten das Gold, die Chäronenser aber die Lanze, die sie fortan als ihr grösstes Heiligthum verehrten. Ein jährlich erwählter Priester verwahrte sie in seinem Hause, es wurde ihr täglich ein Opfer gebracht, und ein Tisch stand vor ihr, mit allerlei Speisen reich besetzt. So berichtet Pausanias, Plutarch jedoch erzählt nichts davon. In historischer Zeit sah Chäronea die ungeheuren Schaaren der Perser unter Xerxes an sich vorbeiziehen. Im Jahre 338 verlor Griechenland bei Chäronea seine Freiheit im Kampf gegen die Macedonier. Noch im ersten Jahrhundert der christlichen Zeitrechnung wusste man bei Chäronea, da wo der Hämonfluss neben dem Heiligthum des Herakles vorbeifloss, die Stelle zu bezeichnen, wo das Lager der Griechen gestanden hatte, vor der Schlacht, die eine göttliche Fügung — τύχη τις δαιμόνιος — als Zeitpunkt ausersehen hatte, um der Freiheit Griechenlands ein Ziel zu setzen, v. Dem. 19. Ein bronzener sterbender Löwe schmückte das Grabmal der Gefallenen, das man ohne Inschrift gelassen hatte, wie Pausanias sagt, ὅτι οὐδ' ἐοικότα τῇ τόλμῃ σφίσι τὰ ἐκ τοῦ δαίμονος ἠκολούθησε. Noch heute schmückt dieser Löwe, als schönes Symbol des sterbenden Griechenlands, die Ebene. Im Jahre 279 zogen die räuberischen Schaaren der Gallier, nach den Delphischen Schätzen lüstern, an Chäronea vorbei. 251 wurden hier die Böoter von den Aetolern besiegt. Schwer heimgesucht wurde die Stadt durch die Drangsale des Mithridatischen Krieges. Schon war Mithridates' Feldherr Archelaus dreimal durch Bruttius Sura, den Legaten des Sentius, des Prätors von Macedonien, bei Chäronea geschlagen worden, als Sulla mit seinen Legionen heranzog. Die Stadt wäre beinahe der Zerstörung preisgegeben worden. Die Chäronenser kämpften im Heere des Sulla, wurden aber zugleich mit einer Legion zum Schutz ihrer bedrängten Vaterstadt entlassen. Wenige Tage darauf rückte Sulla selbst mit seinem Heere bis Chäronea vor. Hier kamen ihm seine voraufgeschickten Soldaten entgegen, begrüssten ihren Feldherrn und überreichten ihm einen Lorbeerkranz. Zwei Chäronenser aber, Homoloïchus und Anaxidamus, erboten sich mit einer kleinen Schaar auf einem dem Feinde unbekannten Fusspfad vom Petrachus aus auf die Höhen des Thurionberges emporzusteigen, dessen Abhang die Feinde bereits in Besitz genommen hatten, und so diese von der Höhe aus zu überfallen. Während nun Sulla sein Heer in der Ebene aufstellte, wurde der Plan der Chäronenser unter Leitung eines Römischen Anführers, den ihnen Sulla gegeben hatte, glücklich ausgeführt, und den Feinden an dieser Stelle sofort eine empfindliche Niederlage beigebracht, die von vornherein die ganze Schlacht für die Römer günstig gestaltete, so dass die Truppen des Archelaus trotz ihrer numerischen Ueberlegenheit vollständig geschlagen wurden. Ein besonderes Siegesdenkmal wurde von Sulla auf der Höhe des Thurionberges, da wo die Umzingelung der Barbaren stattgefunden hatte, errichtet, welches in griechischer Sprache den Homoloïchos und Anaxidamos als ἀριστεῖς bezeichnete, v. Sull. 19. Aber auch noch andere Tropäen wurden von Sulla dem Glücklichen — ἐπαφρόδιτος wie er sich Griechisch nannte — zur Erinnerung an seinen Sieg errichtet, de fort. Rom. 4 p. 318. Eine weitere Erinnerung an jene Zeit hatten die Chäronenser an der auf ihrem Marktplatz befindlichen Bildsäule des Lucius Lucullus, der einst durch sein Zeugniss die Stadt, gerade als sie sehr herabgekommen und wegen ihrer Armuth und Kleinheit verachtet war, von einer grossen Gefahr gerettet hatte. Denn er erwirkte ihre Freisprechung in einem Processe, welchen ihre Nachbarn und alten Feinde, die Orchomenier, beim Römischen Statthalter von Macedonien anhängig gemacht hatten, als ob sie Schuld sei am Tode eines Römischen Cohortenführers, der in ihr überwintert hatte, und durch einen Jüngling Namens Damon, den letzten Abkömmling vom oben erwähnten Geschlecht des Opheltas, dem er unziemliche Anträge gemacht hatte, mit mehreren Begleitern auf offenem Markte erschlagen war. Lucullus, der damals gerade bei Chäronea vorbeizog, hatte eine genaue Untersuchung über die Vorfälle veranlasst, bei welcher sich die Unschuld der Stadt herausstellte, und dieses Zeugniss kam nachmals den Bürgern beim Römischen Statthalter zu Gute, v. Cim. 1.

In dieser kleinen, aber historisch merkwürdigen Stadt also wurde Plutarch in der ersten Hälfte des ersten Jahrhunderts unsrer Zeitrechnung geboren. Eine chronologische Angabe über sein Geburtsjahr fehlt, und wir können nur nach ungefährer Vermuthung das Jahr 50 als den spätesten Termin für dasselbe uns gefallen lassen. Er stammte aus einer angesehenen und ziemlich begüterten Familie und genoss eine sehr sorgfältige Erziehung. Auf seine günstigen Vermögensverhältnisse können wir daraus schliessen, dass er schon in jüngeren Jahren eine hervorragende Rolle in seiner Vaterstadt spielte, dass die sonstigen Andeutungen über seine Verhältnisse, die er uns giebt, zu dieser Annahme passen, unter anderem die Reisen, die er zu machen im Stande war, sowie dass er an mehreren Stellen seiner Schriften über eine Beschäftigung mit der Philosophie und den Wissenschaften zum Gelderwerb sich geringschätzig äussert, jedenfalls also für sich auf derartigen Gelderwerb verzichtet hatte. Wie sein Vater hiess, sagt uns Plutarch nicht, obwohl er ihn mehrfach erwähnt, ebenso wenig bekommen wir den Namen seiner Mutter zu erfahren, von der er überhaupt nicht spricht. Sein Urgrossvater hiess Nikarchus, sein Grossvater Lamprias. Ersterer hatte die Schlacht bei Actium erlebt, und erzählte — ob gerade seinem Urenkel, ist nicht ersichtlich — wie arge Contributionen Antonius den griechischen Städten auferlegt hatte. Seine Mitbürger seien alle gezwungen worden, auf ihren Schultern ein bestimmtes Maass Weizen nach dem Meere bei Anti-

cyra zu schaffen, und durch Peitschenhiebe zur Eile getrieben.
So hätten sie schon eine Last hingetragen gehabt, und als sie
bereits die zweite abgemessen hatten und im Begriff waren,
sie aufzunehmen, sei die Nachricht von der Niederlage des
Antonius eingetroffen, und dies habe die Stadt gerettet, v.
Ant. c. 68. Der Grossvater Lamprias wird von Plutarch öfter
erwähnt. So theilt er in derselben vita c. 28 eine Geschichte
mit, die ein gewisser Philotas aus Amphissa, ein Arzt, der
gerade zu der Zeit in Alexandria Medicin studirte, als Antonius daselbst mit Kleopatra sein schwelgerisches Leben führte
und selbst Zeuge der Pracht und Verschwendung gewesen
war, die bei seinen Gelagen herrschte, ihm öfter erzählt, und
Lamprias wieder seinen Enkeln mitgetheilt hatte. Dieser
Grossvater war ein liebenswürdiger, alter Herr und dabei ein
lustiger Cumpan. Beim Trinken übertraf er sich selbst in Erfindung und Redefluss und er pflegte zu sagen, dass er ähnlich
wie von Weihrauch, so vom Feuer des Weines durchräuchert
werde, Symp. I, 5, 5. Seiner Ansicht nach war es jedoch
weniger schlimm, einem Gastmahl den Wein, als die Mittheilung der Rede zu entziehen, ib. V, 5, 2, 6. Darum war ihm
auch eine kleine Gesellschaft auserlesener Gäste, bei denen
die Unterhaltung in ungezwungenen Fluss kam, lieber als eine
grosse Versammlung, in der einer den andern kaum kennt.
Ueber die Juden, die das unschuldigste Fleisch nicht assen,
spottete er bei jeder Gelegenheit, ib. IV, 4, 4.

Plutarchs Vater war ein gebildeter Mann, der auch auf
philosophische Gegenstände einging, und sich darüber von
seinen Söhnen gern belehren liess, ib. I, 2, 2, aber kein eigent-
licher Gelehrter. In den gelehrten Kreisen, mit denen er in
Berührung kam, und die, wie wir aus seines Sohnes Tisch-

gesprächen dies entnehmen, in ihrer Unterhaltung den gelehrten Boden nie verliessen, pflegte er nicht leicht aus dem Stegreif zu sprechen*), d. h. nicht leicht etwas zu sagen, was nicht durchaus begründet gewesen wäre. Lieber warf er Fragen auf, die zu gelehrten Untersuchungen Veranlassung gaben. An der Stelle der Tischgespräche, wo uns Plutarch dies sagt, geht freilich der Vater mit seiner Bemerkung den anderen Anwesenden voran, aber er hatte auch Grund dazu, denn es handelte sich um die Frage, warum die Pferde, die man λυκοσπάδες nennt, für muthig gehalten werden, und er hielt etwas auf starke Pferde — κεχρημένος ἀεὶ κρατιστεύουσιν ἵπποις. Er war überhaupt ein sehr bedächtiger Mann, der auf gute feine Sitte in seinem Hause hielt und ängstlich bemüht war, Niemand zu verletzen. Als einst sein Sohn Timon ein grösseres Gastmahl gab, bei welchem jeder Ankommende aufgefordert wurde, Platz zu nehmen, wo er welchen fand, wo also die Plätze vom Hauswirth nicht besonders vertheilt waren, und nun noch ein vornehmer Fremder kam, der die Gesellschaft von der Thür aus flüchtig musterte, sofort aber wieder umkehrte, weil kein Platz mehr vorhanden, der seiner würdig sei, so erregte dieser Vorfall bei den Anwesenden grosse Heiterkeit, aber dem Vater war es doch verdriesslich, dass der

---

*) 'Ὁ δὲ πατὴρ ἡμῶν ἥκιστα περὶ τὰς ἰσηγορίας αὐτοσχέδιος ὤν, sagt Plut. Symp. II, 8, 1. In der lateinischen Uebersetzung werden diese Worte wiedergegeben: »at pater noster minime ex tempore loqui solitus, cum aequa omnibus potestas esset« — und in der Uebersetzung von Reichardt: »mein Vater, der von dem allgemeinen Recht, aus dem Stegreif zu sprechen, nicht leicht Gebrauch machte.« Sollte hier ἰσηγορία vielleicht eine scherzhafte Bedeutung haben, und die in Rede stehende Art der Unterhaltung bei Tische bezeichnen, bei der man auf irgend welche gestellte Frage gleich eine mit ἴσως anfangende Antwort zur Hand haben musste?

Mann ihnen ἀταξία, d. h. Mangel an gesellschaftlicher Ordnung vorwerfen könnte. Er hatte von Anfang an gerathen, die Plätze zu vertheilen.

Ueber die Zahl seiner Geschwister giebt uns Plutarch keine Auskunft, er nennt in seinen Schriften nur zwei Brüder, mit denen er Im angenehmsten Verhältnisse lebte, den Lamprias und den eben erwähnten Timon. Ob Lamprias als sein älterer Bruder zu betrachten sei, weil er den Namen des Grossvaters führte, muss dahingestellt bleiben. Er glich aber auch dem Grossvater in seinem Wesen, denn er war ein ausgemachter Schalk — ὑβριστής ὤν καὶ φιλόγελως φύσει, Symp. VIII, 6, 5. coll. I, 2, 5. IX, 5, 1. So behauptete er einst bei Tische zur allgemeinen Belustigung der anwesenden Gäste, dass die Lateinischen Bezeichnungen der Mahlzeiten viel sachgemässer seien als die Griechischen, und unterstützte seine Behauptung durch die Etymologie, indem er coena von κοινωνία ableitete, prandium vom Stamme ἔνδιον, ἐνδιάζειν als eine πρωινὴ τροφή bezeichnete, ᾗ χρῶνται πρὶν ἐνδεεῖς γενέσθαι. commissatio brachte er mit κῶμος zusammen, miscere war ihm identisch mit κεράσαι, mensa habe seinen Namen ἀπὸ τῆς ἐν μέσῳ θέσεως, panis hätten die Römer das Brod genannt, ὡς ἀνιέντα τὴν πεῖναν, corona den Kranz ἀπὸ τῆς κεφαλῆς, ὡς "Ομηρος τὸ κράνος εἴκασέ που στεφάνῃ, labra endlich ἀπὸ τοῦ λαμβάνειν τὴν βοράν. Auch war er ein trefflicher Tänzer. Als daher einst in Athen am Musenfeste beim Ammonius Kuchen vertheilt werden sollte unter die jungen Leute als Siegespreis für den Tanz, so wurde ausser dem Pädotriben Meniskus auch Lamprias zum Preisrichter ernannt, ὠρχήσατο γὰρ πιθανῶς τὴν πυρρήχην καὶ χειρονομῶν ἐν ταῖς παλαίστραις ἐδόκει διαφέρειν τῶν παίδων, Symp. IX, 15, 1. Er hatte aber auch eine respectable gelehrte Bildung, und war namentlich im Aristoteles, dem er vor Plato im Gegensatz zu Plutarch den Vorzug eingeräumt zu haben scheint, und in den Schriften der Peripatetiker bewandert, ib. I, 8, 9. II, 2, 1.

Der zweite Bruder, Timon, wird in den Tischgesprächen, in denen uns doch sonst die ganze Masse von Plutarchs Freunden und Verwandten in reicher Auswahl vorgeführt wird, auffallenderweise nur zweimal, und zwar im Anfang, nämlich I, 2 und II, 5 erwähnt. Es ist doch wohl anzunehmen, dass die Tischgespräche einigermassen in chronologischer Reihenfolge mitgetheilt sind. Daher möchte man aus seiner sonstigen Nichterwähnung schliessen dürfen, dass er Jahre lang den heimischen Kreisen fern gewesen sei, sich überhaupt längere Zeit gar nicht in Griechenland aufgehalten habe. Ich gehe aber in meiner Vermuthung noch weiter, und möchte behaupten, dass er eine Zeit lang in Rom gelebt habe und mit dem vom jüngeren Plinius ep. I, 5, 5 erwähnten Timon zu identificiren sei. In der Schrift de fraterno amore, welche einem Römischen Bruderpaare, dem Nigrinus und Quintus gewidmet ist, schreibt Plutarch p. 487 E: ἐμοὶ μὲν γὰρ ὅτι πολλῶν ἀξίων χάριτος παρὰ τῆς τύχης γεγονότων, ἡ Τίμωνος εὔνοια τοῦ ἀδελφοῦ πρὸς ἅπαντα τἆλλα καὶ γέγονε καὶ ἔστιν, οὐδεὶς ἀγνοεῖ τῶν ὁπωσοῦν ἐντετυχηκότων ἡμῖν, ἥκιστα δ' οἱ συνήθεις ὑμεῖς. Dieser Quintius ist doch wohl kein anderer, als der auch Symp. II, 1, 5 erwähnte, d. h. L. Quintius, der, wie wir aus Macrob. Sat. VII, 3, 15 erfahren, unter Domitian Prätor gewesen war. Plutarch giebt den Römischen Namen Quintius, wenn in diesen Dingen auf unsere Ausgaben Verlass ist, stets durch Κόιντος wieder. Nun erzählt Plinius a. a. O. dass er einst unter Domitian eine gewisse Arrionilla, die Gattin des

Timon, auf Bitten des Arulenus Rusticus vor dem Centumviralgericht gegen den Delator M. Regulus vertheidigt habe. Arulenus Rusticus, der i. J. 94 von Domitian hingerichtet wurde, war, wie wir noch unten sehen werden, mit Plutarch bekannt und hatte dessen in Rom gehaltenen Vorträgen beigewohnt. Arrionilla aber, oder Arionilla, ist ein sonst unerhörter und höchst befremdlicher Name, der schwerlich richtig ist. Nun erhält Eurydice, die früher eine Zeit lang in Plutarchs Hause gelebt hatte, und welcher Plutarch nach ihrer Verheirathung mit Pollianus seine coniugalia praecepta übersandte, im 48. Capitel dieser Schrift den Rath: περὶ δὲ φιλοσοφίας σὺ μέν, ὦ Εὐρυδίκη, τὰ πρὸς Ἀριστύλλαν ὑπὸ Τιμοξένας γεγραμμένα ἀναγνοῦσα πειρῶ διαμνημονεύειν. Diese Timoxena aber ist Niemand anders als Plutarchs Gemahlin. Sollte daher vielleicht Ἀριστύλλα die bei Plinius verschriebene Arrionilla, Plutarchs Schwägerin, die Frau seines Bruders Timon sein? Das alles sind freilich nur entfernte Möglichkeiten. Kehren wir zu dem Thatsächlichen zurück, so ist zu bemerken, dass Timon in der Schrift de sera numinis vindicta, sowie in dem bei Stobäus erhaltenen Fragment aus der Schrift über die Freundschaft als Unterredner auftritt. Gleicher Ehre ist in mehreren andern Schriften auch der andere Bruder, Lamprias, theilhaftig geworden. Plutarch ahmte hierin dem Plato nach, der ja auch seinen Brüdern gerade in seinen schönsten Schriften, in der Republik und im Parmenides, einen Platz angewiesen und ihnen dadurch zur Unsterblichkeit verholfen hatte, de frat. am. c. 12. So viel steht fest, dass Plutarch sowohl zu Lebzeiten des Vaters, als nach dessen Tode, mit seinen Brüdern in einem überaus innigem Verhältnisse lebte. Andrerseits erkennen wir aus den Tischgesprächen, dass diese Plutarchs geistige Ueberlegenheit bereitwillig anerkannten. Er galt in seiner Familie als der Philosoph.

Seine philosophische Ausbildung hatte Plutarch in Athen erhalten, wo er namentlich den Unterricht des Ammonius genoss; denn dass er ausser diesem auch noch andre Lehrer gehabt hat, ergiebt sich aus Symp. VIII, 2, 4. Einer seiner Mitschüler beim Ammonius, mit dem er selbst in ein befreundetes Verhältniss trat, war ein gewisser Themistocles, ein Nachkomme des grossen Themistocles, der noch damals gewisse Ehrenrechte desselben in der Stadt Magnesia genoss, v. Them. 32. Ammonius war nach Eunap. vit. soph. praef. p. 11 ein aus Aegypten gebürtiger Peripatetischer Philosoph, der aber in Athen lebte, und daselbst wiederholt das Amt eines Strategen bekleidete. Schon Corsini proleg. ad libr. de plac. phil. p. VI hat ihn mit dem Athenischen Philosophen Ammonius ὁ Λαμπτρεύς identificirt, aus dessen gelehrter Schrift περὶ βωμῶν καὶ θυσιῶν sich Bruchstücke bei Athenäus, Harpocration u. A. finden. Westermann nennt dies in seiner Abhandlung über Plutarchs Leben (vgl. auch Pauly's Real-Enc. 2. A. I, 1. S. 868) eine probabilis coniectura und macht darauf aufmerksam, dass das, was Plutarch an verschiedenen Stellen seiner Schriften dem Ammonius in den Mund legt, sich meistentheils auf res sacrae, Spiele, Orakel u. dgl. beziehe, so dass man auch darin den Verfasser einer Schrift περὶ βωμῶν καὶ θυσιῶν leicht erkenne, ja in Plutarchs Schriften fänden sich nicht geringe Spuren einer gleichen Gelehrsamkeit, die man eben aus des Ammonius Unterricht herleiten könne. Als Nero i. J. 66 seine Reise durch Griechenland machte und auf derselben Delphi berührte, war auch Ammonius daselbst anwesend und in seiner Gesellschaft Plutarch und sein Bruder

Lamprias. Dies erfahren wir aus dem ersten Capitel der Schrift περὶ τοῦ E ἐν Δελφοῖς, in welcher Plutarch die damals von Ammonius gepflogenen Unterredungen reproducirt, an welche er sich bei einem viel späteren Besuch des Delphischen Tempels wieder erinnerte, die uns freilich seinen Lehrer weit mehr als Platoniker, denn als Aristoteliker erkennen lassen. Plutarch sagt uns nicht, ob er den Ammonius von Athen aus nach Delphi begleitet hatte, oder ob dieser ihn, nachdem er bereits seinem Unterricht entwachsen, aus Chäronea abgeholt, oder ob sie sich zufällig daselbst getroffen hatten. Auch das, was Plutarch im siebenten Capitel dieser Schrift berichtet, er habe gerade in jener Zeit sich eifrig mit Mathematik beschäftigt — dass er auch in späteren Jahren nicht unbedeutende mathematische Kenntnisse hatte, beweist uns seine Schrift über die Entstehung der Weltseele im Platonischen Timäus, und Stellen, wie im Leben des Marcellus c. 14 — giebt uns nach dieser Seite hin keinen positiven Aufschluss, immerhin aber lässt sich mit Bestimmtheit aus dieser Notiz entnehmen, dass Plutarch damals mindestens im Alter von 16—20 Jahren stand, dass wir also sein Geburtsjahr wohl über das Jahr 40 zurückverlegen, aber auf keinen Fall über das Jahr 50 herabrücken dürfen.

Nach Beendigung seiner Studien bei Ammonius kehrte Plutarch nach Chäronea zurück, und wurde hier schon frühzeitig und noch bei Lebzeiten seines Vaters zu ehrenvollen politischen Geschäften verwandt. Denn er erzählt in den nicht lange nach der Zeit Domitians geschriebenen praecepta rei publicae gerendae c. 20: »ich erinnere mich, dass ich als junger Mann als Gesandter mit noch einem andern zum Proconsul geschickt wurde, und als jener aus irgend einem Grunde zurück blieb, allein mit ihm zusammentraf und den Zweck meiner Gesandtschaft erreichte. Als ich nun bei meiner Zurückkunft im Begriff war, Bericht über meine Gesandtschaft abzustatten, nahm mich mein Vater bei Seite, und befahl mir nicht zu sagen, ich ging, sondern wir gingen, nicht ich sagte, sondern wir sagten, und dem entsprechend den weiteren Bericht als über eine gemeinsam von uns beiden verrichtete Angelegenheit zu erstatten.« Dergleichen, fährt Plutarch fort, ist nicht blos höflich und rücksichtsvoll, sondern es befreit auch den Ruhm von dem verletzenden, was Neid erregt.

Er verheirathete sich, wir wissen nicht wann, mit Timoxena, der Tochter des Alexion, eines vornehmen Mannes, den er Symp. VII, 3, 1 als seinen Schwiegervater bezeichnet. Sie gebar ihm vier Söhne und eine Tochter. Der älteste Sohn, Soklarus mit Namen, starb früh, etwa im Alter von 12—15 Jahren. Denn aus der Schrift de audiendis poetis entnehmen wir, dass er wenigstens so alt geworden ist, um sich der Dichterlectüre widmen zu können. Zwei andere Söhne hiessen Autobulus und Plutarchus. Ihnen widmete der Vater die Schrift περὶ τῆς ἐν Τιμαίῳ ψυχογονίας. Der vierte Sohn hiess Chäron, nach dem Erbauer seiner Vaterstadt, und starb gleichfalls früh. Denn wenn Plutarch in der Trostschrift an seine Gattin c. 5 schreibt: ἤδη δὲ καὶ περὶ τὰ τοιαῦτα πολλὴν εὐστάθειαν ἐπεδείξω, τὸ πρεσβύτατον τῶν τέκνων ἀποβαλοῦσα καὶ πάλιν ἐκείνου τοῦ καλοῦ Χαίρωνος ἡμᾶς προλιπόντος, so kann man wohl nicht umhin, diesen Chäron als einen jüngeren Sohn Plutarchs zu betrachten. Ein Sohn Lamprias dagegen beruht lediglich auf der Angabe des Suidas, der sich durch den ihm vorliegenden Catalog des Lamprias täuschen liess, dessen betrügerischer Verfasser sich für einen Sohn Plutarchs ausgicbt. Die nach der Mutter benannte Tochter Timoxena starb in zarter Jugend, zwei Jahre alt. Ihrem Tode verdanken wir die uns leider unvollständig erhaltene Trostschrift des Vaters an seine Gattin. Wir erfahren daraus, dass der Vater so wenig wie beim Tode Chärons, auch beim Tode der Tochter in Chäronea anwesend war. Timoxena hatte an den Vater einen Boten mit der Trauernachricht abgesandt, dieser hatte ihn aber in der Richtung auf Athen verfehlt. Denn Plutarch war nach Tanagra gegangen, und hatte hier die Nachricht παρὰ τῆς θυγατριδῆς erhalten. Das Wort kann hier nicht den gewöhnlichen Sinn von Enkelin haben, da Plutarch keine verheirathete Tochter hatte und kann wie bei Dion. Halic. iud. de Lys. 21 nur Nichte bedeuten, also eine Tochter des Lamprias oder Timon. Auch sonst enthält die Schrift interessante Mittheilungen über Plutarchs Häuslichkeit. Die Eltern hatten ihre Kinder zu Hause selbst aufgezogen, sie also nicht auf's Land zu den Sklaven geschickt. Auch hatte Timoxena ihre sämmtlichen Kinder selbst genährt. Ueberhaupt entwirft uns Plutarch von seiner Frau das Bild einer trefflichen Gattin. In ihrer Erscheinung war sie einfach, sie verschmähte alles Auffällige in Putz und Kleidung, selbst im Theater oder bei festlichen Aufzügen. So vermied sie es auch beim Verlust ihrer Kinder trotz der Tiefe ihres Schmerzes, demselben einen masslosen äusseren Ausdruck zu geben. Einfach war auch ihr gesammtes Hauswesen. Sie war mit ihrem Manne in die Mysterien des Dionysos eingeweiht, und schöpfte aus ihnen einen festen Unsterblichkeitsglauben, cons. c. 10. Dass es dieselbe Timoxena ist, von welcher Plutarch in den praecepta coniugalia eine Schrift an Aristylla erwähnt, unterliegt für mich keinem Zweifel.*)

---
*) Derselben Ansicht war schon Reiske. Was Wyttenbach Animadv. II,

Bei Gelegenheit der Söhne muss hier noch ein Punkt zur Sprache gebracht werden, der leicht zu falschen Schlüssen über die Chronologie im Leben unseres Philosophen Anlass geben kann. Wie schon gesagt hat Plutarch seine Brüder zu Unterrednern seiner Schriften gemacht, desgleichen seinen Lehrer Ammonius und verschiedene andere Freunde. Dass er dies auch mit seinen Söhnen gethan, möchte man von vorn herein bezweifeln. Denn es muss für einen Vater etwas Anstössiges haben, seine eigenen Kinder mittelst freier Ethopöie zum Gegenstand künstlerischer Darstellung zu machen, noch bevor deren intellectuelle und Charakter-Entwicklung abgeschlossen ist. Nun erscheinen zwar Autobulus und Soklarus als Unterredner in der Schrift de sollertia animalium. Aber es sind dies bestimmt nicht Plutarchs Söhne. Denn Autobulus sagt hier zu Soklarus c. 7, 3: ἔχει γὰρ ἑτέραν ὁδὸν ἐκεῖ τὸ δίκαιον, οὐ σφαλερὰν καὶ παράκρημνον οὕτω καὶ διὰ τῶν ἐναργῶν ἀνατρεπομένων φέρουσαν, ἀλλ' ἣν Πλάτωνος ὑφηγουμένου δείκνυσιν οὑμὸς υἱός, ᾧ Σώκλαρε, σὺς δὲ ἑταῖρος, τοῖς μὴ φιλομαχεῖν, ἕπεσθαι δὲ καὶ μανθάνειν βουλομένοις. So spricht doch nicht ein Bruder zu seinem Bruder von seinem Sohne. Nun erfahren wir zwar aus Symp. IV, 3, dass Plutarchs Sohn Autobulus sich verheirathet hatte, aber schwerlich konnte der Vater seinen Sohn zum Unterredner eines Dialogs machen, als dieser selbst bereits einen erwachsenen, doch mindestens

---

p. 197 bemerkt: »Reiskio nolim concedere, hanc Timoxenam fuisse uxorem Plutarchi, quippe maritus non ita simpliciter eam solo nomine, sed cum aliqua huius necessitudinis significatione nominasset.« — Ist ein argumentum commutabile. Gerade weil Plutarch in einer an eine Freundin seines Hauses gerichteten Schrift von Timoxena ohne irgend welchen Beisatz spricht, kann er keine andere als seine Gemahlin gemeint haben, an welche Eurydice doch selbstverständlich zuerst denken musste.

zwanzigjährigen Sohn hatte, der im Stande war Platonische Philosopheme selbständig weiter auszubilden, und unmöglich konnte Soklarus, von dem wir wissen, dass er früh gestorben ist, von Plutarch als noch lebend dargestellt werden zu einer Zeit, wo sein jüngerer Bruder Autobulus einen schon völlig erwachsenen Sohn hatte. Auch konnte Autobulus nicht, wie es in c. 8, 2 geschieht, den Ariston als seinen, und nicht vielmehr ihren gemeinschaftlichen Neffen bezeichnen. Wer nun Autobulus, wenn er nicht Plutarchs Sohn ist, sonst sei, . muss dahingestellt bleiben. Bei Soklarus könnte man an den in den Tischgesprächen mehrfach erwähnten Hausfreund der Plutarchischen Familie, oder an Soklarus von Tithorea, Aristions Sohn, denken, der im Gespräch über die Liebe c. 2 erwähnt wird, welche beiden Personen· übrigens höchst wahrscheinlich identisch sind.

Noch bedenklicher aber ist es den im Eroticus auftretenden Autobulus für Plutarchs Sohn zu halten, wie dies vielfach, selbst noch von Winckelmann geschehen ist, trotz dem Wyttenbach Animadv. in Plut. p. 171 schon längst das richtige angedeutet hatte. Schon der Umstand, dass hier Autobulus mit Flavianus sich unterhält, der offenbar sein Bruder ist, musste davon abhalten. Denn wenn Flavianus zu Anfang der Schrift sagt: ἐν Ἑλικῶνι φής, ὦ Αὐτόβουλε, τοὺς περὶ Ἔρωτος λόγους γενέσθαι, οὓς εἴτε γραψάμενος, εἴτε καταμνημονεύσας τῷ πολλάκις ἐπανερέσθαι τὸν πατέρα νυνὶ μέλλεις ἡμῖν δεηθεῖσιν ἀπαγγέλλειν, und Autobulus in c. 2 sagt: ὁ γὰρ πατήρ, ἐπεὶ πάλαι, πρὶν ἡμᾶς γενέσθαι, so kann man doch kaum zweifeln, dass hier Brüder mit einander reden. Einen Sohn Flavianus hat aber Plutarch nicht gehabt, und es ist arge Willkür Winckelmanns, ihn zu einem solchen zu stempeln. Nun erzählt

Autobulus dem Flavianus ein Gespräch über den Eros, welches einst bei einem Erosfeste der Thespier auf dem Helikon geführt wurde, zu welchem sein Vater »lange bevor wir geboren wurden« kurz nach seiner Verheirathung mit der Mutter gezogen war, um dem Eros wegen einer zwischen den Schwiegereltern ausgebrochenen Zwistigkeit und Vcruneinigung ein Opfer zu bringen. Darauf werden die Freunde aufgezählt, welche die Eltern zu dieser Reise begleitet hatten. Mehrere von ihnen kommen auch in den Tischgesprächen vor. Da alle Details so genau angegeben werden, so wird man zu der Annahme versucht, dass der Erzählung ein wirklicher Vorfall zu Grunde gelegt sei. Nun erzählt Autobulus' Vater am Schlusse seiner längeren Auseinandersetzung das bewundernswerthe Beispiel ehelicher Treue, welches Empone, die Gemahlin des Sabinus, eines Genossen des Julius Civilis, unter Kaiser Vespasian gegeben, c. 24: βούλομαι δ᾽ ἕν τι τῶν καθ᾽ ἡμᾶς ἐπὶ Καισάρος Οὐεσπασιανοῦ γεγονότων διελθεῖν. Dieser Vorfall ist uns auch aus Cassius Dio LXVI, 3. 16 und Tacitus Hist. IV, 67 bekannt, und wir wissen, dass Sabinus i. J. 70 entdeckt und mit seiner Gemahlin hingerichtet wurde. Wäre nun Plutarch als Vater des im Eroticus auftretenden Autobulus zu betrachten, so würde sich zunächst ergeben, dass er sich erst nach dem Jahre 70 verheirathet hätte. Es wird aber auch das Ereigniss keineswegs so mitgetheilt, als hätte es sich erst kürzlich zugetragen; sondern nachdem erzählt worden, wie Empone. in ihrem unterirdischen Gewölbe ein Zwillingspaar geboren, von denen der eine in Aegypten in Folge eines Falles gestorben, der andere aber, Namens Sabinus, erst kürzlich bei ihnen in Delphi gewesen sei, — also doch mindestens als Jüngling von 16—20 Jahren, wird fortgefahren: ἀποκτείνει μὲν οὖν αὐτὴν ὁ Καῖσαρ· ἀποκτείνας δὲ δίδωσι δίκην ἐν ὀλίγῳ χρόνῳ τοῦ γένους παντὸς ἄρδην ἀναιρεθέντος. Das Geschlecht der Flavier erlosch mit Domitian i. J. 96. Dergleichen konnte also überhaupt erst am Ende dieses Jahres, oder da das Erosfest die Sommerszeit voraussetzt, frühstens in der Mitte des Jahres 97 in Griechenland erzählt werden. Wenn nun Autobulus zu Anfang sagte, sein Vater sei kurz nach seiner Verheirathung, τὴν μητέρα νεωστὶ κεκομισμένος, mit der Mutter nach Thespiä gereist, so könnte sich eben Plutarch frühstens i. J. 95 oder 96 verheirathet haben. Und auf dieser Combination beruht dann die übereilte Angabe derjenigen seiner neueren Biographen, welche ihn erst nach seiner Zurückkunft aus Rom in einem Alter von 45—50 Jahren sich verheirathen lassen.*) Man wird daher gut thun sich zu vergegenwärtigen, auf wie schwachen Füssen diese Combination steht, um nicht zu luftigen Consequenzen verführt zu werden, wonach z. B. der Eroticus, da in ihm Autobulus als völlig erwachsener Mensch spricht, unmöglich vor 120, also erst unter der Regierung Hadrians geschrieben sein könnte. In dieselbe Zeit würde dann auch die Schrift über die Schöpfung der Weltseele im Platonischen Timäus fallen, ja auch die Hochzeit des Autobulus, von welcher in den Tischgesprächen die Rede ist, könnte füglich nicht früher stattgefunden haben, und die Tischgespräche müssten somit zu den am allerspätesten verfassten Schriften Plutarchs gehören, eine Annahme, von der wohl eher das gerade Gegentheil richtig sein dürfte.

Doch wir müssen nunmehr zu dem kommen, was wir über die bereits mehrfach erwähnten Reisen Plutarchs zu sagen haben.

*) So bereits Corsini Plutarchi vita p. VIII vor seiner Ausgabe der placita philosophorum Florent. 1750.

Eine Reise nach Alexandria erwähnt er Symp. V, 5, 1. Nach ihrer glücklichen Beendigung wurde er von seinen Freunden in Chäronea festlich bewirthet — ἐν ταῖς ὑποδοχαῖς, ἃς ἐποιεῖτο τῶν φίλων ἕκαστος ἑστιῶν ἡμᾶς ἥκοντας ἀπὸ τῆς Ἀλεξανδρείας. Sein Grossvater Lamprias war, diesem Gespräche zu Folge, damals noch am Leben. Dass er aber in Gesellschaft des Grossvaters diese Reise gemacht habe, wie ich früher in Folge flüchtiger Lesung dieser Stelle selbst behauptet habe, lässt sich nicht erweisen. Ebenso wenig lässt sich aus dem 71. Capitel der Biographie des jüngeren Cato, wo der Schriftsteller berichtet, die Uticenser hätten Cato's Leichnam prachtvoll am Meere bestattet »da, wo jetzt seine Bildsäule mit einem Schwerdt in der Hand steht« — οὗ νῦν ἀνδριὰς ἐφέστηκεν αὐτοῦ ξιφήρης — etwas auf eine Anwesenheit Plutarchs in dieser Stadt schliessen. Unrichtig aber ist es, wenn Parthey in den Erläuterungen zu Plutarchs Isis und Osiris S. 147, es für sehr zweifelhaft erklärt, ob Plutarch je in Aegypten gewesen, es finde sich kein bestimmtes Zeugniss dafür, und mehrere Stellen seiner Schrift verriethen eine solche Unkenntniss der Naturbeschaffenheit von Aegypten, dass man kaum annehmen könne, der Verfasser habe je dies Land besucht. Dass Plutarch aber in Alexandria gewesen, lässt sich auf Grund des beigebrachten Zeugnisses nicht bestreiten. Im Uebrigen mag er wohl nicht viel über Alexandria hinausgekommen sein, und wenn er die Reise in jüngeren Jahren machte, über dem Eindruck der Grossstadt und dem Genuss ihrer litterarischen Schätze an die Betrachtung der Naturbeschaffenheit des Landes wenig gedacht haben.

In späteren Jahren, bereits als gereifter Mann und Philosoph, machte Plutarch eine Reise nach Rom, die auf sein ferneres Leben von nicht geringem Einfluss gewesen ist. Er erwähnt diese Reise in allgemeinen Ausdrücken im Leben des Demosthenes, c. 2, wo er von sich sagt: ἡμεῖς δὲ μικρὰν οἰκοῦντες πόλιν καί, ἵνα μὴ μικροτέρα γένηται, φιλοχωροῦντες, ἐν δὲ Ῥώμῃ καὶ ταῖς περὶ τὴν Ἰταλίαν διατριβαῖς οὐ σχολῆς οὔσης γυμνάζεσθαι περὶ τὴν Ῥωμαϊκὴν διάλεκτον ὑπὸ χρειῶν πολιτικῶν καὶ τῶν διὰ φιλοσοφίαν πλησιαζόντων, ὀψέ ποτε καὶ πόρρω τῆς ἡλικίας ἠρξάμεθα Ῥωμαϊκοῖς γράμμασιν ἐντυγχάνειν. Er erzählt dann, bei seinem Studium des Lateinischen sei es ihm auf den Inhalt der von ihm gelesenen Schriften angekommen. Für die Schönheit und Bündigkeit des Römischen Idioms, seine Metaphern und seinen Wohlklang sei er keineswegs unempfänglich gewesen, doch gründlicher darauf einzugehen, habe ihm sein Mangel an Musse und sein vorgerücktes Alter verhindert. Deshalb verzichte er auch, in richtiger Erwägung seiner Kräfte, darauf, bei einer Parallele des Demosthenes und Cicero auf eine Vergleichung ihrer beiderseitigen Beredsamkeit einzugehen. Diese Stelle ist für Plutarch in mehr als einer Hinsicht lehrreich. Einmal empfangen wir aus seinem eigenen Munde das offene Geständniss, dass seine Kenntniss der Lateinischen Sprache eine nur mittelmässige war, ein Umstand, den ausser der mangelhaften Art, mit der er in seinen Biographien seine Römischen Quellen benutzt hat, auch noch mancherlei Irrthümer im Einzelnen beweisen, so wenig er es auch in seinen historischen Schriften versäumt, so oft sich ihm dazu die Gelegenheit darbietet, Lateinische Wörter und Ausdrucksweisen anzuführen und zu erklären. Hierher gehört es nun weniger, wenn er v. Rom. c. 13 sagt, die Römer nennten ihre Schutzherren πάτρωνας; denn einmal pflegen die Griechen Lateinische Wörter besonders in der Deklination ihrer Sprache anzubilden und sich gleichsam mundrecht zu machen, andrerseits setzt das Italienische padrone allerdings eine Form patro der Lateinischen Vulgärsprache voraus. Auffallender ist aber schon die falsche Construction von sine, σίνε πάτρις οἶον ἄνευ πατρός, Quaest. Rom. 103, die schwerlich auf Rechnung der Abschreiber zu setzen ist. Und wenn Plutarch in den Quaest. Platon. X darauf aufmerksam macht, dass die Sprache der Römer, deren sich gegenwärtig fast alle Menschen bedienen — ὁ Ῥωμαίων λόγος, ᾧ νῦν ὁμοῦ τι πάντες ἄνθρωποι χρῶνται — alle Präpositionen bis auf wenige beseitigt habe*), und den Artikel gar nicht anwende, so ist doch diese Behauptung in ihrem ersten Theile sehr bedenklich. Von geringer Kenntniss des Latein zeugt ferner seine ganz wunderbare Ableitung des Wortes fetialis, v. Num. 12, und seine Verwechselung der Bedeutungen des Wortes vicus im Leben des Lucullus c. 37, wo die Strassen der Stadt Rom zu den umliegenden Dörfern gemacht werden. — Zweitens aber erfahren wir aus dieser Stelle, dass Plutarch in politischen Angelegenheiten in Rom sich aufhielt, das heisst doch wohl als Abgesandter seiner Vaterstadt Chäronea, dass er daselbst als Philosoph Zuspruch hatte und dass er seine Anwesenheit auch zu Ausflügen in Italien benutzt hat, dass sein Aufenthalt überhaupt nicht von allzu kurzer Dauer gewesen sein kann. Einen Anhalt für die Chronologie dieser Reise haben wir in der Schrift de sollertia animalium, c. 19. Hier erzählt Plutarch ein Beispiel von der wunderbaren Geschicklichkeit und Gelehrigkeit eines Hundes, dessen Zeuge er zu Rom im Theater des Marcellus gewesen sei und be-

---

*) Es ist an dieser Stelle ἀνῄρηκε statt ἀφῄρηκε zu lesen.

merkt ausdrücklich die gleichzeitige Anwesenheit des alten Vespasian — παρῆν γὰρ ὁ γέρων Οὐεσπασιανὸς ἐν τῷ Μαρκέλλου θεάτρῳ. Dass die Erzählung dem Aristotimus, einem Unterredner der Schrift, in den Mund gelegt wird, thut natürlich nichts zur Sache. Auch ohne diese Stelle würden wir hinsichtlich der Chronologie behaupten müssen, dass Plutarch vor dem Jahre 94 längere Zeit in Rom gewesen sei. Denn als er einst daselbst Vorlesungen hielt, erzählt er de curiositate c. 15, gehörte auch der bekannte Arulenus Rusticus, den späterhin Domitian, neidisch auf seinen Ruhm, ermordete, zu seinen Zuhörern. Mitten in der Vorlesung trat ein Soldat herein und überbrachte ihm einen Brief vom Kaiser. Es entstand tiefe Stille, und als Plutarch in seinem Vortrage eine Pause eintreten liess, damit Arulenus den Brief lesen könnte, so wollte er es nicht, und öffnete ihn nicht eher, als bis Plutarch mit seinem Vortrage zu Ende war, und das Auditorium sich auflöste. Uebrigens war Plutarch nicht einmal, sondern mindestens zweimal in Rom, wie sich dies aus Symp. VIII, 7, 1 ergiebt: Σύλλας ὁ Καρχηδόνιος εἰς Ῥώμην ἀφικομένῳ μοι διὰ χρόνου τὸ ὑποδεκτικόν, ὡς Ῥωμαῖοι καλοῦσι, καταγγείλας δεῖπνον ἄλλους τε τῶν ἑταίρων παρέλαβεν οὐ πολλοὺς κτλ. Damals hatte ihn Philinus begleitet, sein Landsmann. Nun wissen wir aus dem Leben des Publicola c. 15, dass Plutarch vor 82, in welchem Jahre Domitian das Capitol wieder herstellte, wieder in Griechenland war und zwar in Athen, denn er sah hier die für diesen Bau bestimmten Säulen aus Pentelischem Marmor. Da er nun ferner, offenbar aus Autopsie erzählt, wie diese Säulen durch ihre nochmalige Politur in Rom am richtigen Ebenmaass verloren haben, da sie jetzt allzu schlank und schmächtig — διάκενοι καὶ λιγαροί — erscheinen, und daran eine Beschreibung der Pracht im Palaste dieses Kaisers fügt, so folgt daraus, dass Plutarch nochmals nach 82 muss in Rom gewesen sein. Auch sonst finden sich in seinen Schriften manche Andeutungen seiner Anwesenheit in Rom, so wenn er von allerlei noch zu seiner Zeit üblichen Sitten und Einrichtungen der Römer berichtet, wie v. Marc. 3 extr., oder über Bauten und Oertlichkeiten aus eigner Ansicht erzählt, wie über die heilige Tiberinsel, über den Tempel der Vica Pota, v. Publ. c. 8. 11. Neben der Rennbahn hatte er die mit einer Griechischen Inschrift versehene eherne Bildsäule des Quintius Flamininus gesehen, v. Flam. 1. Im Leben des Numa c. 8 beruft er sich darauf, wie er selbst'in Rom von Vielen gehört habe, dass die Römer, als ihnen einst ein Orakel befahl, dem weisesten und tapfersten der Hellenen ein Standbild bei sich zu errichten, auf dem Forum zwei eherne Bildsäulen des Alcibiades und Pythagoras aufgestellt hätten. Und was er de curios. c. 10 über die τεράτων ἀγορά, einen Markt für Missgeburten, berichtet, ist doch auch wohl aus Autopsie geschöpft.

DRITTES CAPITEL.

Plutarch machte in Rom begreiflicherweise die Bekanntschaft manches vornehmen Mannes. Hielt er es ja für Pflicht eines Philosophen, vornehme Bekanntschaften aufzusuchen. Auch traf er in der Hauptstadt mit Manchen wieder zusammen, die er schon in Griechenland kennen gelernt hatte. So mit seinem Freunde Sextius Sulla aus Carthago, einem οὔτε Μουσῶν οὔτε Χαρίτων ἐπιδεὴς ἀνήρ, v. Rom. 15, der ihn, wie wir sahen, in Rom bewirthete. So hatte denn Plutarch eine

Menge Römer zu Freunden, von denen er in seinen Schriften viele namhaft macht, leider ohne allen chronologischen Anhalt, und ohne dass uns über diese Leute sonst etwas bekannt wäre. Sein vornehmster Freund war C. Sosius Senecio, dem er mehrere seiner Biographien, wie die des Theseus und Romulus, des Demosthenes und Cicero, des Dio und Brutus, wahrscheinlich auch des Agis und Cleomenes (vgl. Schömann zu Ag. p. 93) und die ihnen entsprechenden der beiden Gracchen, sowie die Schrift de profectibus in virtute gewidmet hat. Auch schrieb er auf seine Veranlassung die Tischgespräche, denn Sosius hatte ihn zu ihrer Abfassung aufgefordert: ᾠήθης τε δεῖν ἡμᾶς τῶν σποράδην πολλάκις ἐν τε 'Ρώμῃ μεθ' ὑμῶν καὶ παρ' ἡμῖν ἐν τῇ Ἑλλάδι παρούσης ἅμα τραπέζης καὶ κύλικος φιλολογηθέντων συναγαγεῖν τὰ ἐπιτήδεια. Nun wissen wir, dass Sosius viermal Consul unter Trajan war und zwar nach Angabe der Fasten suffectus im Jahre 98, ordinarius in den Jahren 99, 102, 107. Vgl. Wyttenbach Animadv. in Plut. T. I. p. 440. Pauly Real-Encycl. VI, 1 S. 1330. Wir wissen aber nicht, ob Plutarch die Bekanntschaft dieses Mannes zuerst in Griechenland oder Rom gemacht hat, denn dass Sosius sich längere Zeit auch in Griechenland aufgehalten hat, geht mit Bestimmtheit aus den Tischgesprächen hervor. So sehen wir II, 1, 1, dass Plutarch mit ihm in Paträ zusammen gewesen war. I, 1 und V, 1, 1 spricht Plutarch von ihrer gemeinschaftlichen Anwesenheit in Athen. IV, 3, 1 erzählt er uns, dass Sosius von Chäronea aus bei der Hochzeit seines Sohnes Autobulus zugegen gewesen war, wenn anders die Lesart an dieser Stelle sicher ist und statt: ἐν τοῖς Αὐτοβούλου τοῦ υἱοῦ γάμοις συνεώρταζεν ἡμῖν παρὼν ἐκ Χαιρωνείας ὁ Σόσσιος Σενεκίων, nicht vielmehr ἐν Χαιρωνείᾳ Σόσσιος Σενεκίων zu lesen ist.

Dass der vornehme Römer seine Freundschaft mit dem Vater auch auf dessen Söhne übertragen hatte, giebt uns Plutarch Symp. VIII, 10, 1 zu verstehen, wo er zu Sosius sagt: τοῖς μὲν οὖν σοῖς ἑταίροις ἐμοῖς δὲ υἱοῖς ἐδώκει. Ein andrer Freund Plutarchs, der gleichfalls consularischen Rang hatte, ist Mestrius Florus. In seinem Hause spielt die Unterhaltung über den bösen Blick, welche Symp. V, 7 angegeben wird, bei welcher Plutarch mit seinem Verwandten Patrokleus und seinem Freund Soklarus zugegen war. Florus war ein Freund der alten Römischen Sitte und beachtete sie, wie wir aus Symp. VII, 4 sehen, auch in Kleinigkeiten. Möglich, dass Plutarch seine Bekanntschaft schon vorher in Griechenland gemacht hatte, oder wenn dieses nicht, so traf er später mit ihm in Griechenland wieder zusammen, Symp. VIII, 10. An dieser Stelle erscheint er als ein gelehrter Mann und philosophischer Kopf. Plutarch erwähnt auch seinen Sohn Lucius, sowie seinen Schwiegersohn C. Caesernius. Es ist derselbe Consular Mestrius Florus, von welchem Sueton im Leben des Vespasian c. 22 berichtet, er habe einst den Kaiser bei Tische darauf aufmerksam gemacht, dass man richtiger plaustra und nicht plostra sagen müsse. Zum Dank für diese Belehrung wurde er am folgenden Tage von ihm als Flaurus (φλαῦρος) begrüsst. Das Geschlecht der Mestrier war übrigens, wie die Inschriften beweisen, in Ober-Italien, namentlich in Brixia, sehr verbreitet, s. Real-Encycl. IV, S. 1887. So machte denn auch Plutarch in seiner Gesellschaft eine Reise durch Gallia Cisalpina, und besichtigte mit ihm das Schlachtfeld von Betriacum. Florus, der die Schlacht wider seinen Willen als Parteigänger Otho's mitgemacht hatte, zeigte ihm auf dem Schlachtfelde einen alten Tempel, um welchen nach der

Schlacht die Todten dermassen aufgehäuft gelegen hatten, dass die obersten Leichen den Giebel des Tempels berührten, v. Oth. 14. Auf dieser Reise kam Plutarch auch nach Brixellum, und sah hier das bescheidene Denkmal des Otho mit seiner einfachen Inschrift, ib. c. 18, sowie nach Ravenna, wo er eine marmorne Büste des Marius erblickte, deren Züge völlig der Herbigkeit und Rauhheit seines Wesens entsprachen, v. Mar. 2.

Aus der sonstigen Zahl der Römischen Freunde sind etwa noch Fundanus und Paccius zu erwähnen. Fundanus ist der Hauptredner in der Schrift περὶ ἀοργησίας und erscheint in ihr, nach dem ausdrücklichen Zeugniss seines Freundes Sulla als ein sehr edler, humaner Charakter, der eine ursprüngliche Neigung zum Zorn und zur Leidenschaftlichkeit mit glücklichem Erfolg bekämpft hatte, demgemäss voll Milde im Umgange mit Freunden, Hausgenossen und Sklaven, zu Liebe und Vertrauen gegen Andere geneigt war, eine Neigung, die ihm freilich manche Enttäuschung zuzog. Man gewinnt unwillkürlich den Eindruck, dass Plutarch in dem Charakterbild dieses edlen Römers mehr oder weniger sich selbst porträtirt hat, eine Naivität, die man ihm wohl zutrauen darf. Wahrscheinlich ist dieser Fundanus identisch mit Minucius Fundanus, einem vornehmen Freund des jüngeren Plinius. An ihn sind in dessen Briefsammlung drei Briefe gerichtet I, 9. IV, 15. VI, 6. Ein vierter V, 16 handelt von dem Tode seiner jungen Tochter, darin wird er selbst eruditus et sapiens genannt, ut qui se ab ineunte aetate altioribus studiis artibusque dediderit. Ein gemeinschaftlicher Freund von Sulla, Fundanus und Plutarch war Paccius, dem die Schrift de tranquillitate animi gewidmet ist. Er hatte sich brieflich an Plutarch mit der Bitte gewandt, ihm etwas über Gemüthsruhe zu schreiben, sowie über einige Punkte im Timäus, die einer sorgfältigen Erklärung bedürften, — περὶ τῶν ἐν Τιμαίῳ δεηιμένων ἐπιμελεστέρας ἐξηγήσεως. Sein Brief hatte sich etwas verspätet, und da inzwischen ein anderer gemeinschaftlicher Freund, Eros, der sich damals gerade in Chäronea aufhielt, in Folge einer von Fundanus an ihn ergangenen Aufforderung zu einer unerwarteten Reise nach Rom veranlasst wurde, so stellte Plutarch, der den Eros vor Paccius nicht wollte mit leeren Händen erscheinen lassen, über die Gemüthsruhe in aller Eile das zusammen, was er zu seinem eigenen Gebrauche sich notirt hatte. Paccius war, wie Plutarch im Eingange dieser Schrift berichtet, mit dem Kaiser befreundet und einer der berühmtesten Redner des Forums. Aus Römischen Schriftstellern wissen wir nichts über diesen Mann, und ob er mit dem reichen, kinderlosen Paccius zu identificiren ist, dessen Juvenal XII, 99 gedenkt, und dieser wieder mit dem Tragiker Paccius, dessen Alcithoe VII, 12 erwähnt wird, wie Ladewig in Pauly's Real-Encycl. V, S. 1039 vermuthet, muss dahingestellt bleiben.

Was nun Plutarchs philosophische Thätigkeit in Rom anlangt, so hielt er, wie wir bereits sahen, Vorlesungen, und ertheilte ausserdem, nach der damaligen Sitte der Philosophen, im Privatgespräch Auskunft über allerlei an ihn gestellte Fragen aus dem Gebiet der praktischen Moral. Er liess sich consultiren, wie man einen Arzt consultirt, und als Seelenarzt hat er sich auch betrachtet. Wie nach damaliger Ansicht im Organismus die falsche Mischung der Säfte physische Krankheiten erzeugte, so war das unrichtige Verhältniss der Vernunft zu den Trieben und Leidenschaften der Seele die Veranlassung zu ethischen Krankheiten. Plutarch lehrte, wie dies Verhältniss beschaffen sein müsse, und gab allerlei Rathschläge an die Hand, wie es herzustellen sei. Er selbst berichtet uns in der Schrift de fraterno amore c. 4, dass er in Rom das Schiedsrichteramt zwischen zwei feindlichen Brüdern übernommen, von denen der eine sich für einen Philosophen hielt. Aber er führte diesen Namen ebenso mit Unrecht als den eines Bruders, und Plutarch sah bald, dass er eine undankbare Rolle übernommen habe. Als er ihn bat, so mit seinem Bruder zu verkehren, wie es dem Philosophen einem Bruder und nicht gebildetem Manne gegenüber zukäme, erhielt er zur Antwort: »ganz recht, wie einem ungebildeten Manne gegenüber; darin aber, dass wir von derselben Mutter geboren sind, kann ich nichts besonderes erblicken« — worauf Plutarch erwiderte: »du scheinst auch darin nichts besonderes zu erblicken, überhaupt von einer Mutter geboren zu sein.«

Es liegt hier die Frage nahe, wie weit Plutarch mit den damaligen Vertretern der Philosophie in Rom bekannt geworden ist, unter denen ja viele Griechen waren. Aber wir können diese Frage nicht beantworten. Doch ist es nicht unwahrscheinlich, dass er den berühmten Musonius Rufus kennen lernte. Denn in der Schrift de cohibenda ira wird dem erwähnten Fundanus ein Ausspruch des Musonius in den Mund gelegt, dessen er sich erinnerte. Es heisst daselbst c. 2: καὶ μὴν ὧν γε μεμνήμεθα Μουσωνίου καλῶν ἕν ἐστιν, ὦ Σύλλα, τὸ δεῖν ἀεὶ θεραπευομένους βιοῦν τοὺς σώζεσθαι μέλλοντας. Das hat doch nur einen Sinn, wenn eben Plutarch selbst es war, der sich diesen Ausspruch gehört zu haben erinnerte. Von einer zweiten Erwähnung des Musonius in der Schrift de vitando aere alieno c. 7 sehe ich ab, da für mich an der Unachtheil dieser Schrift kein Zweifel ist. Epictet wird von Plutarch nicht erwähnt.

Rom als Hauptstadt der Welt, mit seinem berühmten Namen (τὸ μέγα τῆς 'Ρώμης ὄνομα καὶ δόξῃ διὰ πάντων ἀνθρώπων κεχωρηκός, v. Rom. 1), mit der Fülle seiner Sehenswürdigkeiten, in dessen Schoosse aller Glanz und alle Herrlichkeit des Erdkreises wie auf einen Punkt sich zusammendrängte, daher es wenige Decennien später vom Sophisten Polemo so treffend als οἰκουμένης ἐπιτομή bezeichnet wurde, machte begreiflicherweise auf Plutarch einen gewaltigen Eindruck, dessen Nachklang wir nicht sowohl in einzelnen Aeusserungen, wobin etwa die Erwähnung der καλὴ 'Ρώμη in der Schrift de sollertia c. 5 zu rechnen wäre — als in der ganzen Art und Weise zu suchen haben, mit welcher derselbe das Römerthum beurtheilt und zu ihm Stellung genommen hat, sowie dem grossen Interesse, welches er für Römische Geschichte bis in sein späteres Alter fortwährend an den Tag gelegt hat. Ebenso wie Polybius, Dionys von Halikarnas und in seiner Weise Strabo, ist auch Plutarch von Bewunderung für die politische Grösse des Römerreichs ergriffen, noch mehr für den alten Geist des Römerthums, dem es gelungen war, ein so gewaltiges Reich zu schaffen. So sehr er sonst auf Grund seiner philosophischen Ansichten geneigt war, dem Glück oder Zufall einen nur mässigen Antheil am Leben der Einzelnen, wie ganzer Völker einzuräumen, so macht er doch bei seiner Betrachtung der Römischen Geschichte hiervon eine Ausnahme. Rom erschien ihm durchaus als vom Glücke begünstigt, und er erblickte in der Römischen Weltmonarchie gleichsam eine providentielle Schöpfung, um der Menschheit nach einer langen Reihe chaotischer Kämpfe zu einer Periode

des dauernden Friedens und des ungestörten Besitzes seiner
Glücksgüter zu verhelfen. Die Römische Macht, meint Plutarch
im Leben des Romulus c. 8, würde nicht zu ihrer erstaunlichen
Höhe gelangt sein, wenn sie nicht von vornherein
einen göttlichen, ausserordentlichen Anfang gehabt hätte, und
dass er auch den Uebergang des Römischen Freistaates in die
Monarchie als etwas providentielles betrachtete, ergiebt sich
aus dem Leben des Pompejus c. 75, wo Plutarch meint, der
Philosoph Kratippus hätte mit der Begründung und Ausführung
dieses Gedankens unschwer die von Pompejus nach der
Schlacht bei Pharsalus erhobenen Zweifel und Klagen über
die Vorsehung entkräften können. Auch im Unterliegen der
Griechischen Macht unter die Herrschaft der Römer erblickte
er nicht minder eine göttliche Fügung, v. Philop. c. 17, das
heisst etwas Gutes. Am deutlichsten hat er seine Gedanken
über das Römerthum in der kleinen nicht vollständig auf uns
gekommenen Schrift über das Glück der Römer entwickelt,
die man um ihrer stark rhetorisirenden Form und ihres ganzen
Inhaltes willen für die Aufzeichnung eines in Rom selbst
gehaltenen Vortrages halten möchte, wenn nicht die in ihr
hervortretende ziemlich gute Kenntniss der Römischen Geschichte
und Sprache uns auf eine spätere Zeit in Plutarchs
Leben hinwiese.

Glück und Tugend, heisst es in dieser Schrift, waren
schon oft mit einander im Streite, aber noch nicht in einem
so gewaltigen als jetzt, bei der Frage, wer von beiden die
gewaltige Römische Weltmacht geschaffen. Und die Entscheidung
dieser Frage ist für beide wichtig. Man sagt von der
Tugend sie sei schön, aber unnütz, die auf sie verwandten
Mühen seien fruchtlos. Wird man das fernerhin behaupten

können, wenn das Römerreich ihr Werk ist, wenn es in seiner weltbeherrschenden Grösse durch die Tugend seiner Bürger zu Stande gekommen? Man sagt umgekehrt, das Glück sei nützlich, aber unbeständig, treulos mit seiner Gunst. Wird nicht auch diese Behauptung zu Schanden, wenn sich zeigen lässt, dass das Römerreich seine Grösse und Macht nur dem Glücke verdankt, dass dieses mit ausharrender Treue ihm beständig zur Seite gestanden hat? In der That aber war es eben nur beiden möglich im friedlichen Verein »das schönste aller menschlichen Werke« zu vollenden. »Wie Plato sagt, dass aus Feuer und Erde als den unumgänglichen und ersten Stoffen die ganze Welt entstanden ist, um sichtbar und greifbar zu werden, indem die Erde ihr festen Bestand verlieh, das Feuer Farbe, Gestalt und Bewegung; die in der Mitte stehenden Elemente aber, Wasser und Luft, brachten durch Erweichen und Löschen jene beiden Hauptelemente trotz ihrer Ungleichheit einander nahe, und brachten mit ihnen vermischt die Materie zu Stande — so hat nun auch die Zeit und die Gottheit, welche den Grund zu Rom legten, das Glück und die Tugend mit einander vermischt und verbunden, um unter Verwendung beider Elemente in ihrer Eigenthümlichkeit, für alle Menschen einen in Wahrheit heiligen und segensreichen Herd zu schaffen, ein haltbares Tau, ein ewiges Element, im Wechsel der Ereignisse einen Ankerplatz gegen das Schwanken der Fluth. Denn wie die Naturforscher sagen, die Welt sei keine Welt gewesen, die Körper hätten sich nicht vereinigen und vermischen wollen, um der Natur und allem eine gemeinsame Gestalt zu verleihen, sondern während die einen noch klein und zerstreut durcheinander gingen, von einander abglitten und vor jeder festen Berührung zurückwichen, die anderen schon festeren und dichteren mit einander gewaltige Kämpfe im wirren Durcheinander vollführten, alles unaufhörlich in chaotischer Brandung durcheinander wogte, voll Verwirrung, Vernichtung und Trümmer, bevor die Erde aus dem sich allmälig ansetzenden Theilen einen gewissen Umfang und festen Halt gewann und so auch den übrigen Körpern einen Anhalt in ihr und auf ihr gewährte: so war auch, so lange die grössten Mächte und Reiche unter den Menschen vom Zufall getrieben aufeinander stiessen, da Niemand herrschte, aber alle herrschen wollten, ein unermessliches Wogen und Schwanken in allen Verhältnissen, bis Rom kräftig und gross wurde, theils die Völker und Nationen in seinem Innern, theils die abgelegenen, fremden Reiche innig mit sich verband, und nun die Welt in der Hauptsache Bestand und Sicherheit gewann, und die Herrschaft zu einem geordneten Frieden und einem geschlossenen, festen Kreislauf gelangte."

Jedenfalls ist eine solche Stelle für Plutarchs geschichtliche und politische Ansichten überaus bezeichnend. Einmal sehen wir daraus, dass ihm so gut, wie wohl den meisten Autoren des Alterthums, der Begriff einer allmäligen Entwicklung in der Weltgeschichte vollkommen fremd war. Denn zu dem Gestalten einer chaotischen Masse ist zwar eine Succession von Veränderungen in der Zeit erforderlich, aber die einzelnen Erscheinungen in und an ihr haben keineswegs eine individuelle Berechtigung und Bedeutung, werden nicht als durch das Voraufgehende bedingt und das Folgende vorbereitend erkannt, sondern erscheinen als rein zufällig und willkürlich entstanden. Es ist dies eine Auffassung, die bei Plutarch in vielfacher Gestalt wiederkehrt und die, um dies gleich hier zu berühren, uns manche seiner Mängel als Historiker erklärt. Dass in der Geschichte alles dem Gesetz der Causalität unterworfen ist, blieb auch ihm natürlich nicht verborgen, aber er glaubte manchmal, schon eine Einsicht in den Zusammenhang der Ereignisse gefunden zu haben, während er nur ganz äusserlichen zufälligen Momenten eine ungebührliche Bedeutung beimass, und die tieferliegenden Fäden des Zusammenhanges ihm völlig verborgen blieben. Daher sein Haften am Persönlichen, Anekdotenhaften, Kleinlichen. Da er keine Ahnung davon hat, dass grosse Männer eine historische Mission erfüllen, selbst im Dienste der in der Geschichte sich verwirklichenden Ideen stehen, oft gerade also in dem, was ihre Grösse ausmacht, nicht frei und selbständig dastehen, so sucht er alles aus der Freiheit ihrer ethischen Entschliessungen und ihres individuellen Charakters herzuleiten. Daher hat er auch gar keinen historischen, sondern selbst in der Geschichte nur einen moralischen Maassstab der Beurtheilung. Bei einer solchen Auffassung der Dinge darf man sich dann freilich nicht wundern, wenn der Ausbruch des Peloponnesischen Kriegs nicht aus der fortschreitenden Rivalität zwischen Sparta und Athen, sondern aus kleinen Verlegenheiten des Pericles abgeleitet wird. Es ist dies aber, wie wir aus dem folgenden Theil noch ersehen werden, eine einfache Consequenz von Plutarchs philosophischem Standpunkt. Denn der Philosoph geht von der ihn umgebenden anschaulichen Wirklichkeit aus, von der Welt, wie er sie vorfindet. Hinter der flüchtigen, vergänglichen Erscheinung sucht er das Wesen der Dinge zu ergründen. Aber er glaubt auch in jedem Augenblicke die Welt in ihrer Totalität zu haben und des Auseinanderfallens derselben in die Succession der zeitlichen Erscheinungen entbehren zu können. Und darin liegt sein Irrthum. Das Metaphysische der Welt ist allerdings in jedem Augenblicke in seiner Totalität vorhanden, und so mag diese Betrachtung dem Philosophen genügen, aber es giebt auch noch andere berechtigte Betrachtungen der Welt als die blos auf die Lösung ihres metaphysischen Problems gerichtete, und für sie ist oft gerade das vom grössten Werth, was die philosophische als unwesentlich verschmäht. Nun aber vindicirt der Platonismus der erscheinenden Welt nur insofern eine Realität, als sich in ihr die ewigen, unbeweglichen Ideen abspiegeln. So giebt er sich leicht der Täuschung hin, dass auch die Menschenwelt trotz ihrer Geschichte ewig dieselbe sei, was doch nur in gewisser Hinsicht, nämlich in Bezug auf ihr ethisches Verhalten, richtig ist, und daher kommt wohl die Schwierigkeit für den Platonismus, alles was Geschichte ist, wahrhaft zu begreifen. Nun hatte Plutarch für alles Geschichtliche ein grosses Interesse, aber doch kein eigentlich historisches, sondern ein blos philosophisches Interesse. Daher können auch wohl nur solche Leser, denen an den im Leben wie in der Geschichte auftretenden Personen das ethische Verhalten die Hauptsache ist, weil sich in ihm der metaphysische Kern ihres Wesens am deutlichsten erkennen lässt, an seinen biographischen Bildern ein grosses Gefallen finden.

Zweitens aber erkennen wir aus dieser Stelle, und dies ist für die vorliegende Betrachtung noch wichtiger, dass Plutarch mit der allgemeinen Weltlage seiner Zeit vollkommen zufrieden war, und er theilte diese Zufriedenheit wohl mit den meisten seiner Zeitgenossen und Landsleute. Man sonnte sich mit im blendenden Glanz der Römischen Herrlichkeit. Der Weltfrieden und die Möglichkeit einer behaglichen Existenz, für alle, die sich nicht unvorsichtiger Weise den Zorn

des Römischen Machthabers zuzogen, und es konnten dies
überhaupt nur solche, die sich in seiner Nähe befanden, die
gesteigerte Sorgfalt der Römischen Regierung für Recht und
billige Verwaltung, die entschiedene Hochachtung, welche die
Römer für die Griechische Cultur und die glänzende Vergangenheit der Hellenen in Kunst und Wissenschaft an den
Tag legten, entschädigten diese vollständig für den Mangel
an nationaler Selbständigkeit und Freiheit. Und so sehr auch
Plutarch die Grossthaten eines Miltiades und Themistokles
bewunderte, so kam es ihm doch nie in den Sinn, seine Nation deshalb zu bedauern, dass sie jetzt nicht gleiche Grossthaten vollbringen konnte. Er rechnet ja die ganze Griechische
Geschichte mit allen ihren Kämpfen und Schlachten, mit zur
Periode des chaotischen Wirrwarrs, der zum Heile der Menschheit durch die Römische Weltmonarchie, wie er glaubte, ein
für allemal beseitigt war. Davon dass das Gebäude dieser
Grösse auf gar morschem Grunde stand und schon längst
dem vollständigen, baldigen Untergange geweiht war, hatte
er keine Ahnung. Wir finden daher in seinen Schriften keine
Klagen über den Despotismus der Römischen Cäsaren, wenn
er auch das persönlich unwürdige Verhalten einzelner, wie
des Nero, missbilligt, von dem er v. Ant. 87 sagt: οὗτος ἄρξας
ἐφ' ἡμῶν ἀπέκτεινε τὴν μητέρα καὶ μικρὸν ἐδέησεν ὑπ' ἐμπληξίας καὶ παραφροσύνης ἀνατρέψαι τὴν Ῥωμαίων ἡγεμονίαν. Aber
er rechnete es doch auch diesem Nero hoch an, dass er die
Griechen zu Korinth in einer Rede für frei und selbständig
erklärt hatte, v. Flamin. 12. de sera num. vind. p. 568 A.
Daran, dass es eben so nothwendig als möglich sei, durch
besondere staatliche Einrichtungen die Welt vor der rasenden
Willkür eines Einzigen zu schützen, hat er wohl nie gedacht.

Ebenso wenig finden wir bei Plutarch irgend welche Klagen über das Elend der Zeit, ja auch nur eine Andeutung davon, dass er die Gegenwart irgendwie für schlechter gehalten hätte als die Vergangenheit, dass er etwa mit melancholischem Schmerz auf ihre verschwundene Grösse zurückgeblickt, oder auf eine bessere Zukunft gehofft hätte. Wenn Plutarch in der Schrift an vitiositas c. 1 darüber klagt, dass zu seiner Zeit Leute, die in Ruhe und einer angemessenen praktischen Thätigkeit leben könnten, ohne von Jemand dazu aufgefordert zu sein, sich von selbst kopfüber an den Hof und in die Nähe der Grossen drängen, um irgendwie eine unbedeutende Auszeichnung zu erlangen, und darüber Frau und Hauswesen aufs Kläglichste vernachlässigen, und es selbst nie zu wahrer und dauernder Befriedigung bringen, so ist dies eine rein ethische Reflexion ohne irgend welchen politischen Hintergedanken, etwa an die Nachtheile der alles individuelle Leben erdrückenden Centralisation, und steht auf ganz gleicher Stufe mit der Klage, dass zu seiner Zeit die Beispiele wahrer Bruderliebe so selten seien, de frat. am. 1. v. Aem. Paul c. 5. In seiner eignen Zeit fand sich Plutarch vielmehr vollkommen wohl, und erblickte alles in ihr im rosigsten Lichte, als ein grosses, weites Feld, auf welchem der gute Mensch dem Ziel seines Lebens, der Tugend, der ὁμοίωσις τῷ θεῷ ungehindert nachstreben könnte, wenn er es eben nur wollte. Plutarch war durchaus Optimist, auch in dieser Hinsicht treu seinem philosophischen System, das trotzdem es die Seele von dem Schmutz der ihr anhaftenden Materie zu läutern gebietet, und sie aus dieser Welt durch Contemplation und Tugendübung zu ihrer wahren Heimath zurückführen will, dennoch die sichtbare Welt in ihrer vollen Schönheit gelten lässt, und das Böse und Uebel in ihr, das andere durch seine furchtbare Realität beängstigt, für wesenlosen Schein, man kann wohl sagen für ein bloses Misverständniss der Seele erklärt. Doch kehren wir mit Plutarch aus der geräuschvollen Hauptstadt der Welt in das kleine, bescheidene Chäronea zurück, das von zahlreichen, kleineren Reisen abgesehen, die ihn zeitweilig von der Heimath entfernten, bis an seinen spät erfolgten Tod der Schauplatz seines Lebens geblieben ist. In Chäronea bekleidete er verschiedene öffentliche Aemter, deren Obliegenheiten er sich mit Lust und Eifer unterzog, wie er denn seine sogenannte »politische« Stellung als eine sehr wichtige betrachtete. Interessante Einzelheiten darüber hat er uns in den praecepta rei publicae gerendae aufbewahrt, einer Schrift, die nicht lange nach der Zeit Domitians (c. 19) auf Bitten eines jungen Mannes aus Sardes, Namens Menemachos, geschrieben ist, der in Begriff sich in seiner Vaterstadt den städtischen Angelegenheiten, oder wie er sich ausdrückt, den Staatsangelegenheiten zu widmen, sich an Plutarch mit der Bitte gewandt hatte, ihm politische Lehren mit möglichst zahlreichen aus dem Leben genommenen Beispielen zu ertheilen. Aus dieser Schrift erfahren wir denn, dass Plutarch damals in seiner Vaterstadt die Bau-Polizei unter seiner Verwaltung hatte, also wohl die Würde eines Telearchen bekleidete. »Man rühmt am Epaminondas,« heisst es daselbst c. 15, »dass als er von den Thebanern aus Neid und zum Hohn zum Telearchen erwählt war, er dies Amt nicht vernachlässigte, sondern mit der Erklärung, dass nicht blos das Amt den Mann hebt, sondern auch der Mann das Amt, der Telearchie zu einer grossen und würdigen Bedeutung verhalf, die vorher nichts war als eine gewisse Aufsicht über das Beseitigen des Düngers von den Gassen und die Ableitung der Flüssigkeiten. Auch ich mag wohl den ankommenden Fremden zum Gelächter dienen, wenn sie mich öffentlich vielfach mit derlei Dingen beschäftigt sehen. Aber hier kömmt mir ein Ausspruch des Antisthenes zu Statten. Als sich Jemand wunderte, dass er einen getrockneten Fisch selbst über den Markt trug, gab er zur Antwort — ich thue es für mich. Umgekehrt sage ich zu denen, die mir Vorwürfe machen, wenn ich dabei stehe, wie Ziegelsteine vermessen, wie Mörtel und Steine herbeigeschafft werden, ich besorge das nicht für mich, sondern für meine Vaterstadt.« Auf diese ebenso interessante wie liebenswürdige Schrift kommen wir noch im zweiten Theile zurück. Für jetzt sei bemerkt, dass aus ihr hervorgeht, wie glücklich sich Plutarch in den Aemtern und Würden seiner kleinen Stadt fühlte, in der er sich gern aufhielt, damit sie nicht noch kleiner würde, v. Demosth. c. 2, und wie er von dem lohnenden Bewusstsein durchdrungen war, sich durch sein uneigennütziges, friedfertiges Auftreten unter den Bürgern, durch sein vermittelndes Einschreiten zu ihren Gunsten bei der Römischen Provinzialbehörde, wirkliche Verdienste um dieselbe erworben zu haben. Uebrigens bekleidete er unter anderem in Chäronea auch einmal das Amt eines ἄρχων ἐπώνυμος, Symp. II, 10. VI, 8, 1 und hatte in dieser Stellung besondere Opferschmäuse zu veranstalten. Dass er auch eine Zeit lang von seiner Vaterstadt zum Böotarchen erwählt war, lässt sich wohl aus der Schrift an seni c. 4, verglichen mit praec. reip. ger. 17, schliessen. Ferner hatte er in Chäronea eine einflussreiche und angesehene priesterliche Stellung. Als ein gewisser Lykormas und Satiläus für ihre Familie das altherge brachte Vorrecht der Herakliden, die Stephanephorie, beanspruchten, unterstützte Plutarch diese Ansprüche, indem er sagte, ganz besonders den Nachkommen des Herakles müssten ihre Ehrenrechte ungeschmälert verbleiben und der Dank für die Wohlthaten, welche jener Heros Griechenland erwiesen, ohne selbst gebührenden Dank und Vergeltung dafür zu empfangen, de ser. num. vind. c. 13.

Noch wichtiger erscheint für uns der Umstand, dass Plutarch auch eine priesterliche Würde in Delphi bekleidete. In den Tischgesprächen bezeichnet er einen gewissen Euthydemus als seinen Mitpriester, Symp. VII, 2, 2. Lange Jahre und bis in sein hohes Alter leitete er als Agonothet die Festlichkeiten bei den Pythischen Spielen, und wie es scheint, hatte er auch die Aufsicht über das Orakel, an seni c. 4. 7. Als man einst beschloss, von diesen Spielen, wegen der vielen Unzuträglichkeiten, die sich dabei herausgestellt hatten, da man nicht allen den Preis zuerkennen konnte, und so nothwendig einige der Unterliegenden verletzen musste, die Logographen und Dichter vom Wettkampf auszuschliessen, erklärte sich Plutarch im Synedrium dagegen und suchte die übrigen Mitglieder dieses Collegiums zu beruhigen, ib. V, 2, 3. Eben dieser seiner Stellung zum Delphischen Orakel verdanken wir mehrere seiner gehaltreichsten Schriften. Sie bestärkte ihn natürlich in der ihm eigenthümlichen frommen Richtung, und sicherlich hätte man ihm diese Würde nicht verliehen, hätte man ihn nicht durch die Eigenschaften seines Charakters und Geistes vor andern dazu für geeignet gehalten. Leider sind wir über die Beamten des Orakels in jener Zeit nicht unterrichtet. Wenn es noch so war, wie in den letzten Jahrhunderten vor Christi Geburt, so gab es in Delphi zwei fungirende Priester des Apollo zu gleicher Zeit, die ohne Zweifel ihr Amt lebenslänglich führten. Ausserdem gab es ein Collegium dreier Archonten, auch βουλευταί genannt, von denen einer als ἄρχων ἐπώνυμος zu betrachten ist, welche ein halbes Jahr lang (ἑξάμηνον) die Angelegenheiten des Orakels verwalteten. Als einen solchen ἄρχων ἐπώνυμος nennt uns Plutarch einmal seinen Freund Kallistratos.*)

Durch die Tradition seiner Familie, durch seine öffentliche Stellung nicht minder als durch sein eignes zur Mittheilung an andere geneigtes Wesen war Plutarch auf einen lebhaften geselligen Verkehr angewiesen. Welcher Art er war, und welchen Umfang er hatte, können wir aus seinen, wie bereits erwähnt, auf Veranlassung des Sosius Senecio geschriebenen Tischgesprächen entnehmen. In ihnen erscheint uns die auch anderweitig bekannte Sitte jener Zeit, sich bei Tische zur Förderung einer angenehmen, allseitigen Unterhaltung allerlei Fragen aufzugeben, deren Beantwortung theils eine präsente Gelehrsamkeit, theils rasche Geistesgegenwart, meistentheils auch eine launige Wendung des Gesprächs verlangte, von ihrer glänzendsten und anmuthigsten Seite. Solcher geistreichen Unterhaltungen mit den dabei thätigen Personen werden uns von Plutarch gar manche vorgeführt. Ob er bei der Mittheilung derselben eine chronologische Reihenfolge inne gehalten hat, ist nicht recht ersichtlich, doch ist es mir wahrscheinlich vorgekommen, weil Plutarchs Vater und Grossvater, die in der ersten Hälfte der Schrift meist als anwesend und mitredend erscheinen, in ihrer zweiten Hälfte fehlen, vermuthlich weil sie inzwischen gestorben waren. Zu

---

*) Vgl. über diese Beamten A. Mommsen im Philologus XXIV, 1866. S. 9. 14.

einem andern Schlusse gab uns oben das Zurücktreten seines Bruders Timon Veranlassung. Die Gespräche des neunten Buchs, die sämmtlich in Athen, meist im Hause des Ammonius am Musenfeste stattfinden, bilden einen Cyklus für sich. Etwa bei einem Drittheil der Gespräche, wie I, 4. 6—8. 9. II, 3. 7—9. III, 3—5. 6. 10. IV, 3. V, 4. 7. 10. VI, 1—6. 9. VII, 1. 3. 4. 6. VIII, 5. 9, wird uns die Lokalität der Unterredung nicht genau angegeben, doch scheinen die meisten auch dieser Gespräche nach Chäronea zu weisen. Von den übrigen gehören bestimmt nach Chäronea I, 2, ein Gastmahl bei Plutarchs Bruder Timon; II, 10 ein Opferschmaus bei Plutarch selbst, den er als ἄρχων ἐπώνυμος gab; III, 7—9 ein Opferschmaus bei Plutarchs Vater; V, 5, 6, zur Feier von Plutarchs Rückkehr aus Alexandria; V, 8. 9. VI, 7 bei Aristion zur Feier von Nigers Rückkehr aus der Philosophenschule; VI, 8 wieder ein Opferfest unter Plutarchs Archontat; VI, 10 wieder bei Aristion; VII, 7. 8. VIII, 1. 2 zur Feier von Plato's Geburtstag. Ebenso findet VIII, 6 in Chäronea statt. Ausserdem werden wir nach Athen versetzt, gleich zu Anfang I, 1, ferner I, 10 bei einem Siegesschmaus, den Plutarchs Freund, der Dichter Serapion, als Chorege der Leontischen Phyle, in welcher auch Plutarch das Ehrenbürgerrecht besass, veranstaltete. III, 1—2 beim Musiker Straton auf Anlass eines Opfers, das er den Musen gebracht. V, 1 beim Epikureer Boëthus, als der Komödiendichter Strato den Sieg davongetragen hatte. VII, 9. 10 bei Nikostratus. VIII, 3 bei Ammonius, desgleichen die sämmtlichen Gespräche des neunten Buchs. II, 6 dagegen, wo sich die Gesellschaft in den Cephissus-Gärten des Soklarus befindet, gehört wohl in die Nähe von Chäronea, wenigstens war Soklarus, ein intimer Freund, vielleicht sogar ein Verwandter von Plutarch und seiner Familie, in Chäronea zu Hause. Aber die Scene bleibt keineswegs auf Chäronea und Athen beschränkt. Wir kommen II, 1 zu Sosius Senecio nach Paträ. II, 2 nach Eleusis zum Rhetor Glaukias nach Beendigung der Mysterienfeier. Oefter nach Delphi, wie II, 4. 5 zu einem Siegesschmause zu Ehren des Sosikles aus Koronea, der am Pythienfeste unter den Dichtern den Sieg errungen hatte, oder V, 2. VII, 5 zum Pythienfeste, das letztere Mal bei Kallistratos, dem von den Amphiktyonen bestellten Aufseher. Auch VII, 2 ist in Delphi gehalten worden. Doch wir kommen auch nach Hyampolis, zu einem Schmaus am Elaphebolienfeste beim Arzt Philo, IV, 1 — nach Elis zu Agemachus, IV, 2 — nach dem vielbesuchten Badeort Aedepsus auf Euböa, von dem uns eine interessante Schilderung gegeben wird, zum Sophisten Kallistratus, der sich als Badegast daselbst aufhielt, IV, 4—6*) — nach Korinth zur Isthmienfeier beim Oberpriester Lukanios, V, 3 — desgleichen VIII, 4, als Sospis zum zweiten Male den Vorsitz beim Feste führte, nach Thermopylae, VIII, 10 — endlich nach Rom, wo der Karthager Sulla dem Plutarch ein Empfangsfest gab, VIII, 7. 8, und wo wir mehrere Personen, wie Philinus, Tyndares den Lacedämonier, sowie den Grammatiker Theon wiederfinden, denen wir bereits bei Griechischen Gastmählern in Plutarchs Gesellschaft begegnet waren. Unter den Tischgästen finden wir ausser den Mitgliedern der Plutarchischen Familie, zu denen auch Krato (I, 4), Patrokles oder Patrokleias (II, 9. VII, 2, 2) und Firmus (II, 8) gehören, die von Plutarch als $\gamma\alpha\mu\beta\rho oi$ bezeichnet werden, was viel-

---

*) Fabricius hielt ihn ohne weiteren Anhalt für identisch mit dem Kallistratus, dessen Beschreibungen von Bildsäulen uns erhalten sind, s. Jacobs. Philostr. p. XXXVII.

leicht Schwager, aber auf keinen Fall Schwiegersohn bedeuten kann, da Plutarch keine verheiratheten Töchter hatte und einigen Hausfreunden, wie dem bereits erwähnten Soklarus, ferner Aristion und dem Grammatiker Theon, eine bunte Reihe von Gelehrten aller Art, die uns freilich mit wenigen Ausnahmen entweder gar nicht, oder doch nur aus anderen Stellen Plutarchischer Schriften bekannt sind. Zu diesen Ausnahmen gehören ausser dem im vorigen Capitel besprochenen Ammonius (sein Sohn heisst VIII, 3 Thrasyllus, IX, 14 Thrasybulus), Herodes, zweifelsohne der berühmte Herodes Atticus (VIII, 4. IX, 14) und Favorinus (VIII, 10), der zwar als Peripatetiker bezeichnet wird, aber doch wohl kein andrer als der gefeierte, und späterhin bei Hadrian so einflussreiche Redner aus Arelate ist.*) Ihm widmete Plutarch die Schrift de primo frigido. Auch der König Antiochus Philopappus mag erwähnt werden, von welchem I, 10 erzählt wird, dass er einst in Athen in grossartiger Weise eine glänzende Choregie geleistet und darauf an dem schon erwähnten Siegesmahl des Serapion Theil genommen und sich lebhaft an der dabei gepflogenen Unterhaltung betheiligt habe. Ihm widmete Plutarch die Schrift de adulatore et amico. Nach Wyttenbachs Vermuthung (Animadv. in Plut. I p. 417 f.) war er ein Enkel des Antiochus, des letzten Königs von Kommagene, dem Vespasian seine Herrschaft entzogen hatte.**) Frauen waren bei diesen Gast-

---

*) Bähr freilich in Pauly's Real-Encycl. III. S. 441 hält beide für verschieden; andere urtheilt Westermann comment. p. VII. Beachtenswerth ist die Notiz des Suidas s. v. Φαβωρῖνος: ἀντεφιλοτιμεῖτο καὶ ζῆλον εἶχε πρὸς Πλούταρχον τὸν Χαιρωνέα εἰς τὸ τῶν συνταττομένων βιβλίων ἄπειρον. Vgl. Brucker Hist. crit. philos. T. 11 p. 167.

**) Sein Grabmal in Athen ist noch vorhanden, cf. C. I. n. 362 mit Böckh's Anmerkungen.

mählern nie zugegen, in Folge dessen die Unterhaltung frei und ungezwungen, stets geistreich und anregend. Bei solchen Abwechslungen, zu denen die zahlreichen Festlichkeiten und die periodisch wiederkehrenden heiligen Spiele vielfache Veranlassung boten, und so angenehmen häuslichen und geselligen Verhältnissen, konnte Plutarch freilich wohl in Chäronea ein recht behagliches Leben führen. Auch sonst ist er vielfach in Griechenland umhergereist, wie die zahlreichen Stellen seiner Biographien zeigen, in denen er Griechische Lokalitäten oder noch zu seiner Zeit bestehende Sitten und Gebräuche aus eigener Anschauung beschreibt. Darunter kömmt manches interessante vor. So erzählt er im Leben des Aristides c. 19—21, dass noch zu seiner Zeit am 27. Tage des Böotischen Panemus eine Versammlung der Griechen in Plataä abgehalten wurde, bei welcher die Plataer zur Erinnerung an die glorreiche Schlacht dem Ζεὺς Ἐλευθέριος Opfer brachten. Die Gemälde, mit denen die Platäer nach der Schlacht den Tempel der Minerva ausgeschmückt hatten, waren damals noch völlig wohl erhalten, und die noch alljährlich wiederkehrende Todtenfeier für die Gefallenen wird uns in allen Einzelheiten beschrieben. In Chalcis auf Euböa sah Plutarch noch die öffentlichen Gebäude, welche man einst dem Quintius Flamininus geweiht hatte und las die zu seiner Verherrlichung an ihnen angebrachten Inschriften. Noch immer ernannte man ihm daselbst einen Priester, brachte ihm Opfer, und sang einen zu seinen Ehren gedichteten Paean, der mit den Worten schloss:

πίστιν δὲ 'Ρωμαίων αἴρομεν
τὰν μεγαλευκτοτάταν ὅρκοις φυλάσσειν·
μέλπετε κοῦραι,

Ζῆνα μέγαν Ῥώμαν τε Τίτον θ'ἅμα Ῥωμαίων τε πίστιν·
ἤïε Παιάν, ᾦ Τίτε σῶτερ.

vit. Flam. c. 16. Gar mancherlei hat er von Athen zu er
zählen. So im Leben des Solon c. 25, dass noch zu seiner
Zeit im Prytaneum einige Reste von den ursprünglichen So-
lonischen Gesetzestafeln aufbewahrt warden. Im Tempel der
Ἄρτεμις Ἀριστοβούλη in Melite hatte er noch ein kleines Bild
des Themistokles gesehen, welches bewies, dass der Mann
nicht bloss an seinem Geiste, sondern auch äusserlich etwas
heroisches gehabt habe, v. Themist. c. 22. Im Tempel des
Dionysos hatte er die choragischen Dreifüsse gesehen mit der
Inschrift: »die Antiochische Phyle siegte, Aristides war Chorag,
Archestratus übte den Chor ein«, welche angeblich vom berühmten Aristides herrühren sollten, v. Arist. 1. Im Leben
Alexanders c. 69 erwähnt er das noch zu seiner Zeit in Athen
vorhandene Grabmal des Inders, der sich einst selbst den
Feuertod gegeben hatte. Im Leben Phocions c. 18 das Haus
dieses Mannes in Melite, welches mit ehernen Platten geschmückt, im übrigen schlicht und einfach war. Ebendaselbst
c. 22 wird von dem Denkmal berichtet, welches Charikles,
Phocions Schwiegersohn, für des Harpalus Hetäre Pythonike
im Hermeion errichtet hatte, wo man aus der Stadt nach
Eleusis geht (διαμένει γὰρ ἔτι νῦν ἐν Ἑρμείῳ, ᾗ βαδίζομεν ἐξ
ἄστεος εἰς Ἐλευσῖνα). Charikles hatte dafür dem Harpalos
30 Talente in Rechnung gebracht, aber das Denkmal entsprach
dieser Summe nicht im mindesten. Auch das unterirdische
Gemach war noch vorhanden, in welchem Demosthenes seine
rednerischen Uebungen vorgenommen hatte, v. Demosth. c. 7.
Kurze Zeit bevor Plutarch nach Athen kam, hatte sich die
Geschichte mit dem Soldaten zugetragen, welcher sein Geld

in die Hände von Demosthenes' Bildsäule gelegt, und es nach
längerer Zeit durch die von einer daneben stehenden Platane
abgefallenen Blätter versteckt, unversehrt wieder vorgefunden
hatte, ib. c. 31. Dass er zu Athen die für das Römische Capitol bestimmten Säulen aus Pentelischem Marmor gesehen
hatte, wurde schon oben erwähnt. Nicht zu übersehen ist die
Art, wie er im Leben des Perikles c. 13 von dessen grossartigen Bauten spricht: »An Schönheit war jedes Werk gleich
von Anfang an alterthümlich, aber durch seine frische Kraft
ist es bis auf den heutigen Tag ansprechend und neu. So
tritt uns an ihnen die Blüthe ewiger Jugendfrische entgegen,
welche den Anblick unberührt von der Zeit erhält, als ob in
den Werken ein ewig frischer Geist und eine nie alternde
Seele wohnte.« Ueberhaupt galt ihm Athen noch immer als
die Perle von Griechenland, und als eigenthümlicher Sitz des
ächt Hellenischen Wesens, das er als $\vartheta εοφιλές$ und $φιλάνθρωπον$
bezeichnet. Nachdem er im Leben des Aristides c. 27 von der
edlen Fürsorge berichtet hat, mit welcher Athen in späterer Zeit
für die verarmten Nachkommen dieses edlen Mannes Sorge trug,
fährt er fort: »die Stadt giebt auch noch in unserer Zeit vielfache Beweise solcher Menschenfreundlichkeit und Trefflichkeit,
und wird deshalb mit Recht bewundert und gefeiert.« Das
Bürgerrecht, welches ihm die Leontische Phyle ertheilt hatte, erwähnt er in den Tischgesprächen nicht ohne einen gewissen Stolz.

Aber auch in Sparta war er gewesen. Hier hatte er selbst
noch Jünglinge am Altar der Artemis Orthia unter den ihnen
ertheilten Schlägen sterben sehen, v. Lyc. 18, v. Arist 17.[*])

---

[*]) Es erinnert dies an die bekannte Stelle in Cicero's Tusc. II, 14, 34:
»Spartae vero pueri ad aram sic verberibus accipiuntur ut multus e visceribus
sanguis exeat nonnunquam etiam, ut cum ibi essem audiebam, ad necem.«

Man zeigte ihm die Lanze des Agesilaus, in nichts von einer anderen Lanze verschieden. Ferner bekam er die Λακωνικαί ἀναγραφαί, eine Art Stadtchronik, zu Gesicht und theilt aus ihnen die Namen von Agesilaus' Frau und Töchtern mit, von denen die letzteren selbst dem Dicaearch zu dessen grossem Leidwesen unbekannt geblieben waren, v. Ages. c. 19. So berichtet er denn auch, dass Kallikrates, einer der Nachkommen des Antikrates, welcher den Epaminondas in der Schlacht bei Mantinea verwundet hatte, noch heutiges Tages die seinen Vorfahren zuerkannte Freiheit von Abgaben in Sparta besitze, ἥν ἔτι καὶ καθ' ἡμᾶς ἔχει ib. c. 35, und meldet uns, dass das Grabmal der bei dem grossen Erdbeben i. J. 466 von dem einstürzenden Gymnasium erschlagenen Knaben noch jetzt Σεισματίας heisse, v. Cim. 16. Die beiden letzteren Umstände konnte Plutarch allerdings, auch ohne selbst in Sparta gewesen zu sein, von seinem Freund, dem Lacedämonier Tyndares, oder sonst wem gehört haben.

Endlich aber kann es kaum einem Zweifel unterliegen, dass Plutarch auch einmal in Asien, und zwar in der Stadt Sardes, dem Sitz des Römischen Statthalters, gewesen ist. Denn die kleine Schrift animine an corporis ist offenbar das Bruchstück eines in Sardes gehaltenen Vortrags, wie sich aus c. 4 ergiebt, wo es heisst: »doch wozu soll ich noch viel von den Leiden der Seele reden? der gegenwärtige Zeitpunkt

---

Für audiebam wollte Bentley videbam lesen. Aber auch accipiuntur kann nicht richtig sein. Die Herausgeber vergleichen IV, 36, 78: quo te modo accepissem, inquit, nisi iratus essem, und Vorr. I, 54, 140: male accipit verbis Rabonium. Dergleichen Stellen liessen sich noch viele anführen. Verberibus accipiuntur an sich ist nicht anstössig, wird es aber durch den Zusatz ad necem. Dies sah J. Mähly im Philologus XXIV, 179 und meinte, es werde wohl das ganz gewöhnliche afficiuntur an die Stelle von accipiuntur zu treten haben. Ich vermuthe jedoch, Cicero schrieb accidu ntur.

erinnert uns selbst daran. Ihr sebt die grosse, bunte, hier versammelte und um die Rednerbühne und den Markt auf und ab wogende Menge. Sie sind nicht zusammen gekommen, um den väterlichen Göttern zu opfern, und um althergebrachte Stammesfeste zu feiern. Sie bringen nicht dem Zeus Askraios*) die Erstlinge der Lydischen Früchte, noch wollen sie den Dionysus mit dem bacchischen Thyrsusstabe in heiligen Nächten und gemeinsamen Festzügen feiern, sondern wie in jährlichen Perioden bringt die Kraft der aufregenden Krankheit ganz Asien hier zu Prozessen und richterlichen Entscheidungen zusammen.« Daran zu zweifeln, dass die kleine Schrift von Plutarch herrührt, ist kein Grund vorhanden. Auch sehen wir ihn ja sonst im Verkehr mit Einwohnern der Stadt Sardes. Wie schon oben bemerkt, war es ein vornehmer Jüngling aus Sardes, Namens Menemachos, der im Begriff, sich an dem öffentlichen Leben seiner Vaterstadt zu betheiligen, nicht lange nach Domitian Plutarch anging, ihm politische Lehren zu schreiben und sie mit möglichst zahlreichen Beispielen aus dem Leben zu versehen, da er in Sardes keine Gelegenheit hatte, das Leben eines mitten im politischen Treiben und den öffentlichen Kämpfen sich bewegenden Philosophen zu beobachten, und sich so an seiner praktischen Thätigkeit ein Beispiel zu nehmen. Auch die Schrift über die Verbannung ist als Trostschrift an einen Mann gerichtet, der die Stadt Sardes hatte meiden müssen. Endlich ist der gelehrte Grammatiker Demetrius aus Sardes zu erwähnen, der auf der Rückkehr von einer Reise nach Britannien Plutarch in Delphi besucht hatte, de def. orac. 2.

---

*) Ἰσκραίῳ Διί, doch wohl Ἀστερίῳ Διί.

VIERTES CAPITEL.

Es ist klar, dass die Zeit, welche Plutarch zu Hause in Chäronea verbrachte, trotz der Aemter, die er verwaltete, überwiegend als freie Mussezeit zu betrachten ist. Er füllte sie aus mit Studien, mit Abfassung seiner höchst zahlreichen Schriften, endlich mit einer praktischen Lehrthätigkeit als Philosoph. Plutarch spricht an verschiedenen Stellen von seiner Schule, sowie von jungen Leuten, welche mit und bei ihm Philosophie studirten. Man vergleiche unter anderem das erste Capitel der Schrift περὶ τοῦ E ἐν Δελφοῖς. Zu Plutarchs Zeiten war es noch nicht Sitte, dass schon Provinzialstädte sich auf ihre Kosten öffentliche Lehrer der Beredsamkeit und Philosophie hielten. Auch in der späteren sophistischen Zeit war es begreiflicherweise in so kleinen Städten, wie Chäronea, nicht der Fall. Wir müssen uns daher Plutarchs Lehrthätigkeit als eine durchaus freiwillige denken, und dass sie eine sophistische war, d. h. dass Plutarch sich dieselbe bezahlen liess, dürfen wir, bei den günstigen Vermögensumständen, in denen er lebte, und einzelnen Aeusserungen in seinen Schriften, in denen er die Verwerthung der Wissenschaft zum Gelderwerb verurtheilt, nicht annehmen. Vielmehr schickten vornehme Leute aus Plutarchs Bekanntschaft von nah und fern ihre Söhne Studien halber eine Zeit lang auch nach Chäronea. Hier hielt ihnen Plutarch Vorträge über philosophische Gegenstände, nicht in systematischer Reihenfolge eines Cursus, sondern über mehr praktische, frei gewählte Themen, erklärte ihnen Platonische Schriften, ertheilte ihnen endlich auch Bescheid auf besondere Fragen (προβλήματα), die sie an

ihn richteten. Ob und wie weit er sich auch auf schriftliche
Uebungen mit ihnen eingelassen hat, ist nicht ersichtlich. Die
Vorträge waren jedenfalls die Hauptsache. Manche davon
wurden späterhin von Plutarch ausgearbeitet und zu besonderen Schriften erweitert. Auf diese Art entstand die Schrift
de audiendis poetis, c. 1: ἃ δ' οὖν ἐμοὶ περὶ ποιημάτων εἰπόντι
πρῴην ἐπῆλθε, νῦν πρὸς σὲ γεγραμμένα πέμψαι διενοήθην, de
audiendo, wie der Anfang beweist: τὴν γενομένην μοι σχολήν, ὦ
Νίκανδρε, περὶ τοῦ ἀκούειν ἐπέσταλκά σοι γράψας, ferner de capienda ex inimicis utilitate. Bei dieser Schrift bemerkt Plutarch
ausdrücklich, sie sei fast wörtlich so niedergeschrieben, wie er
sie als Vortrag gehalten, c. 1 extr.: ἅπερ οὖν εἰς τοῦτο πρῴην
εἰπεῖν μοι παρέστη, συναγαγὼν ὁμοῦ τι τοῖς αὐτοῖς ὀνόμασιν
ἀπέσταλκά σοι, φεισάμενος, ὡς ἐνῆν μάλιστα, τῶν ἐν τοῖς Πολιτικοῖς Παραγγέλμασι γεγραμμένων· ἐπεὶ κἀκεῖνο τὸ βιβλίον
ὁρῶ σε πρόχειρον ἔχοντα πολλάκις. So sind auch die Gesundheitsvorschriften (ὑγιεινὰ παραγγέλματα), die uns weiter unten
beschäftigen werden, nichts als die erweiterte Ausführung eines
von Plutarch gehaltenen Vortrags. Derselbe hatte im Kreise
der Schule und der Freunde Beifall erhalten, aber der Arzt
Glaukus hatte sich, als er von ihm gehört, eine misliebige
Kritik desselben erlaubt. Er hatte zunächst den Philosophen
das Recht abgesprochen über Dinge zu reden, die in das
medicinische Fach schlügen und sie nichts angingen, ausserdem auch einige von den nebenbei vorgebrachten Ansichten
bemängelt. Dies gab Plutarch Veranlassung seiner Abhandlung eine dialogische Einkleidung zu geben, in welcher Moschion den Zeuxippus, einen der Zuhörer, nach seinem Streit
mit Glaukus und dem Plutarchischen Vortrag selbst befrägt.
Zeuxippus ertheilt ihm Bescheid, bringt zuerst das vor, was

Glaukus bemerkt hatte, und geht darauf zu dem gehaltenen Vortrag über, der dann von c. 6 an mit Beseitigung der dialogischen Einkleidung in zusammenhängender Darstellung wiedergegeben wird. Ebenso sind die beiden im Auszug uns erhaltenen Abhandlungen de esu carnium Aufzeichnungen zweier an zwei auf einander folgenden Tagen in seiner Schule über diesen Gegenstand gehaltener Vorträge (vgl. II, 1 mit I, 7: ἐμνήσθην δὲ τρίτην ἡμέραν διαλεγόμενος τοῦ Ξενοκράτους d. h. in meinem vorgestrigen Vortrage) auf Grund einer von einem Zuhörer an ihn gerichteten Frage, weshalb sich Pythagoras des Fleischessens enthalten. Die Erwähnung der in Griechenland unbekannten Gladiatorenkämpfe, sowie die gerügte Ueppigkeit sinnlicher Genüsse, wie der zerquetschten Gebärmutter trächtiger Schweine (vgl. Plin. XI, 84), oder der barbarischen Sitte Kranichen und Schwänen die Augen zuzunähen und sie dann im Finstern zu mästen (Plin. X, 30), die dem feineren Gefühl der auch in dieser Hinsicht damals noch mässigen Griechen zuwider sein musste, hat mich übrigens auf die Vermuthung gebracht, dass diese Vorträge ursprünglich von Plutarch in Rom gehalten sind. Auch andere Schriften, bei denen dies nicht ausdrücklich gesagt ist, erscheinen doch ihrer ganzen Anlage nach als gehaltene Vorträge, so unter anderen die Abhandlungen de virtute morali, de cupiditate divitiarum, de curiositate, de garrulitate, de vitioso pudore, non recte Epicurum.

Einen ungefähren Begriff von der Art, wie Plutarch seine Vorträge hielt, können wir uns nun aus der Schrift de audiendo machen, in welcher er einem jungen Mann, Namens Nikander, der mit Anlegung der Toga virilis der eigentlichen Schule entwachsen war, und sich nun anschickte den Vorträgen der

Philosophen beizuwohnen, gute Lehren giebt, wie solche mit Nutzen anzuhören seien. Da erfahren wir denn hinlänglich, wie es in den Vorträgen der Philosophen zu Plutarchs Zeit herging, und sehen zugleich, dass es zwar im Ganzen dieselbe Art und Weise war, wie wir sie aus allerlei Andeutungen bei Philostratus aus den Hörsälen der Sophisten im Zeitalter Hadrians und der Antonine kennen lernen, aber doch ernster und würdiger gehalten, dass überhaupt Plutarch dem Geist und Treiben seiner sophistischen Zeitgenossen, von denen ja auch viele sich die Popularisirung Stoischer oder Platonischer Philosophie zur Aufgabe stellten, keineswegs so fern steht, als man dies gewöhnlich annimmt und es auf den ersten Anblick leicht scheinen könnte, seine eigene Thätigkeit aber doch als in einem bestimmten Gegensatz zu ihm stehend betrachtete. Wir sehen auch aus den Personen der Tischgespräche, dass er wie mit Philosophen, Aerzten und Künstlern, so auch mit Sophisten und Rhetoren vielfach verkehrte. Herodes Atticus, Favorinus und Kallistratus sind bereits erwähnt. Auch ein gewisser Niger gehörte zu Plutarchs Freunden, der als Sophist in Gallien oder Galatien auftrat (Νίγρος δ' ὁ ἡμέτερος ἐν Γαλατίᾳ σοφιστεύων, praec. sanit. c. 16). In der Schrift de odio et invid. c. 6 wird der Ausspruch eines gleichzeitigen Sophisten, dass die Neidischen am ersten zum Mitleiden geneigt sind, gebilligt — ἀλλὰ καὶ τὸ ῥηθὲν ὑπό τινος τῶν καθ' ἡμᾶς σοφιστῶν, ὅτι ἥδιστα οἱ φθονοῦντες ἐλεοῦσιν, ἀληθές ἐστιν. Aber die Eitelkeit der eigentlichen Sophisten, die im Gegensatz zu den ernster denkenden als ῥητορικοὶ σοφισταί bezeichnet werden, und die sich bei ihren Vorträgen (ἐν ταῖς ἐπιδείξεσι) Zurufe wie θείως, δαιμονίως und ähnliche gefallen liessen, wird getadelt, de se ips. citr. invid. c. 12. Ein eifersüchtiger Wettstreit

mit andern um die Rede erschien dem Plutarch kleinlich und
sophistisch, und wenn er auf unnachahmliches d. h. vollendet
klassische Muster gerichtet ist, vollkommen unverständig, v.
Nic. c. 1. Daher tragen denn auch nur wenige seiner eignen
Schriften ein sophistisches Gepräge. Ueberall stand ihm der
gediegene Inhalt höher als der blos interessante in Verbindung mit äusserlicher Glätte der Form, Philosophie war ihm
wirklich die Hauptsache, und dadurch unterscheidet er sich
sehr zu seinem Vortheil von seinem berühmten Zeitgenossen
Dio Chrysostomus, der in seinen Reden bei aller Trefflichkeit
des Inhalts den Sophisten nirgends verleugnet, wenngleich ihn
die Alten mehr als Philosophen denn als Sophisten betrachteten, noch mehr aber von dem späteren Maximus von Tyrus,
bei welchem die stete Berücksichtigung der Form und ihre
öfters einseitige Bevorzugung auf Kosten des ohnehin etwas
dürftigen Inhalts, dem Leser auffallend und störend entgegen tritt.

Doch fassen wir die besagte Schrift etwas näher in's
Auge. Das Gehör, sagt Plutarch, ist der empfindlichste Sinn,
derjenige, welcher durch die Eindrücke, die er empfängt, am
ersten geeignet ist, die Seele zu beunruhigen, sie in Furcht
und Schrecken zu setzen.*) Er ist aber auch derjenige Sinn,
auf welchen die Vernunft am meisten angewiesen ist. In die
Seelen der Jünglinge kann die Tugend nur durch das Gehör
eindringen, während das Laster durch gar viele Theile des
Körpers an die Seele herantreten kann. »Die Ohren der
Jünglinge sind die einzige Handhabe für die Tugend, wenn
sie rein sind und nicht durch Schmeichelei verdorben, und

---

*) In ganz ähnlicher Weise äussert sich Plutarch über den Sinn des
Gehörs im Leben des Crassus c. 23).

wenn sie von Anfang an unberührt bewahrt werden von schlechten Reden«. Vor diesen muss man sich so lange hüten, bis andre gute Reden, von der Philosophie dem Charakter wie Wächter eingepflanzt, die leicht beweglichste und der Ueberredung ausgesetzte Stelle derselben eingenommen haben. Ein junger Mensch, der nichts zu hören bekömmt, wird nicht nur ganz untüchtig zur Tugend, sondern auch der Schlechtigkeit zugeneigt sein, seine Seele wird einem unbebauten, brach liegenden Acker gleichen, der üppiges Unkraut aufschiessen lässt. So bringt das Hören den jugendlichen Seelen grossen Nutzen, aber, auch grosse Gefahr, deshalb bedarf es für sie einer Anleitung zur richtigen Art des Hörens. Leider wird dies gewöhnlich bei der Erziehung vernachlässigt und das richtige Hören bei den jungen Leuten als selbstverständlich vorausgesetzt. Man übt sie im Sprechen, noch ehe sie daran gewöhnt sind zu hören, während doch der Production die Reception vorhergehen muss. So sieht man denn auch, dass die jungen Leute allerlei unnützes Zeug schweigend und mit Aufmerksamkeit anhören, wo sie aber eine wirklich nützliche Belehrung zu hören bekommen, sie entweder widerwillig aufnehmen, oder geradezu verschmähen. Darum muss es ein Hauptziel der Erziehung sein, die jungen Leute zum Hören der Vernunft geschickt zu machen, sie zu lehren viel zu hören, nicht viel zu reden. Schweigen steht überall der Jugend wohl an. So dürfen sie denn auch Jemand, der zu ihnen spricht, auch wenn ihnen seine Rede nicht gefällt, nicht unterbrechen, sondern müssen ihn ruhig anhören, bis er fertig ist, dürfen auch dann nicht gleich mit der Erwiderung zur Hand sein, sondern müssen erst abwarten, ob der Redende nicht noch etwas zusetzen, oder von seinen Worten wieder etwas zurücknehmen will. Hierdurch gewinnen sie Zeit, das nützliche, was ihnen gesagt wird, fest aufzunehmen, das unnütze und falsche dagegen, um so gründlicher als solches zu durchschauen. Wie der Neid allem Guten hinderlich im Wége steht, so ist er besonders dem schädlich, der dem Vortrag eines anderen zuhören will. Ihn versetzt das in Betrübniss, was gerade zu seinem Besten dienen könnte. Ein solcher Neid entsteht aus unzeitgemässer Ruhmsucht und ungerechtem Ehrgeiz. Mit einem ruhigen Anhören des Gesagten ist er unverträglich. Er stört und beunruhigt das Nachdenken, welches sich theils mit Betrachtung der eignen Fähigkeit beschäftigt, ob sie hinter der des Redenden zurückstehe, theils die andern Zuhörer in's Auge fasst, ob sie zur Bewunderung hingerissen werden, über ihre Lobsprüche in Bestürzung geräth, und ihnen deshalb zürnt. Das Gesagte hält der Neidische nicht fest, da es ihn bekümmert, dem Weiteren sieht er mit ängstlicher Spannung entgegen, es möchte vielleicht noch besser sein. Er wünscht, dass der Redner möglichst bald aufhöre, gerade wenn er am besten spricht. Wenn der Vortrag zu Ende ist, so beschäftigt er sich nicht weiter mit seinem Inhalt, sondern achtet auf Stimme und Miene der Anwesenden, er stellt sich auf Seite der Tadler, oder stellt ungünstige Vergleiche mit den Vorträgen andrer über denselben Gegenstand an, und ruht nicht eher, als bis er sich selbst um allen Nutzen des Angehörten gebracht hat.

    Man höre also einen Vortrag ohne Neid und Ehrgeiz wohlwollend und ruhig mit an. Man wisse es dem Redner überhaupt Dank, dass er das, was er weiss, andern mittheilt. Man bedenke, dass das Gute eines Vortrags nicht eine Frucht des Zufalls, sondern mühevoller Anstrengung ist, und ahme diese voll Eifer und Bewunderung nach. Bei den Mängeln suche man sich durch Nachdenken die Gründe klar zu machen, aus denen sie hervorgegangen sind, dann werden auch sie dem Zuhörer nützlich sein. Manche Fehler erscheinen uns erst als solche, wenn wir sie an andern sehen. Alsbald müssen wir aber auch zusehen, ob wir selbst davon frei sind. Daher wird es nützlich sein, wenn wir einen Vortrag gehört haben, an dem wir dies oder jenes glauben aussetzen zu müssen, sofort zu versuchen, es im Ganzen oder Einzelnen besser zu machen, durch eine eigene Bearbeitung desselben Thema's. Stellt es sich nun heraus, dass wir selbst nicht im Stande sind, viel besseres zu leisten, so werden wir in der Beurtheilung fremder Leistungen gerechter werden. So wenig aber ein leichtfertiges Verachten derselben gerechtfertigt ist, ebenso wenig darf man sich umgekehrt zu einer unbegründeten Bewunderung hinreissen lassen. Man ertheile dem Redenden, wenn er äusserlich seine Sache gut gemacht hat, einen gewissen Beifall, aber man prüfe sorgfältig und genau den Inhalt seiner Rede, und lasse sich dabei weder durch den Ruhm des Redners, noch den Beifall der Zuhörer, noch die glänzenden Aeusserlichkeiten des Vortrags in seinem Urtheil bestechen. Gar oft wird man durch eine glänzende Diction und einen schmelzenden Ton der Stimme verführt, über den mangelhaften Inhalt hinwegzuschen. Aber nicht auf einen momentanen, äusseren Eindruck kommt es an, sondern auf die nachhaltige sittliche Wirkung, die der Vortrag bei den Zuhörern hinterlässt, und ob eine solche überhaupt zu verspüren sei, das ist für seine Beurtheilung von entscheidender Wichtigkeit, nicht aber die Zierlichkeit des Ausdrucks, der Atticismus der Sprache und dergleichen Aeusserlichkeiten, auf welche eine verkehrte Moderjchtung leider ein zu grosses Gewicht zu legen pflegt.

Als eine Unsitte ist es zu rügen, den Vortragenden durch allerlei Zwischenfragen von seinem Vortrage abzubringen und zu stören. Wenn aber der Redner seine Zuhörer auffordert, Fragen an ihn zu richten und ihm besondere Themen vorzulegen, so wähle man nützliche und zur Sache gehörige Gegenstände, namentlich solche, die der geistigen Richtung des Redenden entsprechen. Man nöthige nicht einen Redner, der seine Stärke in der Behandlung ethischer Fragen hat, zu Erörterungen über physikalische und mathematische Probleme und umgekehrt. Es ist dies nicht blos an sich verwerflich, sondern bringt auch den, der es thut, in den Verdacht einer böswilligen, feindseligen Gesinnung. Auch dränge man sich mit seinen Fragen nicht vor, sondern frage nur, wenn man wirklich etwas zu fragen hat. Ueber ethische Punkte, über die man im Unklaren ist, ersuche man den Redner, wenn der Vortrag zu Ende ist, noch in besonderem Gespräch um Auskunft. Gerade dadurch unterscheidet sich der Philosoph vom Sophisten, dass der letztere, wenn er das Katheder verlässt, in den sonstigen Verhältnissen des Lebens sich klein und unbedeutend zeigt, während beim Philosophen oft gerade das freimüthige Wort, das er dem Einzelnen ertheilt, vom grössten Werthe ist.

Wie aber der Redner stets auf seine Zuhörer Rücksicht nehmen muss, so müssen es umgekehrt auch die Zuhörer auf den Redner, und zwar Rücksichten des Anstands und der Schicklichkeit. Es ist nicht Recht, mit kalter, affectirter Miene dazusitzen, ohne ein einziges Zeichen des Beifalls zu spenden und wäre es auch nur durch einen heitern, freundlichen Blick. Ebenso verkehrt ist es freilich bei jedem Worte mit ungemessenen Lobeserhebungen herauszuplatzen, wodurch man dem Redenden selbst nur lästig wird und das ganze Auditorium in unpassender Weise stört. Einem Redner soll man stets mit Wohlwollen zuhören, es wird sich auch nicht leicht ein Vortrag finden, der bei noch so grossen Schwächen nicht auch seine guten, lobenswerthen Seiten hätte. Diese anzuerkennen, muss der Zuhörer stets bereit sein. Auch hat er sich durchgehends einer angemessenen Haltung zu befleissigen, sein Auge muss aufmerksam auf den Sprechenden gerichtet sein, er darf nicht mürrisch dreinsehen, nicht zerstreut umherblicken, den Körper hin und her bewegen, ungeziemend die Beine übereinander schlagen, durch Flüstern und Lächeln mit dem Nachbar, oder durch schläfriges Gähnen stören und eine beleidigende Missachtung des Sprechenden an den Tag legen. Selbst die Worte, deren man sich zur Beifallsbezeigung bedient, sind nicht gleichgültig. Daher tadelt es Plutarch, dass statt der ehemals gebräuchlichen Zurufe καλῶς, σαφῶς, ἀληθῶς, jetzt Ausdrücke wie θείως, θεοφορήτως, ἀπροσίτως in den Hörsälen Eingang fänden, oder dass man durch einen Schwur, wie vor Gericht, seinem Beifall Nachdruck verlieh, oder wenn man ohne Rücksicht auf die Person des Redenden einem Philosophen δριμέως, einem alten Manne εὐφυῶς oder ἀνθηρῶς zurief, wenn man Aeusserungen, wie sie für die sophistischen Redeübungen passen mochten, auf die ernsten Vorträge eines Philosophen anwandte.

Nicht minder hat sich der jugendliche Zuhörer ebenso vor affectirter Gleichgültigkeit wie vor falscher Empfindlichkeit zu hüten, wenn sich der vortragende Philosoph ihm gegenüber zu ernsten Ermahnungen oder einschneidenden Rügen veranlasst sieht. Er hat sie vielmehr mit gebührendem Ernst entgegenzunehmen. Selbst wenn der Tadel ein ungerechter zu sein scheint, ist es schön, den Redenden ruhig anzuhören. Erst wenn er mit ihm zu Ende ist, mag ein freimüthiges Wort der Vertheidigung am Platze sein. Auch darf der Jüngling nicht vergessen, dass in der Philosophie, wie in jeder andern Wissenschaft und Kunst der Anfang schwer und mühsam ist, dass aber gar bald bei grösserer Vertrautheit mit dem Gegenstande die Schwierigkeit zugleich mit dem Fremdartigen der neuen Beschäftigung wegfällt. Deshalb darf er sich durch den Anfang nicht zurückschrecken lassen, sondern muss rüstig weiter streben, und auf die Gewöhnung warten, die alles Schöne angenehm macht. Sie wird nicht lange ausbleiben, wird seinen Studien helles Licht verschaffen und ihm grosse Liebe zur Tugend einflössen, ohne welche nur ein unglücklicher oder schlaffer Mensch das weitere Leben ertragen kann, wenn er aus Feigheit von der Philosophie zurückgetreten ist. Allerdings hat die Philosophie für den Anfänger etwas Schwieriges, aber häufig sind die Lernenden selbst daran Schuld. Die einen schämen sich, den Lehrer nochmals zu befragen, und geben sich deshalb den Schein, als hätten sie seinen Vortrag verstanden, andre wollen es sich in Folge falschen Ehrgeizes nicht eingestehen, etwas nicht verstanden zu haben. Beide handeln verkehrt; die einen müssen zu ihrer Beschämung späterhin das nachholen, was sie zur rechten Zeit hätten abmachen können, die anderen sehen sich genöthigt, stets ihre Unwissenheit zu bemänteln und zu verstecken. Vielmehr lasse man sich das lernen und geistige erfassen des nützlich gesagten angelegen sein, auch wenn es nicht leicht fällt, unbeirrt durch das Gelächter derer, denen wegen ihrer grösseren Befähigung grössere Anstrengung erspart bleibt. Denn wie Jemand, der tüchtig werden will, die Demüthigung des Irrthums nicht scheuen darf, so auch nicht den Spott und das Gelächter, wenn es ihm nur gelingt, seine Unwissenheit los zu werden. Freilich darf der Jüngling auch nicht in den entgegengesetzten Fehler verfallen und aus reiner Schlaffheit des Geistes, seinem Lehrer mit allerlei unnützen, gleichgültigen Fragen lästig fallen, die er sich bei einem geringen Grad von Nachdenken und eigner Anstrengung recht gut selbst beantworten könnte, oder auch wohl aus Eitelkeit sich mit Fragen vordrängen, die nicht zur Sache gehören, wodurch er nur sich, den Lehrer und die übrigen Zuhörer unnöthig aufhält. Das was der Lehrer sagt, muss der Zuhörer fest seinem Gedächtniss einprägen, es aber doch immer nur als nützliche Anregung betrachten, die erst durch eignes Nachdenken und selbständige Verarbeitung wirklich fruchtbar werden kann. Denn die eigne Arbeit kann keinem erspart werden, der in der Philosophie wirklich fortschreiten will, dem es nicht um blose sophistische oder historische Routine, sondern um wirkliche Bildung der Seele zu thun ist. Im richtigen Hören muss er den Anfang des richtigen Lebens erblicken.

Wenn uns so die Schrift de audiendo verstattet, einen Einblick in Plutarchs Auditorium zu thun, so wirft sie auch ein gewiss nicht ungünstiges Licht auf die Art, wie er selbst seine Lehrthätigkeit betrachtete, und was er für deren eigentliches Ziel hielt. Wir sehen, dass Plutarch von seinen jungen Zuhörern einen ernsten Sinn verlangte und stets auf ihre sittliche Person einzuwirken sich bemühte, und wirklich in einen persönlichen Verkehr mit ihnen trat. Er wirkte als

Erzieher der Jugend und seine Thätigkeit war eine überwiegend pädagogische. Durch philosophische Belehrung wollte er die Jugend zur Tugend und Sittlichkeit führen, und dies war mehr oder weniger die ausgesprochene Richtung der ganzen damaligen Philosophie. Nur die Mittel der Belehrung und die Art, wie sie dieselben anwandten, war bei den einzelnen Philosophen eine verschiedene, je nach der Schule, zu der sie sich bekannten und ihrer eignen Persönlichkeit. Ziemlich spasshaft klingt ein Vorfall, den uns Plutarch de adul. et amico c. 31 von seinem Lehrer Ammonius berichtet. Als dieser einst in den Nachmittagsstunden eine Vorlesung hielt, und bemerkte, dass einige von seinen Schülern sich nicht mit einem einfachen Frühstück begnügt hatten, befahl er seinem Freigelassenen seinen eignen Sklaven auszuhauen, weil er ohne Essig nicht frühstücken könnte, zugleich aber blickte er seine Schüler an, so dass die Schuldigen unter ihnen sich von seiner Zurechtweisung getroffen fühlten. Fürwahr eine drastische Symbolik.

Mit seinen ehemaligen Zuhörern blieb Plutarch auch späterhin in einem regen, freundschaftlichen Verkehr. Manche von ihnen erhielten als Zeichen seiner wohlwollenden Gesinnung von ihm Schriften übersandt und dedicirt, die zum Theil selbst, wie wir sahen, aus gehaltenen Vorträgen hervorgingen. Dies bringt uns auf Plutarchs Studien und Schriftstellerei. Plutarch las viel und gern und besass eine auserlesene Handbibliothek, die manche besonderen Schätze enthielt, vgl. Symp. V, 2, 8. Doch fehlte es ihm in Chäronea an einer grösseren Bibliothek und dem, was man sonst litterarische Hülfsmittel nennt. Auch anregende Gespräche wurden ihm daselbst nur ausnahmsweise zu Theil, vgl. v. Demosth.

c. 2. περὶ τοῦ E c. 1. Aus dem, was er las, verfertigte er sich
Auszüge und Sammlungen, in die er auch das eintrug, was
er selbst gelegentlich gehört, gesehen und gedacht hatte. In
diesen Sammlungen fand er denn allezeit Stoff, sowohl zu
seinen Vorträgen, als seinen grösseren Ausarbeitungen. Daher
ist fest zu halten, dass Plutarch nicht jeden Autor, den er
im Vorbeigehen einmal gelegentlich citirt, auch jedesmal gelesen, bei seiner Ausarbeitung zur Hand gehabt und als Quelle
seiner eigenen Darstellung benutzt haben muss. Die Schriften,
die er verfasste, waren grösstentheils Gelegenheits-Schriften.
Festliche Vorfälle im Kreise seiner Bekannten und Freunde
gaben ihm Veranlassung zur Abfassung oder Herausgabe irgend
einer Abhandlung. Andere verfasste er auf ausdrücklichen
Wunsch derselben. Dies sahen wir schon oben von den Tischgesprächen, von den praecepta gerendae rei publicae, von der
Schrift über die Gemüthsruhe. Auf den Wunsch seiner Söhne
ist die Schrift über die Weltschöpfung im Platonischen Timäus
verfasst. Auch zur Abfassung seiner Biographien wurde er
von andern aufgefordert. Dies lässt sich mit einer Stelle aus
der Vorrede zum Leben Timoleons belegen, p. 235, die uns
zugleich erkennen lässt, dass Plutarch in seinen schriftlichen
Arbeiten ein wirksames Mittel zur Veredlung seines eignen
Charakters erblickte. »Ich habe um andrer Willen unter-
nommen, Biographien zu schreiben,« heisst es daselbst, »aber
ich bleibe auch um meiner selbst Willen mit Freuden dabei,
indem ich versuche mittelst der Geschichte wie mit einem
Spiegel mein Leben zu schmücken und den Tugenden jener
Männer ähnlich zu machen. Denn es ist ja fast nichts andres
als ein inniger Verkehr und ein Zusammenleben mit ihnen,
wenn wir einen jeden derselben der Reihe nach an der Hand

der Geschichte wie einen Gastfreund bei uns empfangen, ihn
freundlich willkommen heissen, und uns vergegenwärtigen
»wie gross er war und wie trefflich«, indem wir das wichtigste und schönste aus ihren Thaten uns durch die Erkenntniss aneignen.
Fürwahr, wo gäb' es grössere Freude wohl als die?
und etwas wirksameres unsre Sitten zu verbessern? Durch
unsre Beschäftigung mit der Geschichte und durch die Gewohnheit des Schreibens, indem wir dabei das Andenken an
die besten und berühmtesten Männer in unsere Seele aufnehmen, setzen wir uns in den Stand alles Schlechte, Boshafte, Unedle, was etwa der durch die Nothwendigkeit gebotene Verkehr mit Leuten unsrer Umgebung an ihr abgesetzt
hat, wieder abzustreifen und zu entfernen, dadurch, dass wir
unsre ruhige, stille Betrachtung auf die schönsten Vorbilder
richten.«

Ueber die Entstehungszeit der Schriften und ihre chronologische Reihenfolge habe ich so wenig wie andre vor mir
etwas ermitteln können. Nachweislich fallen jedoch die meisten
in Plutarchs reifere Lebenszeit und sind nach Domitian geschrieben. Ich habe keine Schrift gefunden, der mit Bestimmtheit eine frühere Abfassungszeit beizulegen wäre, wenn man
nicht vielleicht annehmen will, die Schrift über den Aberglauben, in der es c. 8 von den Juden heisst: *ἀλλὰ Ἰουδαῖοι
σαββάτων ὄντων ἐν ἀγνάπτοις καθεζόμενοι τῶν πολεμίων κλίμακας προστιθέντων καὶ τὰ τείχη καταλαμβανόντων οὐκ ἀνέστησαν*,
sei bald nach der Zerstörung Jerusalems geschrieben. Als eine
der frühsten Schriften wäre die Abhandlung über die Musik
anzusehen, da der Verfasser gleich in den ersten Worten der
Einleitung als seinen und seiner Bekannten schönsten Schmuck

den wissenschaftlichen Eifer seines Lehrers Onesikrates betrachtet, wenn nicht die durchgehende auffällige Vernachlässigung des Hiats nebst anderen Gründen die Aechtheit dieser Schrift sehr zweifelhaft und unwahrscheinlich machte. Die Schrift de se ipsum citra invidiam laudando kann wenigstens nicht in die spätesten Lebensjahre Plutarchs fallen, da er sich in c. 20 ausdrücklich von der Zahl der Greise ausschliesst. In der Schrift de primo frigido c. 12, 5 beruft sich Plutarch zum Beleg seiner Behauptung, dass das Wasser beim Gefrieren durch die gewaltsame Zusammenziehung der Oberfläche sogar Schiffe zertrümmere, auf die Erzählung derjenigen, die jetzt mit dem Cäsar am Ister überwintert hatten. Clinton Fast. Rom. p. 93 bezieht dies Ereigniss auf die Expedition Trajans im Winter 105—106, und die Schrift muss demnach bald nach dieser Zeit verfasst sein. Für die Abfassungszeit der Abhandlung' de facie in orbe lunae lässt sich vielleicht der Umstand verwenden, dass in c. 19 eine kürzlich dagewesene totale Sonnenfinsterniss erwähnt wird, welche zur Mittagszeit eintretend an verschiedenen Punkten des Himmels eine Menge Sterne sichtbar werden liess und der Luft die Farbe der Dämmerung verlieh. Die Verwendung selbst muss ich anderen überlassen.*)
Für die Biographien ist eine Stelle im Leben des Sulla c. 21 von Belang. Es wurden nämlich, wie es daselbst heisst, von

---

*) In der Abhandlung von J. Zech astron. Untersuch. über die Finsternisse des klass. Alterthums Lps. 1853 wird diese Stelle nicht berücksichtigt. Gelder zu Theo Smyrn. Arithm. p. IX bemerkt nach Pingré l'art de vérifier les dates, dass in der Zeit Plutarchs Sonnenfinsternisse stattfanden in den Jahren 50, 83, 113 und 118. Welche von diesen in Griechenland als totale Finsterniss sichtbar war, scheint von Pingré nicht angegeben zu sein. Uebrigens fand auch beim Tode Nerva's l. J. 98 eine Sonnenfinsterniss statt, s. Aurel. Vict. epit. 12, 12: eoque die quo interiit solis defectio facta est. vgl. Clinton fast. Rom. S. 84.

der i. J. 85 v. Chr. gelieferten Schlacht bei Orchomenos noch zu Plutarchs Zeiten viele barbarische Bogen, Helme, Stücke von eisernen Panzern und Schwertern im Schlamm der Sümpfe aufgefunden — σχεδὸν ἐτῶν διακοσίων ἀπὸ τῆς μάχης ἐκείνης διαγεγονότων. Daraus ergiebt sich, dass Plutarch seine Biographien, wenigstens die des Sulla, in ziemlich vorgerücktem Alter, nicht viel vor 115, also in der späteren Regierungszeit Trajans verfasst hat.

Von sonstigen Begebenheiten aus dem Leben Plutarchs wissen wir nichts, bis auf eine kleine Anekdote, welche uns Gellius N. A. I, 26 aus einer mündlichen Mittheilung des Philosophen Taurus aufbewahrt hat. Plutarch, erzählte Taurus, liess einst einem Sklaven, einem nichtsnutzigen, frechen Burschen, der aber etwas gelesen und einige philosophische Vorträge mit angehört hatte, wegen irgend eines Vergehens die Tunica abziehen und befahl, ihn mit der Peitsche auszuhauen. Die Execution ging vor sich, aber der Sklave protestirte, er habe, da er nichts Böses begangen, keine Schläge verdient. Zuletzt fing er laut an zu schreien, und begnügte sich nicht mehr mit Klagen und Betheuerungen seiner Unschuld, sondern fing an auf seinen Herrn ernstlich zu schelten und ihm Vorwürfe zu machen. Er sei keineswegs so, wie es sich für einen Philosophen gezieme, zornig sein sei schimpflich. Er habe oft über das Uebel des Zorns gesprochen, auch ein sehr schönes Duch περὶ ἀοργησίας geschrieben. Mit dem Inhalt jenes Buches aber stimme es keineswegs, dass er jetzt von masslosem Zorn ergriffen, ihn so unbarmherzig züchtigen lasse. Da entgegnete Plutarch langsam und in ruhigem Tone: »weshalb willst du aus deinen Schlägen darauf schliessen, dass ich zornig bin? Kannst du aus meiner Miene, meiner Stimme, meiner Farbe, oder auch blos aus meinen Worten entnehmen, dass ich zürne? So viel ich weiss, habe ich weder wild blickende Augen, noch einen verzogenen Mund; ich schreie nicht unmässig, ich schäume nicht, bin nicht geröthet, ich sage nichts, dessen ich mich zu schämen und was ich zu bereuen hätte, ich bin überhaupt gar nicht hastig und aufgeregt. Dies alles aber, wenn du es nicht wissen solltest, pflegen die äusseren Zeichen des Zornes zu sein.« Und bei diesen Worten sagte er zu dem, der die Schläge aufzählte: »Fahre nur immer fort, während wir beide hier disputiren, mit dem, was dir geheissen ist.« Wir sehen, Plutarch liess es sich angelegen sein, auch in kritischen Fällen seiner äusseren Würde als Philosoph nichts zu vergeben.

Wie uns die Schrift de audiendo einen Blick in seinen Lehrsaal verstattete, so können wir uns wohl aus seinen Gesundheitsvorschriften einen Schluss auf die Art und Weise seines häuslichen Lebens erlauben. Danach war er, wie sich ohnehin nicht anders erwarten lässt, in seiner Lebensweise höchst mässig und einfach, hielt auf Ordnung und Regelmässigkeit derselben, ohne jedoch in ängstliche Pedanterie zu verfallen, oder sich selbst unnöthige Entbehrungen aufzuerlegen. Die unmässige Völlerei, wie sie in jener Zeit an den üppigen Tafeln Römischer Grossen herrschte, und wie sie uns zur Genüge aus Seneca, Petron, Juvenal und Martial bekannt ist, bei der man förmlich darauf ausging, durch die raffinirtesten Genüsse den erschlafften Gaumen zu kitzeln und die Gesundheit systematisch zu untergraben, hatte sich auch über Griechenland, so gut wie die übrigen Provinzen des Römischen Reiches verbreitet. Auch hier wurden unsinnige Summen in Gelagen verschwendet, der Magen gewaltsam entleert, um ihn

aufs neue füllen zu können, und ganz sinnlos gleichsam der
Gesundheit zum Hohne geschwelgt. Gegen solches Treiben
erhob Plutarch im Kreise der Schule seine Stimme, und
warnte zunächst alle diejenigen, welche dereinst einem wissenschaftlichen, oder praktisch-politischem Leben sich widmen
wollten; denn dass Plutarch selbst und kein anderer unter
dem ἑταῖρος zu verstehen ist, dessen Vortrag in dieser Schrift,
über deren besondere Einkleidung schon oben gesprochen ist,
uns mitgetheilt wird, ist klar. Wir nehmen es nun allerdings
dem Arzt Glaukus nicht übel, wenn er die von Plutarch, freilich
wie dieser nachträglich behauptet οὐ πάνυ μετὰ σπουδῆς vorgetragene Ansicht verlachte, wonach es als der Gesundheit
zuträglich bezeichnet wurde, stets für warme Hände zu sorgen
und sie nicht kalt werden zu lassen, denn sonst würde die
Wärme nach innen getrieben und erzeuge Fieber-Disposition.
Schon eher lässt es sich hören, wenn empfohlen wird, man
solle sich auch in gesundem Zustande an mässige Kost und
einfaches Wassertrinken gewöhnen, um sich nicht allzu unglücklich zu fühlen, wenn der Arzt im Falle einer Erkrankung
uns eine strenge Diät vorschreibt. Einfachheit, wurde ferner
gelehrt, sei überhaupt dem Körper zuträglicher, namentlich
habe man sich vor Ueberladung mit Speise und Trank zu
hüten, wenn man einem grossen Feste, einer unvermeidlichen
Einladung und ähnlichen Eventualitäten entgegensehe. Denn
in einem solchen Falle sei es eben nicht leicht, seiner gewohnten Einfachheit treu zu bleiben, ohne dadurch den anderen Gästen lästig zu fallen, deshalb müsse man wenigstens
nicht mit einem bereits überfüllten Magen oder sonst geschwächtem Körper hinkommen. Es sei eine unvernünftige
Gene, ein Gastmahl nicht ausschlagen zu wollen, wenn man

sich nicht ganz wohl fühle. Ein verbindlicher Dank für eine Einladung, eine geistreiche Entschuldigung könne oft ebenso gefallen als eine Annahme der Einladung, wie man ja auch mit irgend einem Scherze seine Mässigkeit bei Tische beschönigen und rechtfertigen könne, ohne dadurch der Gesellschaft lästig zu fallen. Alexander der Grosse wurde als abschreckendes Beispiel aufgestellt. Hatte er doch die Schwäche, im Stadium der Reconvalescenz die Einladung zu einem Zechgelage nicht abschlagen zu wollen, mit dem Tode bezahlen müssen. Aber Glaukus lachte auch hierüber, er fand die Vorschläge schulmeisterlich pedantisch und wollte nichts weiter hören. Moschion freilich war andrer Ansicht, — $\dot{\alpha}\lambda\lambda\dot{\alpha}\ \Gamma\lambda\alpha\tilde{\upsilon}\varkappa o\nu$ $\mu\dot{\varepsilon}\nu\ \dot{\varepsilon}\tilde{\omega}\mu\varepsilon\nu$, hatte er schon vorher gesagt, $\dot{\upsilon}\pi\dot{o}\ \sigma\varepsilon\mu\nu\acute{o}\tau\eta\tau o\varsigma\ \alpha\dot{\upsilon}\tau o$- $\tau\varepsilon\lambda\tilde{\eta}\ \beta o\upsilon\lambda\acute{o}\mu\varepsilon\nu o\nu\ \varepsilon\tilde{\iota}\nu\alpha\iota\ \varkappa\alpha\dot{\iota}\ \dot{\alpha}\pi\rho o\sigma\delta\varepsilon\tilde{\eta}\ \varphi\iota\lambda o\sigma o\varphi\acute{\iota}\alpha\varsigma$, und als er jetzt die von Glaukus bekrittelten Punkte vernommen, war er auf das Uebrige nur um so gespannter. Und so wollen auch wir uns im weiteren von Zeuxippus über Plutarchs Vortrag belehren lassen.

Da wurde denn zunächst der Ausspruch des Sokrates hervorgehoben, man solle sich vor den Speisen und Getränken hüten, die uns zum Essen und Trinken überreden, wenn wir nicht hungrig oder durstig sind. Er verwarf nicht ihren Genuss schlechthin, sondern lehrte blos sie geniessen, wenn ein Bedürfniss dazu vorhanden sei. Aber freilich bleibt diese vernünftige Vorschrift von vielen unbeachtet, und manche können es nicht über sich gewinnen, ein seltenes, ihnen noch unbekanntes Gericht vorübergehen zu lassen. Lieber zwingen sie es ihrem Körper auf, oft blos um andern erzählen zu können, welch seltner Genuss ihnen zu Theil geworden, und sich womöglich von ihnen bewundern und beneiden zu lassen. Gerade dem Seltenen, Unbekannten gegenüber, dessen Genuss doch eigentlich nur in der Einbildung beruht, geziemt es sich Enthaltsamkeit zu üben, denn es ist naturwidrig, den Körper, dessen Begierden durch die Herrschaft der Seele gezügelt werden sollen, gerade umgekehrt durch deren Thätigkeit zu Begierden zu reizen, und die Befriedigung derselben muss ihm besonders nachtheilig sein. Manche freilich, die zu Hause aus Dürftigkeit oder Geiz ihre Begierden streng im Zügel halten, glauben, wenn sie einmal zur Tafel eines reichen Mannes gezogen werden, sich hier vollfüllen zu müssen, als gelte es, sich im Feindesland zu verproviantiren, und müssen hinterher ihre Unmässigkeit mit Unwohlsein und Indigestionen büssen. Einfache Speisen verlocken uns selten dazu, das natürliche Bedürfniss zu überschreiten, dagegen reizen uns die Producte einer raffinirten Kochkunst zur Unmässigkeit, daher muss man ihnen gegenüber besonders auf seiner Hut sein. Und gerade derjenige, der ein Freund der Genüsse ist, muss auf die Erhaltung seiner Gesundheit bedacht sein, denn nur ein gesunder Körper ist ja überhaupt im Stande zu geniessen, während dem Kranken jeder Genuss zuwider ist. Die meisten aber denken erst wenn sie krank sind an eine einfache Lebensweise und selbst dann sind sie geneigt, den Grund ihrer Krankheit lieber in einer krankhaften Beschaffenheit der Luft, oder der Gegend, als in ihrer eignen Unmässigkeit zu suchen. Die meisten Krankheiten entstehen aber weniger aus äusseren Veranlassungen, als aus der innerlich vorhandenen Ueberfüllung der Säfte, ja ohne diese würde wohl auch der äussere Einfluss schadlos vorübergehen, oder wenigstens schnell überwunden werden. Deshalb muss man dafür sorgen, seinen Körper vor dieser Ueberfüllung zu wahren, und ihn stets leicht und geschmeidig zu erhalten, damit er, auch wenn er einmal einen Stoss erhält, rasch wie ein Kork wieder die Oberfläche gewinnt und emportaucht. Besonders muss man auf seiner Hut sein, wenn sich leichte Unpässlichkeiten als Vorboten einer Krankheit einstellen. Nichts ist verkehrter, als den ermatteten Körper aus reiner Genusssucht mit Gewalt zum Gelage zu schleppen, oder wenn auch dieses nicht, so doch aus verkehrtem Ehrgeiz, um andern sein Uebelbefinden nicht einzugestehen, an der bisherigen Lebensweise nicht ändern zu wollen, sich fortwährend als vollkommen gesund zu geriren, und sich gerade dadurch ein wirklich ernstliches Leiden zuzuziehen, welches sich durch eine vernünftige Diät zur rechten Zeit hätte vermeiden lassen. Jeder Genuss ist ja durch die gesunde, reine Disposition unsres Körpers erst bedingt und wird ohne diese vollkommen illusorisch. Daher hat man für diese vor allen Dingen und zur rechten Zeit zu sorgen, und alle Anzeichen, welche auf eine vorhandene Störung des Organismus schliessen lassen, als mangelnder oder übermässiger Appetit, ein unruhiger, oft unterbrochener Schlaf mit schreckhaften Träumen, auch die auffallenden Erscheinungen unsres psychischen Lebens, nervöse Gereiztheit, besondere Neigung zu Zorn und Furcht, sorgfältig zu beachten. Man wird auch gut thun, erkrankte Freunde zu beobachten, sich nach den Ursachen ihrer Krankheit zu erkundigen, nicht um mit eignen medicinischen Kenntnissen zu prahlen, sondern um zu erfahren, wie ihr leidender Zustand entstanden, um sich in Folge dessen vor ähnlichen Leiden besser wahren zu können.

Der zweite Theil des Vortrags handelt von den für die beiden Klassen von Zuhörern, die Plutarch im Auge hat, erforderlichen Leibesübungen. Gelehrte haben zunächst an der täglichen Veranlassung zu lautem Sprechen bei ihren Vorträgen eine treffliche Leibesübung, »denn die Stimme als eine Bewegung des Athems, die nicht auf der Oberfläche vor sich geht, sondern wie in einer Quelle an den inneren Theilen sich kräftigt, vermehrt die Wärme, verdünnt das Blut, reinigt jede Ader, öffnet jede Arterie und lässt in den die Nahrung aufnehmenden und verarbeitenden Organen keine Ansammlung und Verdichtung der überflüssigen Feuchtigkeit wie zu einer Art Bodensatz stattfinden.« Sind wir zu einem eigentlichen Vortrage zu ermüdet, oder fühlen wir uns sonst nicht ganz wohl, so mag lautes Lesen, auch blose Unterhaltung die Stelle des Vortrags ersetzen. Nur muss man sich bei der Unterhaltung vor Schreien und einem heftigen, krampfhaften Sprechen hüten. Nach dem Lesen oder der Unterhaltung kann man vor dem Spazierengehen eine trockne mässige Abreibung eintreten lassen, durch die das Fleisch geschmeidig gemacht und der Athem gleichmässig durch den ganzen Körper zur Vertheilung gebracht wird. Wenn der Körper jedoch überfüllt, oder durch irgend eine Anstrengung erschöpft ist, so muss man eine allzugrosse Anstrengung der Stimme als nachtheilig vermeiden. Die Benutzung kalter Bäder wird als unzweckmässig bezeichnet; man erreiche durch sie zwar scheinbar eine Abhärtung des Körpers gegen äussere Einflüsse, aber sie verstopfen die Poren, beeinträchtigen die Ausdünstung und erzeugen eine nachtheilige Verdichtung der im Körper befindlichen Feuchtigkeit, beanspruchen daher im übrigen eine um so strengere Diät, lauter Uebelstände, die durch den Gebrauch warmer Bäder theils beseitigt, theils vermieden werden. Uebrigens kann man, so lange man sich vollkommen wohl fühlt, das

Bad auch ganz unterlassen. Wenn der Körper der Wärme
bedarf, ist eine Salbung am Feuer zuträglich, während die
Einwirkung der Sonnenstrahlen stets durch die allgemeine
Beschaffenheit der Luft bedingt ist.
Was die Ernährung anlangt, so muss zur allgemeinen
Beobachtung grosser Mässigkeit auch noch eine besondere
Rücksicht auf die Beschaffenheit der Nahrungsmittel dazukommen,
durch deren sorgfältige Auswahl die nachtheiligen
Folgen ihrer grossen Menge, wo sich eine solche nicht völlig
vermeiden lässt, wenigstens gemildert werden können. Feste
und nahrhafte Speisen, Fleisch, Käse, trockne Feigen, gekochte
Eier sind, wo nicht gänzlich zu vermeiden, doch nur vorsichtig
zu geniessen; man halte sich an leichte und dünne Speisen,
wie die meisten Kohlarten, Geflügel, magre Fische. Vor Unverdaulichkeit
in Folge von Fleischgenuss muss man sich am
meisten hüten, nicht blos weil sie uns sofort beschwert, sondern
auch immer böse Folgen zurücklässt. Am besten, man
enthält sich des Fleischgenusses ganz und gar, will man aber
nicht bis zu einem so entschiedenen Grade der allgemeinen
Sitte zuwiderhandeln, so betrachte man Fleisch wenigstens
nicht als Hauptnahrungsmittel, sondern nur immer als eine
Art Stütze und Unterlage für die andern Nahrungsmittel.
Milch ist mehr als kräftige, nahrhafte Speise, denn als Getränk
zu verwenden. Wein, mässig genossen, ist nützlich und
angenehm, aber man trinke ihn mit Wasser vermischt, auch
bloses Wasser dazwischen, wie man sich überhaupt einen täglichen
Genuss von zwei bis drei Becher Wasser zur Regel zu
machen hat. Zur Erfrischung und Erquickung des Körpers
bei Ermattung durch Hitze, Kälte, anhaltendes Sprechen, überhaupt
jedwede Anstrengung ist Wasser, auch warm genossen,

viel heilsamer als Wein, der in solchen Fällen immer etwas
erhitzendes und aufregendes behält. Förderlich für die Mässigkeit ist eine angemessene Unterhaltung oder geistige Beschäftigung bei der Abendmahlzeit, durch welche unsre Aufmerksamkeit von dem ausschliesslichen Genuss der Speisen gleichsam
abgelenkt und die Harpyien durch die Musen verscheucht
werden, nur darf man nicht allzu schwierige Untersuchungen,
etwa aus dem Gebiete der Logik und Dialektik zum Gegenstande der Unterhaltung wählen, sondern leichte Probleme
aus dem Gebiete der Physik, ethische Betrachtungen, historische und poetische Fragen, harmlose Erzählungen, mythologische und musikalische Gespräche, und man muss diese
Unterhaltungen so lange fortsetzen, bis die genossenen Speisen
sich einigermassen gesetzt haben, und der eigentliche Verdauungsprocess begonnen hat. Eine solche ruhige Unterhaltung bei und nach Tische dürfte zugleich die richtige Mitte
abgeben zwischen dem von einigen unmittelbar nach genossener
Mahlzeit anempfohlenen Spaziergang oder Schlafe. Die Anwendung starker Vomitive und heftiger Purganzen, um den
Körper vor Ueberfüllung zu bewahren, oder gar ihn zu neuer
Ueberfüllung misbrauchen zu können, ist, so verbreitet sie
auch ist, durchaus verwerflich und nachtheilig. Wo der Körper
wirklich einer Erleichterung bedarf, wende man lieber einfache,
allgemein zugängliche Mittel, wie mehrtägiges Wassertrinken,
Fasten, Klystiere an, als eigentliche Arzneien. Ein regelmässiges, periodisches Fasten dagegen ist zu verwerfen, überhaupt eine in ihren Grundzügen mässige, sonst aber den besonderen Umständen vernünftig Rechnung tragende Diät, einer
starren, ängstlich nach Zahlen und Stunden geregelten Lebensweise vorzuziehen, die ohnehin für einen Menschen, der

nicht ein Einsiedlerleben in der Bücherstube, sondern ein Leben im öffentlichen Verkehr unter Freunden und Mitbürgern führen will, nicht durchführbar ist. Es ist ja eine ganz verkehrte Vorstellung, als sei Müssiggang und eine träge Ruhe das der Gesundheit zuträglichste. Man braucht im Interesse des allgemeinen Besten weder geistige noch körperliche Anstrengungen zu scheuen, nur verschwende man sie an keinen unnützen, kleinlichen Gegenständen, die einer wirklichen Anstrengung nicht werth sind. Auch gönne man dem Körper nach gehabter Anstrengung eine angemessene Erholung, ohne ihn jedoch durch einen unvernünftigen Wechsel von erschlaffenden Ausschweifungen und übermässigen Anstrengungen zu zerrütten, und ihn gerade dadurch um die ihm nothwendige Ruhe und Gleichmässigkeit zu bringen. Es kömmt bei der ganzen Lebensweise gar sehr darauf an, was dem einzelnen Körper zuträglich ist, und muss daher von jedem Gebildeten mit Recht eine einigermassen genügende Kenntniss vom Zustande seines eigenen Körpers verlangt werden, dass er die Beschaffenheit seines Pulses, seine Mischungsverhältnisse in Bezug auf Wärme und Trockenheit kenne, dass er selbst wisse, was seinem Körper zuträglich und förderlich sei, und dies nicht erst von dem Arzt erfahren wolle. Eine solche Kenntniss ist nicht schwer zu erlangen, und wenn nun ihr gemäss die ganze Lebensweise eingerichtet wird, so kann man seinem Arzte manche unnütze Bemühung ersparen. Männer der Wissenschaft und des öffentlichen Lebens werden nicht leicht in den Fehler gemeiner Seelen verfallen, welche aus Geiz ihrem Körper die nöthige Pflege entziehen und ihre Gesundheit vernachlässigen, wohl aber liegt es ihnen nahe, über dem Eifer ihrer wissenschaftlichen Studien in denselben Fehler zu verfallen, ihrem Körper keine Erholung zu gönnen, wenn er erschöpft ist, sondern mit Gewalt ihren sterblichen, irdischen Theil zu einem Wettkampf der Anstrengung mit dem unsterblichen, himmlischen zwingen zu wollen, und sich dadurch in schwere Krankheit zu stürzen. Sie mögen die Ermahnung Plato's beherzigen, weder den Leib ohne die Seele, noch die Seele ohne den Leib in Bewegung zu setzen, sondern ein gewisses Gleichgewicht der Bewegung wie bei einem Zwiegespann zu beobachten, indem man gerade dann dem Körper die grösste Sorgfalt und Pflege angedeihen lässt, wenn er am meisten zugleich mit der Seele arbeitet und sich anstrengt, und von ihm die schöne, kostbare Gesundheit entgegen nimmt, und es für die schönste Gabe hält, die er uns überhaupt verleihen kann, wenn er uns bei der Erwerbung der Tugend und ihrer Bethätigung in Reden und Handlungen kein Hinderniss in den Weg legt.

Wenn uns nun auch manches in diesen Gesundheitsvorschriften als selbstverständlich und darum überflüssig erscheint, so ist es doch für Plutarchs philosophische Richtung charakteristisch, dass er es nicht verschmäht hat, auch derartige Themen in seinen Vorträgen zu behandeln, und jedenfalls müssen wir ihm das Zeugniss geben, dass er eingehend und in einer eines Philosophen gewiss nicht unwürdigen Weise über die Rücksichten nachgedacht hatte, die ein gebildeter Mensch auf die Erhaltung seiner Gesundheit nehmen müsse, und wenn er sie selbst während seines eignen Lebens genommen hat, so werden wir es natürlich finden, dass er ein hohes Alter erreicht und auch als Greis sich die Frische seines Geistes bewahrt hat. Wenn Hieronymus in seiner Bearbeitung der Eusebianischen Chronik Plutarch in's dritte Jahr der

Regierung Hadrians also in das Jahr 120 setzt, so haben wir in dieser willkommenen Angabe wenigstens eine bestimmte Grenze, über welche wir den Tod Plutarchs nicht zurückverlegen dürfen. Er scheint aber auch nicht viel länger gelebt zu haben. Denn in den Jahren 125—130 vollendete Hadrian das Olympieion in Athen, Plutarch aber sagt im Leben Solons im 32. Capitel, Athen und Plato hätten unter so vielen trefflichen Werken beide ein unvollendetes aufzuweisen, jenes das Olympieion, dieser den λόγος Ἀτλαντικός, woraus allerdings zunächst nur hervorgeht, dass diese Biographie vor diesem Zeitpunkt geschrieben ist. Nun berichtet Suidas, Trajan habe Plutarch die Würde eines Consuls verliehen und befohlen, dass keiner von den Verwaltern Illyriens etwas gegen seine Meinung thun sollte: μεταδοὺς δὲ αὐτῷ Τραιανὸς τῆς τῶν ὑπάτων ἀξίας προσέταξε μηδένα τῶν κατὰ τὴν Ἰλλυρίδα ἀρχόντων παρὲξ τῆς αὐτοῦ γνώμης τι διαπράττεσθαι. Georg Syncellus giebt in seiner Chronographie p. 349 dafür das bestimmte Jahr 109 an, indem er schreibt: Πλούταρχης Χαιρωνεὺς φιλόσοφος ἐπιτροπεύειν Ἑλλάδος ὑπὸ τοῦ αὐτοκράτορος κατεστάθη γηραιός. Dass Kaiser Trajan dem berühmten Philosophen, dem Freund des bei ihm so angesehenen Sossius Senecio consularische Würden verliehen habe, ist an sich durchaus nicht unglaublich, denn dass consularische Ehren seit dem Anfange des zweiten Jahrhunderts auch an Griechen verliehen wurden, steht fest. Man sehe die Belege bei Friedländer Darstellungen aus der Sittengeschichte Roms (2) Th. I S. 182, wo auch vorliegende Stelle des Suidas angeführt wird. Ebenso wenig hat es etwas unglaubliches, dass mit der Verleihung dieser Würde zugleich gewisse politische oder administrative Functionen verbunden waren, doch lässt es der Ausdruck ἐπιτροπεύειν ungewiss, welcher Art sie waren. Wenn Suidas von den Verwaltern Illyriens spricht, so bedient er sich wohl der seit Constantinus üblichen Ausdrucksweise, wonach Achaja mit Macedonien, Thessalien und Epirus als erste Diöces der Praefectura Illyrici bezeichnet wurde, und der eigentliche Sinn seiner Worte würde der sein, nach Trajans Anordnung hätten die Beamten Griechenlands, Macedoniens und der angrenzenden Länder nichts ohne Zuziehung Plutarchs vornehmen dürfen. Von einer persönlichen Beziehung Plutarchs zu Trajan findet sich in dessen Schriften keine Spur. Denn der den Apophthegmata regum et imperatorum vorausgeschickte Widmungsbrief an diesen Kaiser ist, wie die Schrift selbst, entschieden untergeschoben. Ebenso beruht die Angabe des Johannes Sarisberiensis, Policr. V, 1 Plutarch sei der Lehrer des Kaisers Trajan gewesen, auf einem dem Plutarch untergeschobenen Machwerk, der sogenannten institutio ad Trajanum, und gehört in das Gebiet der Fabel. Hierüber hat in seiner Weise ausführlich gehandelt Gréard de la morale de Plutarque p. 5 ff.

Auf Plutarchs Tod bezieht sich eine Stelle im Artemidor IV, 72. Hier heisst es, Plutarch habe geträumt, er steige von Hermes geführt in den Himmel. Tags darauf legte ihm Jemand den Traum aus, er werde glückselig sein, denn das Aufsteigen in den Himmel bedeute ein überschwengliches Glück. Plutarch war gerade krank und befand sich in Folge seiner Krankheit schlecht. Bald nachher starb er, und das war es, was ihm der Traum und seine Deutung anzeigte. Das Aufsteigen in den Himmel bezeichnet für einen Kranken seinen Untergang, und grosses Glück ist ein Zeichen des Todes. Denn nur der Todte ist frei von allem Ungemach, und somit wahrhaft glücklich. Dass hier von keinem andern, als dem

Chäroneser Plutarch die Rede ist, darf unbedenklich angenommen werden. Dieser achtete auf Träume, wie wir aus Symp. II, 3, 1 entnehmen können. Ueber die Schicksale seiner Söhne ist uns nichts überliefert. Dagegen wird der Stoische Philosoph Sextus, gleichfalls aus Chäronea gebürtig, der bekannte Lehrer des Kaisers Marc Aurel, von Julius Capitolinus v. Marci c. 3, Eutrop. VIII, 12 und Apulej. Metam. I, 2 als Plutarchi nepos bezeichnet, bei Suidas s. v., ἀδελφιδοῦς Πλουτάρχου genannt. Er war also der Sohn seines Bruders Timon oder Lamprias, da wir von einer Schwester Plutarchs sonst nichts wissen. Wie hoch Marc Aurel seinen Lehrer schätzte, geht unter anderem auch aus der Erzählung bei Philostratus vit. Sophist. II, 9 p. 557 hervor. Wenn nun Apulej a. a. O. den Helden seines Romans von sich sagen lässt »Thessaliam, nam et illic originis maternae nostrae fundamenta a Plutarcho illo inclito ac mox Sexto philosopho nepote eius prodita, gloriam nobis faciunt, eam Thessaliam ex negotio petebam«, so hat man wohl unter der Voraussetzung, dass Apulej unter der Person des Lucius sich selbst bezeichne, den Madaurenser zu einem Verwandten Plutarchs machen wollen. Aber diese Voraussetzung entbehrt jedes Grundes, und diese Stelle zeigt uns weiter nichts, als dass Apulej den Plutarch als einen berühmten Mann, den Sextus als dessen Neffen kannte. Anders aber verhält es sich mit zwei Stellen des Sophisten Himerius. Dieser sagt ecl. VII, 4 im Auszug aus einer Rede, in welcher er den Areopag zu Athen um die Vergünstigung des vollen Bürgerrechts für seinen dreijährigen Sohn Rufinus ersucht:

οὗτός ἐστιν ἐκ Πλουτάρχου, δι' οὗ πάντας ὑμεῖς παιδεύετε, οὗτος ἐκ Μινουκιανοῦ, τοῦ διὰ τῆς ἑαυτοῦ φωνῆς πολλοὺς πολλάκις ἐλευθερώσαντος, τὸν ἐκ Νικαγόρου προσήγαγον ὑμῖν, τὸν ἐξ ἐμαυτοῦ. Hier wird ausdrücklich behauptet, dass Plutarch zu den Vorfahren des Rufinus gehöre, und es kann wohl füglich an keinen andern Plutarch, als den Philosophen aus Chäronea gedacht werden, theils wegen des Zusatzes δι' οὓς πάντας ὑμεῖς παιδεύετε, der nur von einer litterarischen Grösse gesagt werden konnte, theils weil Himerius fortfährt: σοφιστὴν ὑμῖν καὶ φιλοσόφων λέγω κατάλογον 'Αττικὴν ὄντως εὐγένειαν, der Titel Philosoph unter den Genannten aber nur auf Plutarch passt, theils endlich weil in or. XXIII, 21, wo der Redner sich über den unverhofft frühzeitigen Tod eben dieses Rufinus beklagt, nächst Minucian und Nikagoras, wiederum Plutarch und zwar in Verbindung mit Musonius und, was wichtiger ist, dem standhaften (καρτερικὸς) Sextus unter den Vorfahren dieses Knaben genannt wird. Es würde sich also aus diesen Stellen ergeben, dass Nachkommen Plutarchs noch im vierten Jahrhundert in der Zeit des Kaisers Julian vorhanden waren, zu welcher Zeit seine Schriften eine allgemein verbreitete Lectüre bildeten, vielleicht als historisches Schulbuch benutzt wurden, wenigstens versteht Westermann comment. p. XVIII die Worte des Himerius in diesem Sinn.

Dass Plutarch schon bald nach seinem Tode ein vielgelesener und benutzter Schriftsteller war, können wir auch sonst belegen. Zwar ist es nach den neusten Untersuchungen nicht richtig, dass Appian, wie man früher allgemein und zuletzt noch Drumann annahm, den Plutarch benutzt hat, aber es steht fest von Aelius Aristides (s. Sintenis ad Plut. Pericl. exc. 3 p. 302 ff.) und Polyaen. Gellius citirt seine Schriften, wie die Tischreden, aber auch verloren gegangene, mehrfach. Auch Galen citirt den Plutarch in der Schrift de dogmate Platonis et Hippocratis. Eine Reminiscenz an den Anfang der Biographie des Theseus glaubt man in der Apologie Tatians c. 20 gefunden zu haben. Im dritten Jahrhundert citirt und benutzte ihn vielfach stillschweigend Athenäus, desgleichen von den Neuplatonikern Porphyrius, aber auch spätere, wie Proclus (vgl. Gréard p. 307. 313). Wie sehr Plutarch im Zeitalter des Neu-Platonismus geschätzt wurde, beweist Eunapius, der ihn in der Einleitung zu seinen Lebensbeschreibungen der späteren Sophisten als θειότατος, θεσπέσιος und φιλοσοφίας ἁπάσης Ἀφροδίτη καὶ λύρα bezeichnet.*) Allerlei Excerpte aus Plutarchischen Schriften, darunter auch aus solchen, die wir jetzt nicht mehr haben, nahm Johannes Stobäus in seine Sammlungen auf. Macrobius hat in seinen Saturnalien Plutarchs Tischreden in ausgedehntem Umfange benutzt. Im sechsten Jahrhundert wurde Plutarch fleissig vom Sophisten Sopater gelesen. Das achte bis elfte Buch seiner ἐκλογαὶ διάφοροι umfasste Excerpte aus seinen Schriften, unter anderen auch aus den verloren gegangenen Biographien des Krates, Daiphantus, Pindar, Epaminondas, sowie aus einer philosophischen Abhandlung περὶ φύσεως καὶ πόνων, in welcher Beispiele von Männern angegeben waren, die ihrer schlechten Naturanlage durch Anstrengung eine Richtung zum Guten gegeben,

---

*) p 454 der Didotschen Ausgabe. Er schreibt ferner über ihn: αὐτῷ ὁ θεσπέσιος Πλούταρχος τόν τε ἑαυτοῦ βίον ἀνυγράφει ταῖς βιβλίοις ἐνδιεσπαρμένως καὶ τὸν τοῦ διδασκάλου, καὶ ὅτι γε Ἀμμώνιος Ἀθήνησιν ἐτελεύτα, οὐ βίον προσειπών. καίτοιγε τὸ κάλλιστον αὐτοῦ τῶν συγγραμμάτων εἰσὶν οἱ καλούμενοι παράλληλοι βίοι τῶν ἀρίστων κατὰ ἔργα καὶ πράξεις ἀνδρῶν· ἀλλὰ τὸ ἴδιον [αὐτοῦ] καὶ τοῦ διδασκάλου καθ' ἕκαστον τῶν βιβλίων ἐγκατέσπειρεν, ὥστε, εἴ τις ὀξυδερκοίη περὶ ταῦτα, καὶ ἀνιχνεύοι κατὰ τὸ προσπῖπτον καὶ φαινόμενον, καὶ σωφρόνως τὰ κατὰ μέρος ἀναλέγοιτο, δύνασθαι τὰ πλεῖστα τῶν βεβιωμένων αὐτοῖς εἰδέναι. Es ist ein Irrthum, wenn Bähr in Pauly's Real-Encycl. V S. 1772 f. auf Grund dieser Stelle von einer verloren gegangenen Selbstbiographie Plutarchs sowie einer von ihm verfassten Biographie seines Lehrers Ammonius berichtet.

umgekehrt eine gute Naturanlage durch Nachlässigkeit verdorben hatten, sowie von solchen, die in ihrer Jugend sehr geringe Fähigkeiten gezeigt aber im späteren Alter noch sehr verständig geworden waren, — und einer Schrift περὶ ὀργῆς, von der wir noch ein Fragment im Florilegium des Stobäus haben XX, 70 T. I p. 315. Bemerkenswerth ist, dass Sopater auch schon untergeschobene Schriften, wie über die Flüsse und die Apophthegmen von Königen und Feldherrn excerpirt hat.*) Auch Kirchenschriftsteller, wie Clemens von Alexandria und selbst der heilige Basilius, verschmähten es nicht, sich stillschweigend mit seinen Federn zu schmücken, ein Verfahren, das Byzantinischen Compilatoren, wie einem Zonaras und Michael Psellus, zu bequem schien, um es nicht nachzuahmen. Gerade Plutarchs Berühmtheit und die Nachfrage nach seinen Schriften erklärt es wohl auch, dass ihm schon frühzeitig mancherlei fremdartiges untergeschoben wurde.

Die Stadt Chäronea aber hat das Andenken ihres grossen Mitbürgers bis auf den heutigen Tag bewahrt. Denn in der Kirche des Ortes wird den Fremden noch jetzt ein alter Marmorsessel als Thron des Plutarch gezeigt, wie Hettner in seinen Griechischen Reiseskizzen S. 296 erzählt.

---

*) Phot. bibl. cod. 161 p. 104 Bekk. Da Photius die Titel der moralischen Abhandlungen meist ebenso, oder doch nur mit geringen Modificationen so angiebt, wie sie in unserer Sammlung lauten, so ist es nicht unwahrscheinlich, dass die dort citirten ἀνδρῶν ἐνδόξων ἀποφθέγματα, die vor den βασιλέων καὶ στρατηγῶν ἀποφθέγματα genannt werden, nicht etwa die Laconum et Lacaenarum apophthegmata, sondern eine andre, möglicherweise ächte Apophthegmensammlung bezeichnen, die in der Zwischenzeit vom sechsten bis neunten oder zehnten Jahrhundert, in welchem letzteren aller Wahrscheinlichkeit nach unsere Sammlung der Moralia veranstaltet wurde, verloren gegangen ist.

ZWEITER ABSCHNITT.

PLUTARCHS SCHRIFTEN.

ERSTES CAPITEL.

Auf die im bisherigen gegebene Darstellung der äusseren Lebensverhältnisse Plutarchs müssen wir einen zweiten einleitenden Abschnitt über seine Schriften folgen lassen, um hierbei die Quellen festzustellen, aus denen eine Kenntniss seiner Philosophie zu schöpfen ist. Denn unter den vorhandenen Schriften ist kaum der dritte Theil rein philosophischen Inhalts, in vielen sind nur einzelne philosophische Gedanken enthalten, die hinter der Fülle positiven gelehrten Materials zurücktreten, wieder andere geben für Philosophie gar keine Ausbeute, unter den rein philosophischen Schriften muss endlich das ächte vom unächten geschieden werden.

Suidas berichtet in einer bereits angezogenen Stelle vom Favorinus aus Arelate: ἀντεφιλοτιμεῖτο καὶ ζῆλον εἶχε πρὸς Πλούταρχον τὸν Χαιρωνέα ἐς τὸ τῶν συντατομένων βιβλίων ἄπειρον. Favorinus suchte also mit Plutarch an schriftstellerischer Productivität und Vielseitigkeit zu wetteifern. Und in der That gehört Plutarch, selbst nur nach seinen vorhandenen Schriften zu urtheilen, zu den fruchtbarsten Schriftstellern des Alterthums, der in dieser Hinsicht mit Aristoteles, Chrysipp und Galen auf gleicher Stufe steht. Bekanntlich zerfallen diese vorhandenen Schriften in zwei Sammlungen von ziemlich grossem Umfange, von denen die eine den Gesammttitel Βίοι auch wohl *Βίοι παράλληλοι*, die andere *'Ηθικά*, mit lateinischer Bezeichnung Moralia führt. Unter den Lebensbeschreibungen haben wir 23 Paare Parallelbiographien berühmter Griechen und Römer, darunter 19 Paare mit einer besonderen wirklich vollzogenen Vergleichung, 4 ohne dieselbe. Dazu kommen noch vier besondere Biographien des Arat, Artaxerxes, Galba und Otho. Es ist schon längst bemerkt worden, dass die Parallelbiographien weder in den Handschriften noch in den Ausgaben in der Reihenfolge aufgeführt sind, in der sie Plutarch ursprünglich geschrieben hatte. Denn wir wissen, dass das Leben des Demosthenes zum fünften, das Leben des Perikles und Fabius Maximus zum zehnten, das Leben des Dio zum zwölften Buche der *βίοι παράλληλοι* gehört hat und auf diese Stellung ist in unserer Sammlung nicht die mindeste Rücksicht genommen. Das weitere bei Westermann de Plut. vita et script. comment. p. XXI.

Die Moralia umfassen 83 Schriften von sehr verschiedenem Umfange. Einige sind ganz kurz, zum Theil nur unvollständige Bruchstücke ehemals grösserer Abhandlungen; andere zerfallen in mehrere Theile oder Bücher; die Tischgespräche, die übrigens weder vollständig noch in ihrer ursprünglichen Fassung, sondern mehr oder weniger abgekürzt auf uns gekommen sind, sogar in neun Bücher, von denen die acht ersteren je zehn, das letztere fünfzehn Abschnitte enthält. Einige Schriften sind nur in der Form einer *σύνοψις* oder *ἐπιτομή*, eines kurzen Auszugs vorhanden. So die Schrift *ὅτι παραδοξότερα οἱ Στωικοὶ τῶν ποιητῶν λέγουσιν*, ferner die *σύγκρισις Ἀριστοφάνους καὶ Μενάνδρου*. Eine Schrift, *περὶ τῆς ἐν Τιμαίῳ ψυχογονίας* ist in vollständiger, wenn auch lückenhaft überlieferter Fassung, daneben aber auch in Form eines kürzeren Auszugs der Sammlung einverleibt. Innerhalb der Sammlung sind die Schriften nach einer ungefähren Zusammengehörigkeit des Inhalts, aber ohne festen durchgreifenden Plan gruppenweise zusammengestellt. Wie wenig dabei auf eine chronologische Anordnung Rücksicht genommen ist, beweist der merkwürdige Umstand, dass die Abhandlung non posse suaviter der Schrift gegen Kolotes voraufgeht, während sie später als diese geschrieben ist. Der Inhalt selbst dieser Schriften ist ein sehr verschiedener. Nur die Hälfte bewegt sich überhaupt auf philosophischem Gebiete, und davon ist wieder nur die Hälfte etwa wirklich ethischen Inhalts. Aber zu den philosophischen Schriften kommt auch eine ganze Zahl rein geschichtlicher Abhandlungen, eine andere Gruppe ist naturwissenschaftlichen Inhalts, wieder andere behandeln Fragen der Litteratur und Kunst, noch andere vermischtes, auch eine Sammlung von Sprichwörtern und die Trümmer einer Abhandlung über Metra sind wenigstens in die neueren Ausgaben der Moralia mit aufgenommen. So verschieden wie der Inhalt ist auch die Form dieser Schriften. Einige sind Abhandlungen, Aufzeichnungen gehaltener Vorträge, daher auch vielfach in der Form rhetorischer Progymnasmen gehalten. Eine nicht geringe Zahl sind in der Form Platonischer oder Aristotelischer Dialoge geschrieben, wieder andere sind reine gelehrte Sammlungen und Notizen, ohne dass sich in ihnen ein besonderer Plan der Anordnung erkennen lässt.

Abgesehen von den Schriften, welche in der Pariser Ausgabe als Pseudo-Plutarchea aufgeführt sind, so sind die übrigen erst in später Byzantinischer Zeit zu einem Corpus vereinigt. Um 500 konnte Johannes Stobäus noch manche Plutarchische Schriften benutzen, die in unserer Sammlung keine Aufnahme mehr gefunden haben. Um die Zeit des Constantinus Porphyrogenetus (911—959) wurden die noch vorhandenen Plutarchischen Schriften excerpirt, darunter sehr viele, die in unserer Sammlung nicht mehr vorhanden sind. Wir haben darüber das Zeugniss des Johannes Rhosus (s. Wyttenbach praef. p. XXXVIII. LIX), welcher blos noch die Titel der früher gemachten Excerpte vorfand und abschrieb. Nach einer solchen Byzantinischen Excerptsammlung ist wohl auch der Catalog des Lamprias angefertigt, von dem alsbald ausführlicher die Rede sein wird. Die vitae decem oratorum, die gegenwärtig in der Sammlung der Moralia ihren Platz als Plutarchische Schrift gefunden haben, waren noch zu den Zeiten des Patriarchen Photius, der sie fleissig benutzt hat, also bis zur zweiten Hälfte des neunten Jahrhunderts, ein herrenloses Schriftwerk. Es kann demnach unsere Sammlung vor dem zehnten Jahrhundert nicht entstanden sein. Und da die ältesten vorhandenen Handschriften der Moralia bis in's elfte Jahrhundert zurückreichen, so lässt sich vorbehaltlich genauerer Aufschlüsse, die eine bis jetzt noch fehlende diplomatische Geschichte der Plutarch-Handschriften uns hoffentlich geben wird, inzwischen wohl soviel sagen, dass ein uns unbekannter Gelehrter im zehnten Jahrhundert auf den Gedanken kam, die noch vorhandenen moralischen Schriften Plutarchs zu sammeln und zu einem Corpus zu vereinigen. Sie waren damals, wahrscheinlich eben in Folge der inzwischen fabricirten Excerpte, schon arg vernachlässigt. Dem Sammler standen vielfach nur schlechte Handschriften zu Gebote, wie dies aus der merkwürdigen Notiz des Pariser Cod. A aus dem dreizehnten Jahrhundert zu einer Stelle de def. orac. p. 412 A hervorgeht: τὸ χωρίον τοῦτο ἀσαφέστατόν ἐστι, διὰ τὸ πολλαχοῦ διαφθαρέντα τὰ τῶν παλαιῶν ἀντιγράφων μὴ δύνασθαι σώζειν τὴν συνέχειαν τοῦ λόγου· καὶ εἶδον ἐγὼ παλαιὰν βίβλον, ἐν ᾗ πολλαχοῦ διαλείμματα ἦν, καὶ μὴ δυνηθέντος τοῦ γράφοντος εὑρεῖν τὰ λείποντα, ἐλπίσαντος δὲ ἴσως εὑρήσειν ἀλλαχοῦ. ἐνταῦθα μέντοι κατὰ συνέχειαν ἐγράφη τὰ διαλείποντα, τῷ μηκέτι ἐλπίδας εἶναι τὰ λείποντα εὑρεθήσεσθαι. τοῦτ' αὐτὸ τοίνυν χρὴ νοεῖν καὶ πανταχοῦ τοῦ βιβλίου ἔνθα τις τοιαύτη ἀσάφεια εὑρίσκεται. cf. Duebner praef. Plut. Moral. T. II, p. 2. Aus diesem Umstand erklärt sich die ganz ungemeine und dabei doch ungleichmässige Verderbtheit vieler Schriften. Manche waren in ihrer ursprünglichen Gestalt gar nicht mehr vorhanden, sondern bereits halb und halb excerpirt. Einer Sichtung des ächten vom unächten war ein Sammler des zehnten Jahrhunderts nicht mehr fähig, daher denn eben so manches entschieden unächte Werk in die Sammlung Aufnahme gefunden hat. Wo der Sammler die Schrift in der ächten Form nicht mehr auftreiben konnte, begnügte er sich mit dem Auszuge. Wie es freilich gekommen ist, dass die Abhandlung über die Entstehung der Platonischen Weltseele in doppelter Gestalt Aufnahme gefunden hat, ist schwer zu sagen.

Es sind nun aber Plutarchs Schriften bei weitem nicht alle auf uns gekommen. Er selbst erwähnt im Leben des Theseus c. 29 eine Schrift über Herakles, und Gellius I, 1 citirt aus dem Buche Plutarchs »quem de Herculis, quantum inter homines fuit, animi corporisque ingenio atque virtutibus conscripsit.« Auf diese Schrift mag sich wohl auch das Citat bei Arnob. IV, 25 beziehen. Ferner erwähnt Plutarch ein Leben des Daiphantus de virt. mul. c. 2 p. 244 B, aus welchem noch Sopater Excerpte gezogen hatte. Ein Leben des Epaminondas, der beiden Scipionen kennen wir aus v. Ages. c. 28. Pyrrh. c. 8.

Tib. Graech. c. 21. C. Gracch. c. 10. Eine Biographie des Metellus wird in Aussicht gestellt v. Mar. c. 29, des Leonidas de Herod. malign. c. 32. Aus Jul. or. VI p. 200 B kennen wir ein Leben des Philosophen Krates. Auch dieses lag noch dem Sopater vor. Eine nicht unbedeutende Zahl andrer Biographien zählt der Catalog des Lamprias auf, darunter Kaiserbiographien, und eine Begebenheit aus dem Leben des Tiberius wird nach Plutarch von Damascius bei Photius vit. Isidor. cod. 242 erzählt.*) Lamprias nennt auch ein Leben des Aristomenes, und Plutarch wird über Aristomenes citirt bei Steph. Byz. v. Ἀνδανία. Ausserdem erwähnt Plutarch eine Schrift περὶ ἡμερῶν ἀποφράδων v. Cam. 19, eine besondere Schrift gegen Chrysipp de rep. Stoic. c. 10. 15 (Lamprias No. 57 nennt περὶ δικαιοσύνης πρὸς Χρύσιππον βιβλία γ΄), eine desgleichen über die Platonische Weltschöpfung de procr. an. c. 4 (Lampr. No. 64: περὶ τοῦ γεγονέναι κατὰ Πλάτωνα τὸν κόσμον), endlich ein κυνηγεσίας ἐγκώμιον de sollert. anim. c. 1, wo man freilich an eine blose Fiction dialogischer Einkleidung denken könnte, indes finden wir bei Lampr. No. 204 eine Schrift περὶ κυνηγετικῆς.

Fragmente von verschiedener Anzahl und verschiedenem Umfang sind uns erhalten aus folgenden 24 Schriften:

1) περὶ ψυχῆς in mehreren Büchern, Gell. I, 3, 31. XV, 10. Eine längere Stelle giebt Euseb. praep. ev. XI, 36. Nach ihr zu schliessen war das Werk in dialogischer Form abgefasst, daher hat denn auch Wyttenbach demselben ein längeres Bruchstück aus Stob. Flor. CXX, 28 überwiesen, das dort

---

*) Plutarch sagt v. Galb. c 2: Νυμφίδιος γὰρ Σαβῖνος ὢν ἔπαρχος, ὥσπερ εἴρηται, μετὰ Τιγελλίνου τῆς αὐλῆς. Daraus geht hervor, dass er eine Biographie des Nero entweder schon geschrieben hatte, oder doch schreiben wollte. Denn bekanntlich pflegt er auch auf erst noch zu schreibende Biographien mit einem ὥσπερ εἴρηται zu verweisen.

zwar die Ueberschrift Θεμιστίου, in einer Handschrift Θεμιστίου ἐκ τοῦ περὶ ψυχῆς trägt, aber sowohl durch die Personen der Unterredner, Timon und Patrocleus, als auch durch Inhalt und Darstellung sich als Plutarchisch zu erkennen giebt. Nach Wenrich de auctorum Graecorum version. et commentar. Syr. Arab. Armen. Pers. commentatio Lips. 1842 S. 225 giebt es noch eine Arabische Uebersetzung des ersten Buches dieser Schrift.*) Vierunddreissig Citate psychologischen Inhalts aus Plutarch, ohne Nennung der Schrift, aus welcher sie entlehnt sind, giebt Olympiodor in seinem Commentar zum Platonischen Phädon. Wyttenbach glaubte, sie seien einem Commentare Plutarchs zum Phädon entlehnt, aber die Annahme, dass Plutarch einen solchen geschrieben habe, beruht lediglich auf einer Angabe der unächten consolatio ad Apollonium. Derselben Leydener Handschrift, welche den Commentar des Olympiodor enthält, hat Wyttenbach noch zwölf andre kleine Citate psychologischen Inhalts entlehnt, welche die Ueberschrift tragen ἐπιχειρημάτων διαφόρων συναγωγὴ δεικνύντων ἀναμνήσεις εἶναι τὰς μαθήσεις ἐκ τῶν τοῦ Χαιρωνέως Πλουτάρχου. Psychologischen Inhalts sind endlich zwei kleine Abhandlungen, welche Tyrwhitt aus einem Codex Harlejanus unter Plutarchs Namen mit dem Titel πότερον ψυχῆς ἢ σώματος ἐπιθυμία καὶ λύπη λόγος ιζ' und εἰ μέρος τὸ παθητικὸν τῆς ἀνθρώπου ψυχῆς ἢ δύναμις λόγος ιη' herausgegeben hat. Allein die Vernachlässigung des Hiatus und die ganze Behandlungs-

---

*) Es giebt ausserdem Arabische Uebersetzungen der Schriften de placitis, de cohibenda ira, de capienda utilitate ex inimicis, de virtute morali. Von Syrischen Uebersetzungen weiss Wenrich nichts zu sagen. Inzwischen hat P. Delagarde in seinen Analecta Syriaca Leipz. 1858 eine Syrische Bearbeitung der Schrift de cohibenda ira und einer sonst ganz unbekannten Abhandlung περὶ γυμνασίας veröffentlicht.

weise der in Rede stehenden Probleme geben sofort diese Abhandlungen als unplutarchisch zu erkennen.

2) εἰ ἡ τῶν μελλόντων πρήγνωσις ὠφέλιμος, Stob. Flor. III, 49, T. I p. 77. Ecl. I, 5, 19. II, 7, 25.

3) περὶ φιλίας, Stob. Ecl II, 7, 32. Aus einer ἐπιστολὴ περὶ φιλίας finden sich mehrere Fragmente im Florilegium, aber blos einmal einigermassen sicher unter Plutarchs Namen T. II p. 257, denn ein zweitesmal findet sich der Name nur am Rande der Gesnerschen Ausgabe T. II p. 229, ein drittesmal endlich in der Ausgabe des Trincavelli T. II p. 814, hat also keine kritische Gewähr.

4) κατὰ ἡδονῆς, Stob. Floril. T. I p. 151 sq.

5) κατ' ἰσχύος, ib. T. II p. 314.

6) κατὰ πλούτου, ib. T. III p. 189. 200.

7) ὅτι καὶ γυναῖκα παιδευτέον, ib. T. I p. 295 sq. II p. 140 (mit einer falschen Lesart wiederholt T. III p. 180). III p. 200. IV p. 104.

8) περὶ ἔρωτος, ib. T. II p. 375. 393. 407.

9) ὅτι οὐ κρίσις ὁ ἔρως, ib. T. II p. 391 sq. vielleicht von der vorigen Schrift nicht verschieden.

10) περὶ διαβολῆς, ib. T. I p. 313, vgl. de coh. ira c. 13. Mit dem Lemma Πλουτάρχου ἐκ τοῦ διαβάλλειν T. II p. 50. 78. Die erstere Stelle ist zu vergleichen mit an seni c. 7 p. 787 C, und daraus der lästige Hiat τὸν φθόνον ἔνιοι τῷ καπνῷ εἰκάζουσι durch die Lesart παρεικάζουσι zu beseitigen.

11) κατὰ εὐγενείας, ib. T. III p. 157, zwei Bruchstücke.

12) ὑπὲρ εὐγενείας, ib. T. III p. 165, wohl aus derselben Schrift, wie die vorigen. Ueber das Verhältniss dieser Fragmente zur Pseudoplutarchischen Schrift de nobilitate wird im folgenden Capitel die Rede sein.

13) περὶ ἡσυχίας, ib. T. II p. 347.
14) περὶ μαντικῆς, ib. T. II p. 357. Lamprias No. 69 nennt περὶ μαντικῆς, ὅτι σώζεται κατὰ τοὺς 'Ακαδημαϊκούς, und mit verändertem Titel No. 128: περὶ τοῦ μὴ μάχεσθαι τῇ μαντικῇ τὸν 'Ακαδημαϊκῶν λόγον.
15) περὶ ὀργῆς, ib. T. I p. 325. Sopater bei Photius.
16) ὑπὲρ κάλλους, ib. T. II p. 402.
17) μυθικὰ διηγήματα Julian. or. VII p. 227 A. Lamprias No. 44 μυθῶν βιβλία γ'.
18) πρὸς Ἐμπεδοκλέα βιβλία ι', Hippolyt. refut. haeres. V, 20 S. 208 der Göttinger Ausgabe. Lamprias No. 42 εἰς Ἐμπεδοκλέα περὶ τῆς ε' οὐσίας βιβλία ε', offenbar verdorben. Die Stelle des Hippolyt, welche in den Sammlungen Plutarchischer Fragmente noch keine Aufnahme gefunden hat, lautet: πρὸ γὰρ τῶν Ἐλευσινίων μυστηρίων ἔστιν ἐν τῇ Φλιοῦντι τῆς λεγομένης Μεγάλης ὄργια. ἔστι δὲ παστὰς ἐν αὐτῇ, ἐπὶ δὲ τῆς παστάδος ἐγγέγραπται μέχρι σήμερον ἡ πάντων τῶν εἰρημένων λόγων ἰδέα. πολλὰ μὲν οὖν ἐστὶ τὰ ἐπὶ τῆς παστάδος ἐκείνης ἐγγεγραμμένα, περὶ ὧν καὶ Πλούταρχος ποιεῖται λόγους ἐν ταῖς πρὸς Ἐμπεδοκλέα δέκα βίβλοις.
19) περὶ τῶν ἐν Πλαταιαῖς δαιδάλων, Euseb. praep. ev. III, 1. Wahrscheinlich aus derselben Schrift das kürzere Citat ib. III, 8.
20) Στρωματεῖς. Ein längeres Fragment, in welchem die kosmologischen Principien der ältesten Philosophen, aber auch des Epikur und Metrodor gegeben werden, zum Theil in der Art ganz flüchtiger Excerpte, ἀπὸ τῶν Πλουτάρχου Στρωματέων bei Euseb. pr. ev. I, 8. Nach Inhalt und Darstellung unplutarchisch.
21) Ὁμηρικαὶ μελέται. Gellius II, 8. 9 citirt aus dem

zweiten librorum, quos de Homero composuit. Den Griechischen Titel geben Schol. Eurip. Alc. v. 1150. Etym. M. v. *ἀνεμοτρεφὲς κῦμα* und Galen de dogm. Hippocr. et Platon. III, 2.

22) Scholien zu Hesiod. Plutarch wird vielfach in unsren Scholiensammlungen zu den Werken und Tagen als Kritiker und Exeget citirt. Eine Reminiscenz »apud Plutarchum in quarto in Hesiodum commentario« giebt Gellius XX, 8.

23) Scholien zu Arat. In unsren Arat-Scholien wird Plutarch achtmal citirt. Lamprias No. 117 nennt *αἰτίαι τῶν Ἀράτου διοσημειῶν*.

24) Scholien zu Nikanders Theriaca. Plutarch wird von Steph. Byz. v. *Κορώπη* unter den *ὑπομνηματίσαντες* Nikanders aufgeführt. Einmal wird er in unsren Scholien zu Ther. v. 94 citirt. Lamprias No. 118 giebt den Titel *εἰς τὰ Νικάνδρου Θηριακά*.

Nehmen wir zu den im bisherigen aufgezählten Schriften eine nicht unbedeutende Zahl Fragmenta sedis incertae, so erscheint der Umfang von Plutarchs schriftstellerischer Thätigkeit ausserordentlich. Wahrhaft colossal aber, wenn wir den angeblich von Plutarchs Sohne Lamprias verfassten Catalog der Schriften seines Vaters in's Auge fassen, welcher 210 Nummern aufweist, darunter zwar mehrere Schriften zweimal nennt, dafür aber auch mehrere Schriften, selbst solche, die in mehrere Bücher zerfallen, unter einer Numer zusammenfasst, obenein aber nicht einmal vollständig auf uns gekommen ist. Nun hat zwar A. Schäfer in seiner commentatio de libro vitarum decem oratorum Dresd. 1844 p. 27 gezeigt, dass dieser Catalog keineswegs von Plutarchs Sohne Lamprias, den es überhaupt nicht gegeben hat, auch nicht in Plutarchs Zeit, vielmehr nicht lange vor Suidas von einem späteren Grammatiker wahrscheinlich nach einer Byzantinischen Excerpten-Sammlung gemacht ist. Auch sind die Angaben der Titel, soweit wir sie mit den Titeln unsrer Handschriften oder glaubwürdiger Citate vergleichen können, keineswegs genau, und ächtes wird in buntem Durcheinander neben unächtem aufgeführt. Aber es berechtigt uns nichts, die Namen der Schriften geradezu für erdichtet zu halten, und es muss wenigstens die Möglichkeit zugestanden werden, dass Plutarch die in diesem Catalog angegebenen Schriften auch wirklich geschrieben hat, oder dass sie ihm wenigstens in der Zeit des Constantinus Porphyrogenetus, in der sie excerpirt wurden, beigelegt waren. Unter den 210 Numern des Lamprias geben nun 25 Numern die 50 noch jetzt vorhandenen Biographien, 64 Numern noch jetzt vorhandene moralische Abhandlungen, 24 Numern sind Titel von Schriften, Abhandlungen und Biographien, deren Existenz anderweitig bezeugt ist. Folglich bleiben immer noch 7 Biographien und mindestens 100 philosophische Schriften vermischten Inhalts. Bedenkt man nun ferner, dass der Catalog, wie gesagt, vor seinem Schlusse abbricht, dass keineswegs alle vorhandenen Schriften in ihm aufgezählt sind, dass auch manche von denen vermisst werden, deren Existenz uns anderweitig bekannt ist, so muss man in der That mit Suidas von einem ἄπειρον τῶν συντατ τομένων βιβλίων reden, und es wird auch von dieser Seite aus klar, dass ein Autor, der so massenhaft producirte, auf die Durcharbeitung seiner Schriften im einzelnen nicht viel Zeit verwenden konnte, dass er sich vielmehr begnügen musste, die Früchte augenblicklicher Studien von flüchtigen, keineswegs erschöpfenden Reflexionen begleitet zu Papiere zu bringen. Immerhin bleibt sein rastloser Fleiss, und die Fülle geistreicher Gedanken, die uns wenigstens in seinen grösseren Schriften entgegentritt, wahrhaft staunenswerth. Dass aber solche Schriftsteller, wie Plutarch und Favorinus, nur in einer Zeit auftreten konnten, in welcher ein reges, geistiges Interesse und ein starkes Verlangen nach encyklopädischer Bildung sich allgemein geltend machten, in einer Zeit, die nicht selbst schaffen konnte, aber die Gedankenschätze früherer Jahrhunderte in bequemer ansprechender Weise zu geniessen wünschte, und dass sie gerade es sind, welche uns das Verständniss der geistigen Bestrebungen ihrer Zeit erschliessen, ist klar.

Es würde unnütz sein die blosen Namen der Plutarchischen Schriften, sowohl der erhaltenen, als der blos aus Lamprias' Catalog bekannten hier aufzuschreiben. Im Allgemeinen genügt es in Bezug auf letztere zu bemerken, dass sie ebenso wie die vorhandenen Moralia in naturwissenschaftliche, historische, ästhetische, moralische und solcho zerfallen, die sich speciell auf Geschichte der Philosophie beziehen. Für Plutarchs persönliche Beziehungen interessant ist No. 129, eine ἐπιστολὴ πρὸς Φαβωρῖνον, ferner No. 198 ὁ πρὸς Δίωνα ῥηθεὶς ἐν Ὀλυμπίᾳ, wohl identisch mit der διάλεξις πρὸς Δίωνα unter No. 210. Vielleicht, dass auch No. 82 πρὸς Βιθυναὸν (oder Βιθυνὸν) περὶ φιλίας an Dio Chrysostomus gerichtet war und von der im obigen erwähnten ἐπιστολὴ περὶ φιλίας nicht verschieden ist. Unter den historisch-ästhetischen Schriften sind hervorzuheben No. 45 περὶ ῥητορικῆς βιβλία γ́, No. 58 περὶ ποιητικῆς, No. 85 εἰ ἀρετὴ ἡ ῥητορική, No. 104 πῶς δεῖ τοῖς σχολαστικοῖς γυμνάσμασι χρῆσθαι, No. 122 πῶς κρίνομεν τὴν ἀληθῆ ἱστορίαν, wohl identisch mit πῶς κρίνωμεν τὴν ἀλήθειαν unter No. 210, No. 162 χρησμῶν συναγωγή, No. 207 πρὸς τοὺς διὰ τὸ ῥητορεύειν μὴ φιλοσοφοῦντας. Unter den ethischen

Schriften tritt uns No. 112 ein παιδευτικός entgegen. Wer erinnerte sich hierbei nicht der trefflichen, ganz in Plutarchs Geiste gehaltenen Auseinandersetzung des Favorinus bei Gellius XII, 1? Unter den rein philosophischen Schriften begegnet uns allerlei, was gegen Stoa und Epikur gerichtet ist, vieles auf Plato bezügliche, und der Verlust dieser letzteren dürfte wohl für uns am meisten zu beklagen sein. Dahin gehören No. 61: περὶ τοῦ μίαν εἶναι τὴν ἀπὸ Πλάτωνος ἀκαδημίαν, No. 64: περὶ τοῦ γεγονέναι κατὰ Πλάτωνα τὸν κόσμον, No. 65: ποῦ εἰσὶν αἱ ἰδέαι, No. 66: πῶς ἡ ὕλη τῶν ἰδεῶν μετείληφεν [ὅτι τὰ πρῶτα σώματα ποιεῖ], No. 68: πρὸς Ἡλκιδάμαντα ὑπὲρ τοῦ Πλάτωνος Θεάγους, ⬤ 209: τί τὸ κατὰ Πλάτωνα τέλος. Interessante Titel geben ferner No. 62: περὶ τῆς διαφορᾶς τῶν Πυρρωνείων καὶ Ἀκαδημαϊκῶν (vgl. Gell. XI, 5, 6), No. 43: περὶ τῆς εἰς ἑκάτερον ἐπιχειρήσεως βιβλία ε', No. 103: περὶ τοῦ τὸν βίον ἐοικέναι κυβείᾳ — bekanntlich ein Platonischer Ausspruch, No. 198: εἰ ἄπρακτος ὁ περὶ πάντων ἐπέχων. Höchst bemerkenswerth ist aber der Umstand, dass sich Plutarch nur in ganz geringem Umfange mit Aristoteles befasst zu haben scheint. Denn der Catalog des Lamprias weist nur zwei auf Aristoteles bezügliche Titel auf, No. 54: περὶ τῶν Ἀριστοτέλους τοπικῶν βιβλία η', und No. 182: διάλεξις περὶ τῶν δέκα κατηγοριῶν, denn dass sich auch noch No. 183: περὶ προβλημάτων auf die Aristotelischen Probleme beziehe, ist doch nur eine ganz entfernte Möglichkeit.

Zu einer Darstellung der philosophischen Ansichten Plutarchs ist demnach das Material unter steter Berücksichtigung der Biographien aus der grossen Zahl der moralischen Schriften und der Fragmente zu entnehmen, soweit diese eben nicht rein historischen oder naturwissenschaftlichen, überhaupt unphilosophischen Inhalts sind. Dies ist bei den Quaestiones Graecae et Romanae, den Apophthegmen, dem grössten Theil der Tischgespräche, den vitae decem oratorum, den Schriften de Herodoti malignitate, de primo frigido, aquane an ignis, den quaestiones naturales der Fall. Ferner müssten der Tractat de metris, die proverbia Alexandrina, de vita et poesi Homeri unberücksichtigt bleiben, auch wenn sie ächt wären. Es sind aber auch von den Schriften philosophischen Inhalts mehrere von der Betrachtung auszuschliessen, weil sie unächt, oder wenigstens der Unächtheit im höchsten Grade verdächtig sind. Und dieser Umstand veranlasst mich meine Ansicht über alle diejenigen Schriften in der Sammlung der Moralia, die ich auf Grund des bereits von andern gesagten oder eigner Beobachtungen und Bemerkungen für unächt halte, im Zusammenhange mitzutheilen. Mögen dann andere dieselbe prüfen, berichtigen und vervollständigen. Wenn ich mich aber dabei überwiegend auf sachliche Bemerkungen beschränke und die sprachliche Seite der Untersuchung zurücktreten lasse, so hat dies einmal darin seinen Grund, dass die sachlichen Gründe in den meisten Fällen über Aechtheit oder Unächtheit einer Schrift genügend entscheiden, dann aber verlangt es die Natur meines Buches, welches auf eine umfassende und eingehende Darlegung des Plutarchischen Sprachgebrauchs nach seiner lexikalischen und grammatischen Seite von vornherein nicht angelegt ist. Ohne eine solche aber bleiben aphoristische sprachliche Bemerkungen ohne rechten Werth und überzeugende Kraft.

Neben dem sachlichen und sprachlichen ist aber auch noch die Plutarchische compositio verborum, im Sinne der alten Techniker, in's Auge zu fassen, und es ist bei der Frage

nach der Authentie der einzelnen Schriften als von einer
sicheren Grundlage meines Erachtens von der Thatsache aus-
zugehen, dass Plutarch in allem, was er geschrieben hat, aufs
sorgfältigste bemüht gewesen ist, den Hiat zu vermeiden, soweit sich derselbe nicht durch Elision, sei es bei der Schrift
oder der Aussprache, beseitigen lässt, oder durch bestimmte
Fälle entschuldigt wird, und somit als gesetzmässig erscheint.
Liegt bei einem Hiat eine solche Entschuldigung nicht vor,
so ist die Stelle als irgendwie verdorben zu betrachten, und
der Hiat durch Emendation zu beseitigen. Zeigt sich aber,
dass in einer ganzen Schrift auf die Vermeidung des Hiats
gar keine Rücksicht genommen ist, so beweist dies, dass ihr
Verfasser in der Composition andere Grundsätze befolgte als
Plutarch, dass die Schrift mithin von Plutarch nicht verfasst
ist. Es ist undenkbar, dass Plutarch, wenn er eine Zeit lang
den Hiat vermied, ihn wieder eine Zeit lang nicht vermieden
haben sollte, um nochmals zu seiner früheren Compositions-
weise zurückzukehren. Allerdings ist es möglich, dass Plutarch
erst in späteren Jahren auf den Einfall gekommen ist, den
Hiat zu vermeiden, während er ihn in einer früheren Periode
seiner Schriftstellerei, etwa in seinen »Jugendschriften« zu-
gelassen hatte, aber es ist dies wenig wahrscheinlich. Denn
die Compositionsgesetze, die ein alter Autor befolgt, beruhen
offenbar auf der rhetorischen Vorbildung, die er genossen hat,
diese aber war längst abgeschlossen, wenn er sich zu selbständigen schriftstellerischen Arbeiten entschloss. So lange
sich daher nicht mit völliger Evidenz nachweisen lässt, dass
eine ohne Vermeidung des Hiatus componirte Schrift den
jugendlichen Plutarch, d. h. Plutarch in den Anfängen seiner
schriftstellerischen Thätigkeit zum Verfasser haben muss, so

lange muss auch die Schrift als unächt betrachtet werden,
mögen nun andere aus Inhalt oder Sprache entnommene
Gründe dies Verwerfungsurtheil bestätigen oder nicht. Umgekehrt aber beweist die Vermeidung des Hiat in einer als
Plutarchisch überlieferten Schrift, noch keineswegs deren
Aechtheit, sobald diese aus andern Gründen als fraglich erscheint, denn mit der Vermeidung des Hiat steht Plutarch
unter den alten Autoren keineswegs vereinzelt da.

Die Thatsache aber, dass Plutarch innerhalb gewisser
Grenzen den Hiat sorgfältig vermieden hat, ist zuerst beob-
achtet und nachgewiesen worden von Gustav Benseler, de
hiatu in scriptoribus Graecis. Pars I. Freiberg 1841. S. 314 ff.
Für Plutarchs Biographien ist sie in ihrer Richtigkeit bestätigt worden durch Sintenis, de hiatu in Plutarchi vitis
parallelis epistola ad Hermannum Sauppium, Zerbst 1845,
wieder abgedruckt im vierten Bande seiner kritischen Ausgabe der Biographien, Leipz. 1846.*) Für die moralischen
Schriften werden endgültige Untersuchungen über den Hiat,
soweit es sich dabei zugleich um Emendation verdorbener
Stellen handelt, erst auf Grund eines ausreichenden kritischen
Apparats angestellt werden können, an dem es ja leider noch
immer fehlt. So viel aber ist durch verschiedene Bemerkungen
Doehners in seinen vortrefflichen Quaestiones Plutarcheae,
sowie die nützliche Dissertation von Jacob Schellens de hiatu
in Plutarchi moralibus, Bonn. 1864 auch ohne genügenden
Apparat erwiesen, dass Benselers Behauptung auch für die
meisten moralischen Schriften ihre völlige Gültigkeit hat. Es
ist daher völlig lächerlich, diese Thatsache noch irgendwie

---

*) Dazu mantissa observationum crit. in Plut. Zerbst 1852 und die Ab-
handlung im Philologus T. VIII S. 142 ff.

bezweifeln oder als unwesentlich ignoriren zu wollen. Vielmehr hat man in ihr ein willkommenes Kriterium anzuerkennen, mittelst dessen wenigstens ein Theil der unächten Schriften erkannt werden kann, zumal wenn man bedenkt, dass die meisten der bereits aus sachlichen Gründen dem Plutarch abgesprochenen Schriften, auch solche sind, in denen der Hiat vernachlässigt ist.

Benseler hat nämlich alle Schriften Plutarchs in drei Classen getheilt. Zur ersten Classe rechnet er nächst den Biographien alle diejenigen Abhandlungen, in denen abgesehen von solchen Hiaten, die, sei es mit Hülfe besserer Handschriften, oder durch eine ganz leichte Emendation, sich beseitigen lassen, oder die nach den schon von ihm wenn auch noch nicht völlig genau statuirten Ausnahmegesetzen nichts anstössiges haben, wenige oder gar keine übrig bleiben. Zur zweiten Classe rechnet er alle die Schriften, in denen der Hiat nicht vermieden ist, die demnach als unächt zu betrachten sind. Es sind dies der Tractat über Metra, die proverbia Alexandrina, die Schriften de fluviis, de nobilitate, de vita et poesi Homeri, de vitis decem oratorum, die amatoriae narrationes, consolatio ad Apollonium, parallela minora, apophthegmata Laconica, instituta Laconica, apophthegmata Lacaenarum, endlich die Schrift de fato, die placita philosophorum und der Dialog de musica. Es sei keine Schrift darunter, etwa von der Schrift de musica abgesehen, und in Betreff dieser irrte Benseler, die nicht schon aus andern Gründen dem Plutarch abgesprochen worden. Zur dritten Classe rechnet er diejenigen Schriften, in denen zwar zahlreichere und schlimmere Hiate angetroffen werden, als in den ächten Schriften, ohne dass man jedoch darum behaupten könne, die Verfasser hätten

sich den Hiat durchgängig erlaubt. Es sind dies die Schrift
de aere vitando alieno, die apophthegmata regum et imperatorum, das convivium septem sapientum, die Abhandlungen
de garrulitate, de puerorum educatione und de communibus
notitiis contra Stoicos. Man könne diese Schriften dem Plutarch nicht ohne weiteres absprechen, wie etwa die der
zweiten Classe, müsse sie aber als im höchsten Grade verdächtig bezeichnen, um so mehr als bei mehreren derselben
noch andere Gründe der Unächtheit dazukommen.

Die Unächtheit der Schrift de fluviis und der von demselben Verfasser herrührenden parallela minora ist, nachdem bereits frühere Gelehrte wie Sigism. Gelenius, Vossius,
Caspar Barth und andere dieselbe behauptet hatten, in schlagender Weise von Rud. Hercher in der Vorrede seiner Ausgabe der ersteren, Leipz. 1851 dargethan.[*] Desgleichen die Unächtheit der vitae decem oratorum von Arnold Schäfer
in einem Dresdner Programm v. J. 1844. Die apophthegmata
Laconica, instituta Laconica, apophthegmata Lacaenarum müssen
im Zusammenhang mit den regum et imperatorum apophthegmata betrachtet werden. Hinsichtlich der übrigen von Benseler
für unächt oder verdächtig erklärten Schriften habe ich im
einzelnen folgendes zu bemerken.

[*] Hercher nimmt an, der Verfasser beider Schriften habe wirklich
Plutarch geheissen, und unter Trajan und Hadrian gelebt, zu welcher Zeit
sich die Grammatiker mit der Fabrication ähnlicher Schriftstücke über die
veränderten Benennungen von Leuten, Städten, Flüssen, Bergen und deren
angeblichen Gründen befassten. Die Existenz eines jüngeren Grammatikers
Plutarch ist bezeugt durch Tzetz. ad Lycophr. 653. Chil. I, 843. Nach Wenrich de auct. Graec. vers. p. 226 erwähnen die Arabischen Litteratoren Mohammed ben Ishak und Dechemaluddin ausser dem Chäroneneer Plutarch,
noch einen andern gleichzeitigen Philosophen dieses Namens, und nennen
ausdrücklich unter dessen Schriften ein Buch de fluminibus eorumque
proprietatibus.

ZWEITES CAPITEL.

Der Tractat de metris, der unter Plutarchs Namen aus einer Pariser Handschrift zuerst von Villoison herausgegeben ist, ist das elende Machwerk eines Byzantinischen Compilators, das in einer bald kürzeren bald längeren Fassung auch sonst mehrfach existirt. Unter dem Namen des Elias Cretensis gab ihn del Furia in einem Anhang zum Draco Stratonicensis Leipz. 1814 heraus. Sein erster Theil steht auch in den Byzantinischen Scholien zum Hephästion, S. 167. 171 der Westphalschen Ausgabe. In einigen anderen Handschriften wird er dem Herodian beigelegt. Vgl. darüber die Abhandlung von W. Studemund der Pseudo-Herodianische Tractat über die εἴδη des Hexameter in Jahn's Jahrbüchern 1867 S. 609 ff.

Die zuerst von J. Gronov aus einer sehr schlechten Florentiner Handschrift veröffentlichten Proverbia Alexandrina, παροιμίαι αἷς 'Αλεξανδρεῖς ἐχρῶντο, sind ein dürftiger Auszug aus einer grösseren Sprichwörter-Sammlung und enthalten so gut wie nichts, was nicht auch im Zenobius und Diogenian entweder wörtlich gleichlautend oder in ausführlicherer Fassung zu finden wäre. Diese beiden Grammatiker fertigten bekanntlich unter Hadrian ihre Auszüge aus den umfangreicheren Werken des Lucillius von Tarrha und Didymus, brachten die Sprichwörter in alphabetische Reihenfolge und dienten nun ihrerseits allen späteren Compilatoren zur Grundlage. Die Plutarchischen Sprichwörter sind nicht alphabetisch geordnet und man könnte daher in ihnen immerhin einen etwas früher, also wirklich in Plutarchs Zeit fallenden Auszug aus denselben Quellen vermuthen. Auf keinen Fall aber können sie den Chäronenser Plutarch zum Verfasser haben, der sich mit einer so dürftigen Zusammenstellung nicht begnügt haben würde. Nach dem Catalog des Lamprias hatte Plutarch ausser den proverbia Alexandrina auch eine Sprichwörter-Sammlung in zwei Büchern verfasst. Aber desbalb braucht man nicht mit Schneidewin in der Vorrede zum Corpus paroemiogr. Graec. T. I p. XXXV anzunehmen, dass ein Betrüger den Umstand, dass der durch eine Sprichwörter-Sammlung berühmte Name Plutarchs seinem eigenen Machwerk zur Empfehlung dienen konnte, gemissbraucht habe. Vielleicht hiess der Grammatiker, der die in Rede stehende Sammlung aus Didymus und Lucillius epitomirt hat, wirklich Plutarch und es trifft blos die neueren Gelehrten, so gut wie den angeblichen Lamprias, ein Vorwurf, dass sie diesen Plutarch ohne weiteres mit dem Chäronenser identificirten.

Die Schrift de nobilitate, Πλουτάρχου ὑπὲρ εὐγενείας, ist aus einer im Besitz des Kopenhagener Professor Gramm befindlichen Handschrift des 15. Jahrhunderts, zuerst herausgegeben von Joh. Christ. Wolf Anecd. Graec. T. IV p. 173 ff. In dieser Handschrift fehlten nach Wolfs Angabe sämmtliche Citate aus den alten Schriftstellern, die den grösseren Theil des Buches ausmachen, jedoch war der Ausfall derselben allemal durch ein Zeichen bemerklich gemacht. Wolf hat nun diese Citate, wie er sagt nach Anleitung der i. J. 1556 zu Lyon bei Sebastian Gryphius erschienenen lateinischen Uebersetzung des Buches von Arnoldus Ferronus Burdegalensis[*], aus den neueren Ausgaben der citirten Autoren zusammen-

---

[*] In den mir zu Gebote stehenden bibliographischen Handbüchern habe ich keine Notiz von dieser Ausgabe gefunden.

gesucht und dem Plutarchischen Texte einverleibt. Die ganze
Schrift ist aber augenscheinlich das Werk eines unverschämten
Betrügers. Ihr Verfasser hatte das Florilegium des Stobäus
gelesen, und darin zwei Stellen aus einer Schrift Plutarchs
κατὰ εὐγενείας, eine aus einer Schrift ὑπὲρ εὐγενείας gefunden.
Unter der vielleicht nicht falschen Voraussetzung nun, dass
diese drei Stellen ein und derselben Plutarchischen Schrift angehörten, unternahm er auf eigne Faust deren Reconstruction
in der Weise, dass er die dritte Stelle an die Spitze seines
Machwerks setzte, andere Stellen verwandten Inhalts aus
Stobäus, jedoch bisweilen unter dem Namen anderer Schriftsteller als denen sie angehören, damit verband, und diesen
Mischmasch mit ellenlangen Citaten aus Homer und Euripides,
ganzen Capiteln aus Herodot, Aristoteles und einigen Citaten
eigner Erfindung verquickte. Man braucht nur ein Paar Seiten
seiner Schrift zu lesen, um sofort den plumpen Betrug zu
entdecken. Die Graecität derselben ist aber eine so barbarische,
sie wimmelt so sehr von den gröbsten Solöcismen, ist endlich,
wie dies bereits Wyttenbach bemerkt hat, so auffällig mit
Latinismen gespickt, und enthält so wunderbare Anklänge an
Stellen Lateinischer Autoren[*]), dass sich dem aufmerksamen
Leser unwillkürlich die Ueberzeugung aufdrängt, dasjenige
was Gramm und Wolf für das Werk eines alten Autors gehalten haben, sei nichts als eine in jüngster Zeit von einem
höchst mittelmässigen Kenner des Griechischen nach einem

---

[*]) So sind auch die Worte in c. 13: ἐκείνη ἡ ὑμετέρα πρόνοια χρησμο-
λόγος γραῦς mit Rücksicht auf Cic. de nat. deor. I, 8, 18 geschrieben, und
dürfen nicht mehr als Beleg angeführt werden, dass Cicero den spöttischen
Ausdruck »anum fatidicam« ohne Zweifel bei Griechischen Vorgängern gefunden habe.

lateinischen Texte angefertigte Uebersetzung, so dass also eine doppelte Fälschung uns vorliegt.*)

Die Schrift de vita et poesi Homeri besteht aus zwei Bestandtheilen, die nur durch Zufall in den Handschriften und Ausgaben vereinigt sind, einem kurzen βίος Ὁμήρου aus byzantinischer Zeit, den man durch nichts berechtigt ist für einen Auszug aus einem verloren gegangenen grösseren Werk zu halten, und einer lesenswerthen und sehr interessanten Abhandlung eines späten Grammatikers über Homer und Homerische Poesie. Vgl. M. Sengebusch dissert. Homer. prior p. 5. Dass der erstere Tractat nichts mit Plutarch zu thun hat, ist selbstverständlich. Aber auch die eigentliche Abhandlung rührt nicht von ihm her. Ihr Verfasser geht darauf aus den Beweis zu führen, dass schon in Homer die Keime aller späteren Künste und Wissenschaften enthalten sind, und wendet dazu die bei den Stoikern beliebte Art der allegorischen Erklärung an, welche von Plutarch in der Schrift de audiendis poetis ausdrücklich verworfen wird. Er war ferner ein Grammatiker und Rhetor von Profession, wohl bewandert in dem Detail der Technologie. Die rhetorische Terminologie, die er zu Grunde legt, ist die in der Schule des Hermogenes übliche, wenigstens bedient er sich des Begriffs πολιτικὸς λόγος in dem Sinne, wie ihn Hermogenes fixirt hat,

---

*) Zu dem obigen vergleiche man die Bemerkungen von J. Bernays in der vortrefflichen Schrift: die Dialoge des Aristoteles in ihrem Verhältniss zu seinen übrigen Werken. Berlin 1863. S. 14. 140. Die letztere Stelle wird eingeleitet mit den Worten »die den Kennern jetzt genugsam bekannten Fabrikzeichen des Fälscherunfugs, welcher zur Zeit der wiederauflebenden Wissenschaften besonders in Italien grassirte, werden aller Orten bemerklich in dem Machwerk ὑπὲρ τυραννείας, das sich für plutarchisch ausgiebt.«

wie er aber dem Plutarch fremd war*), auch seine Definitionen
der Tropen und Figuren sind ganz die der späteren Zeit.
Mit Vorliebe weist er gerade Stoische Philosopheme im Homer
nach. Man sehe c. 118. 127. 130. 134. 136. 143. 144. 212.
Dies würde Plutarch, ein entschiedner Gegner der Stoiker,
nun und nimmer gethan haben. Und wenn als die drei Grundformen der Staatsverfassung in c. 182 Königsherrschaft ($\beta\alpha\sigma\iota\lambda\epsilon\iota\alpha$), Aristokratie, Demokratie, als ihre drei Parekbasen Tyrannis, Oligarchie, Ochlokratie aufgestellt werden, so will auch
das nicht zu Plutarch stimmen, welcher, wie wir noch sehen
werden, Monarchie, Oligarchie, Demokratie als die drei Grundformen, als ihre Entartungen Tyrannis, Dynastenherrschaft
und Ochlokratie bezeichnet. Was endlich am Schlusse der
Schrift über die Verwendung von Homerversen zu Orakeln
und über Homercentonen gesagt wird, weist doch wohl auch
auf eine spätere Zeit als die Plutarchische hin. Dazu kömmt,
dass die ganze Darstellung der Schrift mit ihrer knappen
Nüchternheit in gar nichts an die behagliche Breite der Plutarchischen Ausdrucksweise erinnert.

Bekanntlich hat R. Schmidt in einer Programmabhandlung v. J. 1850 die Pseudo-Plutarchische Schrift dem Porphyrius beigelegt. Allein Bernhardy hat sich von der Richtigkeit seiner Beweisführung nicht zu überzeugen vermocht**).
Auch andere haben sich gegen dieselbe erklärt, so B. L. Gildersleeve de Porphyrii studiis Homericis, Getting. 1853 und
J. Wollenberg de Porphyrii studiis Homericis, Berol. 1854.
Beide Abhandlungen sind mir jedoch nicht zu Gesicht gekommen. Meine Ansicht von der Sache ist in der Kürze folgende:

*) Vgl. praec. reip. ger. c. 6.
**) Gesch. der Griech. Litteratur II, 1 (1856) S. 163.

Wir wissen, dass Porphyrius, der Schüler des Philologen Longin und des Philosophen Plotin, eine genaue Kenntnis der Grammatik und Rhetorik mit einer eingehenden Bekanntschaft der Platonischen Philosophie verbunden und sich eingehend mit der Erklärung des Homer befasst hat, dass er ferner bei seinen Homerstudien von einer anfänglich nüchternen Wort- und Sacherklärung allmälig zu einer höheren allegorischen Auslegungsweise fortgeschritten ist. Grammatischer Art waren seine ζητήματα Ὁμηρικά, von denen 32 vollständig auf uns gekommen sind, andre in den Homerischen Scholien in Bruchstücken erhalten sind. An diese ζητήματα schloss sich ein grösseres Werk über Homerische Probleme, gleichfalls grammatischen, zum Theil historischen Inhalts. Philosophischer Art waren seine zehn Bücher περὶ τῆς ἐξ Ὁμήρου ὠφελείας τῶν βασιλέων. Die historische und philosophische Art der Auslegung finden wir in der erhaltenen Schrift über den Styx angewandt. Rein allegorisch ist die Abhandlung über die Grotte der Nymphen. Ferner verfasste Porphyrius nach Suidas eine Schrift περὶ τῆς Ὁμήρου φιλοσοφίας. Auch seine Commentare zu Homer, welche Macrobius im Somn. Scip. I, 3 erwähnt, scheinen philosophischer Art gewesen zu sein. Ihm legt nun Schmidt auch die unter dem Namen des Heraklit vorhandene Schrift über Homerische Allegorien bei, hauptsächlich deshalb, weil drei derselben entlehnte Capitel in den Homer-Scholien den Namen des Porphyrius an der Spitze tragen. Bedenkt man aber, dass auch andere Theile der Schrift ohne den Namen eines Verfassers in den Scholien stehen, ein Capitel ausdrücklich unter dem Namen des Heraklit citirt wird (Schol. B zu O 21), und zwar in derselben Scholiensammlung, welche zu M 27 und E 346 Heraklitisches unter dem Namen des Porphyrius giebt, so erscheint Schmidts Beweis als unzureichend und hinfällig. Mit demselben Rechte wenigstens liesse sich behaupten, Heraklit habe wörtlich Stücke aus Porphyrius seiner Schrift einverleibt. Nun behauptet Schmidt ferner, zwischen diesen Homerischen Allegorien des Heraklit und der Pseudo-Plutarchischen Schrift de vita et poesi Homeri finde eine wunderbare Verwandtschaft statt, so dass wer die eine dem Porphyrius beilege, ihm nothwendig beide beilegen müsse. Aber hier geht Schmidt in seiner Behauptung zu weit. Denn die Sache läuft darauf hinaus, dass die meisten allegorischen Erklärungen der Plutarchischen Schrift sich auch im Heraklit finden, und zwar dem Inhalte nach übereinstimmend, keineswegs aber in der Ausführung und Darstellung, denn Heraklit schreibt gespreizt und mit schwülstiger Weitschweifigkeit, Pseudo-Plutarch einfach und nüchtern. Dies giebt auch Schmidt auf S. 22 seiner Abhandlung selbst zu und zwar mit folgender Erklärung: »scilicet is unus auctor, quem theologicae istae quaestiones allegoriarum aucupio iamiam prorsus confidenter utentem ac veluti immersum ostendunt, eundem in hoc nostro libro non sine quadam haesitatione etiamtum prima velut fundamenta iacere videmus eius artis, qua nisus aliquanto post Homeri erga numina divina pietatem erat defensurus.« Aber wenn dem so ist, und dem ist wirklich so, dann wird man nicht mehr mit Schmidt von einer wunderbaren Verwandtschaft zwischen beiden Schriften reden, nicht mehr behaupten können, die Homerischen Allegorien gehörten mit der Plutarchischen Schrift untrennbar zusammen. Man hat sich vielmehr dahin zu bescheiden, dass Pseudo-Plutarch bei seiner allegorischen Interpretation aus derselben Quelle schöpfte wie Heraklit. Diese Quelle kann Porphyrius gewesen sein, aber mit Bestimmtheit wird sich dies erst dann behaupten lassen, wenn einmal eine kritische Geschichte der allegorischen Interpretation des Homer im Alterthum geschrieben sein wird. Denn auch Porphyrius schloss sich bei seinen Erklärungen unzweifelhaft an ältere Vorgänger an. Auch die anderen Beweise, die Schmidt S. 24 ff. für seine Ansicht beigebracht hat, geben kein andres Resultat, als dass unser Verfasser nach Porphyrius geschrieben und diesen benutzt hat, oder dass beide aus einer älteren Quelle schöpften, keineswegs aber zeigen sie, dass der Verfasser Porphyrius selbst sei.

Auf eine Untersuchung darüber, ob das, was im ersten Theile der Schrift (nicht im βίος) über das Leben und das Vaterland des Homer berichtet wird, mit dem stimmt, was wir sonst von den Ansichten des Porphyrius über diese Punkte wissen, hat sich Schmidt nicht eingelassen, ebenso wenig auf eine Prüfung der vorgebrachten grammatischen und rhetorischen Gelehrsamkeit,*) auf die in den citirten Homerversen befolgten Lesarten, auch hat er Stil und Darstellung mit Stillschweigen übergangen, nur dass er die unverkennbare Verschiedenheit zugiebt, die in dieser Beziehung zwischen Heraklit und Pseudo-Plutarch vorhanden ist. Es ist aber auch mit voller Bestimmtheit zu behaupten, dass der Stil der Abhandlung auch nicht das mindeste mit dem Stil des Porphyrius gemein hat, wie wir ihn aus den Schriften über Enthaltsamkeit, über den Styx, die Grotte der Nymphen und den Fragmenten der Geschichte der Philosophie kennen lernen. Nun befindet sich aber gerade im ersten Theile der Abhand-

---

*) Letztere ist nicht unbedeutend. Das in c. 74 ff. über die ἀφορμαί der Erzählung gesagte dient zur Erläuterung von Quintilian III, 6, 25 ff.

lung eine Stelle, durch welche Schmidts ganze Ansicht in Frage gestellt wird. Es heisst nämlich in c. 3 über die Zeit Homers: ἀλλὰ παρὰ τοῖς πλείστοις πεπίστευται μετὰ ἔτη ἑκατὸν τῶν Τρωικῶν γεγονέναι, οὐ πολὺ πρὸ τῆς θέσεως τῶν Ὀλυμπίων ἀφ' ἧς ἡ κατὰ ὀλυμπιάδας χρόνος ἀριθμεῖται. Die Ansicht des Porphyrius über die Zeit Homers war aber nach Suidas v. Ὅμηρος eine ganz andere: γέγονε πρὸ τοῦ τεθῆναι τὴν πρώτην ὀλυμπιάδα πρὸ ἐνιαυτῶν νζ'. Πορφύριος δὲ ἐν τῇ φιλοσόφῳ ἱστορίᾳ πρὸ ρλβ' φησίν. ἐτέθη δὲ αὕτη μετὰ τὴν Τροίας ἅλωσιν ἐνιαυτοῖς ὕστερον υζ'. τινὲς δὲ μετὰ ρξ' μόνους ἐνιαυτοὺς τῆς Ἰλίου ἁλώσεως τετέχθαι ἱστοροῦσιν Ὅμηρον. ὁ δὲ ῥηθεὶς Πορφύριος μετὰ σοε'. Diese Schwierigkeit hat G. Wolff berührt Porphyr. de philos. ex orac. haurienda p. 25, nicht aber um Schmidts Ansicht zu widerlegen, sondern um die angezogenen Worte der Abhandlung zu verbessern. Wenn der Dichter, sagt er, hundert Jahre nach der Zerstörung Troja's geboren wurde, so konnte nicht gesagt werden, er sei nicht lange vor Einsetzung der Olympischen Spiele geboren. Denn mochte der Autor Troja's Einnahme mit den Alexandrinern in das Jahr 1184, oder mit Theopomp und Ephorus in das Jahr 1208 setzen, immer bleibt zwischen Homer und dem Anfang der Olympiaden ein Zwischenraum von mehr als 300 Jahren. Demnach muss in den Worten der Abhandlung etwas fehlen. Es lässt sich dies ergänzen aus Suidas v. Ἡσίοδος: Πορφύριος καὶ ἄλλοι πλεῖστοι νεώτερον (nämlich den Hesiod im Verhältnis zu Homer) ἑκατὸν ἐνιαυτοῖς ὁρίζουσιν, ὡς λβ' μόνους ἐνιαυτοὺς συμπροτερεῖν (αὐτὸν προτερεῖν will Wolff gelesen haben) τῆς πρώτης ὀλυμπιάδος — und es ist demnach in der Abhandlung zu schreiben: μετὰ ἔτη σοε' ἐκ τῶν Τρωικῶν γεγονέναι, [Ἡσίοδον δὲ] οὐ πολὺ κτλ. Aber das heisst nicht einen

alten Schriftsteller emendiren, sondern interpoliren. Ueberdies
konnte Porphyrius nicht schreiben, es sei die allgemein verbreitete Annahme, dass Homer 275 Jahre nach Troja's Zerstörung gelebt habe, was doch nur die Ansicht einiger wenigen
war, der er sich selbst anschloss. Auch die Art, wie M. Sengebusch schon vor Wolff in seiner dissert. Homer. pr. p. 5 die
fragliche Stelle behandelt hat, kann ich nicht billigen. Doch
verlohnt es sich für mich nicht der Mühe, darauf näher einzugehen, ebenso wenig als auf die wunderlichen Behauptungen,
die über die Pseudoplutarchische Schrift bei Lauer Gesch. der
Homer. Poesie S. 71 f. zu lesen sind. Von der Bemerkung
Dübners praef. opp. Plut. vol. V p. XIII über das Zeitalter
ihres Verfassers, der in Od. ε 300 εἴπῃ statt εἶπεν las, »εἶπεν
apud Homerum. de aetate huius grammatici locus notabilis«
habe ich keinen Gebrauch machen können.

Die amatoriae narrationes sind ohne Angabe von
Gründen von Wyttenbach für unächt erklärt worden. Winckelmann bemerkt S. 249 seiner Ausgabe: »has eroticas narrationes — quibus rationibus motus Plutarchi esse negaverit Wyttenbachius non exputo« und in Folge dessen hielt sich W. Rösch
in seiner deutschen Uebersetzung der Liebesgeschichten zu
der Bemerkung berechtigt: »die von Wyttenbach erhobenen
Zweifel gegen die Aechtheit dieser Schrift erkennt Winckelmann nicht an.« Neuerdings schrieb M. Dinse in Fleckeisens
Jahrbüchern 1866 S. 519: »die ἐρωτικαὶ διηγήσεις, eine kleine
Sammlung, welche Wyttenbach in einer kurz hingeworfenen
Bemerkung ohne Begründung für unplutarchisch erklärt hat.
Ein solches Urtheil von einem der gründlichsten Kenner
Plutarchs verdient gewiss Beachtung; wir bekennen aber,
dass Ton und Sprache dieser Erzählungen, Momente, die für

die Untersuchung der Aechtheit Plutarchischer Schriften in
erster Linie stehen müssen, für uns keinen Zweifel an der
Autorschaft Plutarchs gestatten, wie wir denn überhaupt diese
Frage — unerwähnt gelassen hätten, hätte nicht neuerdings
J. Schellens in seiner dissertatio de hiatu in Plutarchi moralibus S. 3 wegen des häufigen Vorkommens des Hiatus, also
aus demselben Grunde, wie vor ihm auch Benseler, wiederum
die Unächtheit der Schrift behauptet.«

Allein Wyttenbachs Urtheil ist aufrecht zu erhalten und
lässt sich durch Gründe unterstützen. Zunächst ist es unstatthaft über den Hiat so trocknen Fusses hinwegzugehen.
Er ist in diesem Schriftchen, das ja nur einen Umfang von
fünf nicht allzu grossen Capiteln hat, vollständig vernachlässigt. Denn abgesehen von allen den Fällen, wo er sich
nach den sonst bei Plutarch gültigen Gesetzen irgendwie entschuldigen lässt, auffallend häufig und gegen Plutarchs Gewohnheit findet er sich vor einem Punkte, so bleiben mindestens 37 Hiate der schlimmsten Art übrig. Man sehe in
der Pariser Ausgabe p. 943, 23. 27. 32. 34. 36. 37. 42. 43.
944, 2. 10. 16. 23. 26. 30. 34. 36. 42. 48. 53. 945, 21. 24.
26. 32. 34. 40. 44. 946, 5. 11. 13. 28. 45. 51. 947, 2. 8.
11. 13. 19. 20. 25. 31. 34. 46. 47. 948, 1. Ferner weisen
Ton und Sprache der Erzählung meines Erachtens gar nichts
auf, was irgendwie an die Schreibweise Plutarchs erinnerte,
sie sind in ihrer ganzen breit gehaltenen Fassung seiner unwürdig und enthalten nirgends etwas von philosophischer
Reflexion. Besonders auffallend ist aber der Schluss der in
c. 3 sehr ausführlich berichteten Geschichte von Skedasus und
dessen Töchtern. Er stimmt durchaus nicht zu dem Bericht
von demselben Ereigniss, den Plutarch im Leben des Pelopidas

c. 20 ff. giebt. Hier erscheint Skedasus dem Pelopidas vor der Schlacht bei Leuktra, als die Lacedämonier bereits in Böotien stehen, im Traume mit der Weisung, seinen Töchtern eine blonde Jungfrau zu opfern, wenn er die Feinde besiegen wolle. Ueber dies Gesicht erschrak Pelopidas nicht wenig. Von den Sehern und Heerführern, denen er dasselbe mittheilte, meinten einige, man müsse die Weisung erfüllen, unter Berufung auf ähnliche Vorfälle der Sage und Geschichte. Andre dagegen wollten davon nichts hören. Ein solches Opfer könne nimmermehr den Göttern gefallen, wenn aber böse Dämonen derartige Opfer verlangten, so habe man sich daran nicht zu kehren. Während nun Pelopidas noch unschlüssig war, was zu thun sei, riss ein junges Stuten-Füllen aus einer in der Nähe befindlichen Heerde sich los, lief auf die Anwesenden zu und blieb vor ihnen stehen. Das Haar seiner Mähne erglänzte in einem röthlichen Schein. Da erklärte sofort der Seher Theokritus, dies. und kein andres sei das verlangte Opferthier, auf eine andere Jungfrau habe man nicht zu warten, und so wurde das Thier alsbald an den Gräbern der Skedasus-Töchter geopfert. Man begreift, wie die Sage in dieser Gestalt mit ihrer befriedigenden Lösung den frommen Plutarch, der von den Göttern alles anthropopathische fern zu halten bemüht war und nicht müde wird, bei allen Gelegenheiten auf eine Scheidung der Götter von den Dämonen zu dringen, interessiren musste.

Wie ist dagegen der Verlauf der Erzählung in den amatoriae narrationes? Die Thebaner ziehen gegen die Lacedämonier, die sich aber noch bei Tegea befinden, also noch nicht in Böotien stehen, bei Leuktra zu Felde. Vor der Schlacht erscheint nun dem Pelopidas, einem der Strategen des Thebanischen Heeres, der wegen einiger ungünstig gedeuteter Vorzeichen beunruhigt ist, Skedasus im Traume und befiehlt ihm gutes Muths zu sein. Die Lacedämonier kämen nach Leuktra, um ihm und seinen Töchtern Sühne zu geben, einen Tag aber vor der Schlacht solle er ein bereit stehendes weisses Füllen am Grabe der Jungfrauen opfern. Sofort schickt nun Pelopidas Leute nach Leuktra, um über dieses Grab Erkundigungen einzuziehen. Als er von den Anwohnern des Orts das nöthige erfahren hat, führt er getrost sein Heer zur Schlacht und siegt. Hier ist, wie wir sehen, gerade die für einen Plutarch interessante Pointe der ganzen Erzählung weggelassen und sie selbst alles tieferen Gehaltes entkleidet. Dass sie in dieser nüchternen Fassung nicht von Plutarch herrühren kann, beweist ausserdem schon der dem Schluss vorausgeschickte historisch völlig unrichtige Passus: $\hat{v}\sigma\tau\acute{e}\rho\psi$ $\tau\epsilon$ $\mu\tilde{\eta}\nu$ $\chi\rho\acute{o}\nu\psi$ $\delta\acute{\iota}\varkappa\alpha\varsigma$ $\check{\epsilon}\delta o\sigma\alpha\nu$ $o\acute{\iota}$ $\varLambda\alpha\varkappa\epsilon\delta\alpha\iota\mu\acute{o}\nu\iota o\iota\cdot$ $\dot{\epsilon}\pi\epsilon\iota\delta\grave{\eta}$ $\gamma\grave{\alpha}\rho$ $\tau\tilde{\omega}\nu$ $'E\lambda\lambda\acute{\eta}\nu\omega\nu$ $\dot{\alpha}\pi\acute{\alpha}\nu\tau\omega\nu$ $\mathring{\eta}\rho\chi o\nu$ $\varkappa\alpha\grave{\iota}$ $\tau\grave{\alpha}\varsigma$ $\pi\acute{o}\lambda\epsilon\iota\varsigma$ $\varphi\rho o\upsilon\rho\alpha\tilde{\iota}\varsigma$ $\varkappa\alpha\tau\epsilon\iota\lambda\acute{\eta}\varphi\epsilon\sigma\alpha\nu$, $'E\pi\alpha\mu\epsilon\iota\nu\acute{\omega}\nu\delta\alpha\varsigma$ $\acute{o}$ $\Theta\eta\beta\alpha\tilde{\iota}o\varsigma$ $\pi\rho\tilde{\omega}\tau o\nu$ $\mu\grave{\epsilon}\nu$ $\tau\grave{\eta}\nu$ $\pi\alpha\rho'$ $\alpha\mathring{\upsilon}\tau\tilde{\psi}$ $\varphi\rho o\upsilon\rho\grave{\alpha}\nu$ $\dot{\alpha}\pi\acute{\epsilon}\sigma\varphi\alpha\xi\epsilon$. Man bedenke wie genau Plutarch, als geborener Böoter, von allen Einzelheiten bei der Vertreibung der Spartaner aus der Kadmea unterrichtet war, wie sorgfältig er sie im Leben des Pelopidas und in der Schrift de genio Socratis berichtet hat, und man wird zugeben, dass er niemals den obenstehenden Satz kann geschrieben haben. Wahrscheinlich haben die amatoriae narrationes aus keinem andern Grunde einen Platz in der Sammlung seiner Schriften erhalten, als weil drei von den darin erzählten fünf Geschichten in Böotien ihren Schauplatz haben.

Ueber die consolatio ad Apollonium*) urtheilte

---

*) Ich wiederhole hier den wesentlichen Inhalt meiner zur Begrüssung Volkmann, Plutarch.

Wyttenbach Animadv. II p. 696 folgendermassen: »Est omnino
egregius hic liber argumento, doctrina, sententiis, et plane
Plutarcheus: sed adolescentis Plutarchi eum esse produnt materia, stilus, ratio. Materia praecipuae quidem illa suavitatis
et praestantiae, magis tamen aliena quam propria, collecta e
locis communibus philosophorum, nec ad certam iudicii rationem exacta; et, quod in Corinnae ad Pindarum adolescentem
dicto fertur, non manu sparsa, sed e sacco effusa. Aliter
scripsit Plutarchus virili et provectiore aetate: veluti in consolatione ad uxorem suam, non lectionis copias expromens,
sed proprios animi sensus prodens, qui cum communione do-
loris, affectu patris et mariti, prudentia et moderatione viri
docti per totam scriptionem dominentur: veluti in libro de
exilio, qui est item e genere consolatorio, amicum exulantem
consolans, exempla historiarum, praecepta philosophorum, sen-
tentias poetarum et omnino alienae copias doctrinae adhibet,
sed ita, ut non subito aliunde arreptae, sed dudum lectae et
conditae iam cum scribentis copiis coaluisse videantur. Hunc
proprietatis colorem habitumque obtinet ubique Plutarchus in
assumendis memorandisque aliorum dictis scriptorum, ut e sua
ipsum potius, quam illorum, persona loqui eum dicas: non
item hoc in libro. Estque eadem fere diversitas atque illa,
quam in admiscendis orationi versibus inter Dionysium Stoicum
et Philonem Academicum interfuisse scribit Cicero Tusc. II, 11:
ille enim quasi dictata, nullo dilectu, nulla elegantia: hic et
lecta poemata et loco adiungebat. Porro in stilo, id est, in
orationis forma, apparet redundantia quaedam iuvenilis, imi-
tatio compositionis Platonicae illius, non ad Socraticam per-

---

der in Halle versammelten Philologen im vorigen Jahre geschriebenen commentatio de consolatione ad Apollonium Pseudoplutarchea.

spicuitatem, sed ad tragicam gravitatem conformatae, in synonymis, praepositionibus, interiectis enuntiatis, longioribus et suo nexu solutis sententiarum circumductionibus. Denique ratio, id est distributio materiae, aut vaga, aut nulla, nec suis locis et argumentorum finibus notata. Nos istam a Plutarchea forma diversitatem notandam duximus, non ut eam calumniaremur, sed ut interpretis officio satisfaceremus; nec eam reprehendimus temeritatis nomine; sed liberalitatem grati interpretamur, quae nobis egregios antiquorum scriptorum locos servavit multos.«

Im Ganzen übereinstimmend mit Wyttenbach, nur dass er die von diesem ausgesprochenen Bedenken übergeht oder abschwächt, äussert sich Bähr in einer Anmerkung zu seiner Uebersetzung der Trostschrift an Apollonius: »Diese Schrift durch ihren Inhalt, wie ihre Darstellungsweise eine der anziehendsten unter den moralischen Schriften des Plutarch, obschon eine Jugendschrift desselben, besteht mehr in einer Sammlung und Zusammenstellung dessen, was die ausgezeichnetsten Dichter und Philosophen Griechenlands über diesen Gegenstand gesagt haben, als in einer Darstellung und Entwicklung der eignen Ansichten und Gefühle, wie solches z. B. in der später, im männlichen Alter von Plutarch abgefassten Trostschrift an seine Gattin, der Fall ist. Was die Behandlungsweise des Stoffes betrifft, so hält sich Plutarch an keine bestimmte Ordnung und verfolgt keinen festen Gang; sein Styl ist erhaben, oft bis zur tragischen Darstellung und mit unverkennbaren Spuren einer Nachahmung des Plato.« — Diesem Urtheil kann ich aber nicht beistimmen. Weder nach Seiten ihres Inhalts noch ihrer Darstellung empfiehlt sich die Schrift. Vielmehr enthält sie in beider Hinsicht so vieles auffallende und befremdliche, dass man nicht umhin kann, sie dem Plutarch abzusprechen. Zunächst bemerke ich aber, dass die Ansicht, die consolatio sei eine Jugendschrift desselben, vollständig jedes äusseren Anhaltes entbehrt. Der Inhalt und Gedankengang der Schrift ist ungefähr folgender. Der Verfasser wendet sich an einen gewissen Apollonius, der über den Tod seines ihm wie es scheint vor kurzem entrissenen gleichnamigen Sohnes tief betrübt war. Auch ihn habe die traurige Nachricht ergriffen, doch habe er nicht unmittelbar nach dem Unglücksfall an ihn schreiben wollen, zu einer Zeit, wo nicht Tröstung, sondern nur Mitgefühl und gemeinsamer Schmerz am Platz gewesen sei. Jetzt aber sei die Zeit gekommen, wo die Reden seiner Freunde seine Trauer mindern könnten, deshalb habe er diese Trostschrift zur Beseitigung seiner Traurigkeit verfasst. Allerdings müsse man bei dem frühzeitigen Tode eines Sohnes auch dem Schmerz etwas einräumen, und er sei nicht der Ansicht derer, welche allen Schmerz und jegliche Kundgebung von Trauer als eine eines starken Geistes unwürdige Affection verwürfen, aber ein allzu grosser, unmässiger Schmerz sei eben so nachtheilig, als ungeziemend. Man habe also auch hier eine gewisse Mitte zu halten zwischen herber Strenge und weichlicher Trauer. Im Glück wie im Unglück müsse man einen gewissen Gleichmuth der Seele bewahren, zumal ja jeder wisse, dass Unbeständigkeit in allen menschlichen Verhältnissen herrsche. Das beste und wirksamste Linderungsmittel des Schmerzes sei daher eine auf diese Wechselfälle des Lebens vorbereitete Vernunft. Man müsse daran festhalten, dass der Mensch sterblich sei, und dass der Tod, zu welcher Zeit er auch eintrete, für kein Uebel zu erachten sei. Denn der

Tod selbst, d. h. die Auflösung des Körpers in die Theile, aus denen er zusammengesetzt sei, sei ohne allen Schmerz. Nichtsdestoweniger werde er gefürchtet, und die Natur habe daher wohlthätig gegen uns gehandelt, uns seinen Zeitpunkt zu verheimlichen. Schon Sokrates habe gesagt, der Tod sei einem ruhigen Schlafe ähnlich, oder einer weiten Reise, oder endlich er sei die Auflösung von Leib und Seele. Von c. 12-15 führt der Verfasser diese dreifache Möglichkeit des weiteren durch, und sagt dann, dass allerdings der frühzeitige Tod eines geliebten Menschen für viele etwas schmerzliches habe. Aber auch dagegen liessen sich Trostgründe ausfindig machen. Nicht das längste Leben sei das beste, sondern das rechtschaffenste. Die Trauer beziehe sich entweder auf die Todten oder die Ueberlebenden. Wenn wir uns betrauern, weil wir auf den Umgang und die Freundschaft des Entschlafenen verzichten müssen, so sei unsre Trauer egoistisch und verwerflich. Betrauern wir den Todten, so wird der Gedanke, dass es ihm gut geht, unsre Trauer zügeln, die ja an sich betrachtet kein Gut, sondern ein Uebel ist. Das aber verschlägt nichts, dass uns die Trauer unvermuthet trifft, denn das ist unsre Schuld, weil wir auf sie vorbereitet sein konnten und sollten. Sagt man, ein frühzeitiger Tod sei deshalb zu beklagen, weil der Verstorbene aus diesem Leben geschieden sei, bevor er alle dessen Güter und Annehmlichkeiten gekostet habe, so berücksichtigt man dabei zu wenig die Kürze und die Beschaffenheit des menschlichen Lebens. Denn die Dauer des Lebens anlangend, sterben alle rasch und frühzeitig, selbst diejenigen, welche im spätesten Greisenalter sterben. Und wer frühzeitig stirbt, wird zur gelegenen Zeit von den Mühseligkeiten des Lebens befreit. Schon aus diesem Grunde muss man daher der Trauer ein Maass setzen, man darf die natürliche Grenze derselben nicht überschreiten und nicht zugeben, dass wir selbst vor allzu grosser Trauer hinschwinden, deren ununterbrochene Dauer die Natur des menschlichen Geschlechts nicht zugiebt. Es hat aber auch unter den Weisen und Philosophen nicht an Vertretern der Ansicht gefehlt, welche unser Leben überhaupt nicht für ein Gut, sondern für ein Unglück halten, das man geduldig ertragen müsse. Bei denen also, die früh sterben, ist es zweifelhaft, ob sie den Freuden oder Leiden des Lebens entgangen sind. Dazu kömmt, dass wir das Leben und seine Annehmlichkeiten von den Göttern nur leihweise empfangen haben, um sie nach kurzem Niessbrauch zurückzugeben, und es ist ungerecht die Götter zu verklagen, wenn sie das zurückfordern, was sie uns auf kurze Zeit anvertraut haben. Hier also haben die Delphischen Sprüche γνῶθι σαυτόν und μηδὲν ἄγαν ihre Geltung, und diejenigen, die bei jeder Widerwärtigkeit heulen und klagen, sind zu tadeln. Haben nicht die Götter vielleicht nur das Beste dessen gewollt, den sie frühzeitig aus diesem Leben abgerufen haben? Wäre es nicht für die meisten Menschen besser gewesen, überhaupt nicht geboren zu werden, oder einmal geboren bald möglichst zu sterben? Uebrigens gestattet es auch die Rücksicht auf unser Leben nicht, allzu viel Zeit mit trauern zu verbringen, denn die Zeit muss man schonen, und man muss sowohl auf sein eignes Wohl als auf das der übrigen bedacht sein, und man darf nicht vergessen, dass dieselben Gründe, mit denen wir vielleicht schon versucht haben fremde Trauer zu erleichtern, für uns selbst ihre Gültigkeit haben und man muss danach streben, dass das, was andern genützt hat, auch für uns selbst heilsam werde. Man blicke auf die Beispiele derer, welche den Tod ihrer Söhne standhaft ertragen haben, ein Anaxagoras, Demosthenes, Dion, König Antigonus und andere. Und man beherzige, dass das, was uns naturgemäss erscheint, nicht immer mit der göttlichen Vorsehung und der Weltordnung übereinkommen kann. Wenn also das Schicksal auch dem jungen Apollonius kein längeres Leben verstattet hat, so möge der Vater sich dankbar an seine Tugenden und seine geistigen Anlagen erinnern, er möge die Reinheit seines Herzens erwägen, und wie er von allen geliebt worden. Und nicht umsonst hätten die alten Sänger und Philosophen gelehrt, dass auch die Verstorbenen ihre besonderen Ehren im Wohnsitz der Seligen haben. Dem Apollonius, der bereits in der Gesellschaft der Götter verweile, könne die allzu grosse Trauer des Vaters nicht gefallen. Und so ermahnt der Verfasser am Schlusse seiner Trostschrift, der Vater solle endlich sich zu einer würdigen Stimmung erheben, er solle sich selbst, die Mutter und die übrigen Glieder der Familie von ihrem anhaltenden Kummer befreien, er solle zu einem ruhigeren Leben zurückkehren, das für seinen Sohn und für alle, denen er selbst am Herzen liege, das erwünschteste sei.

Wir sehen aus dieser Uebersicht des Inhalts, dass es dieser Schrift weder an Gedanken noch an einer im allgemeinen zweckmässigen Ordnung derselben gebricht. Deshalb aber verdient sie noch kein besonderes Lob. Denn die vorgebrachten Gedanken sind von der Art, wie sie ein jeder, der überhaupt einen λόγος παραμυθητικός schreiben wollte, vorbringen musste, wenn es ihm nicht an rhetorischer Vorbildung fehlte. Auf sie lief mehr oder weniger die Anleitung der Rhetoren zur Bearbeitung dieser Art epideiktischer Themen hinaus, wie wir dies aus Dionys von Halikarnas und Menander entnehmen können,

deren Lehren ich in der Kürze im Hermagoras S. 190. ff.
zusammengestellt habe. Das sind alles blose rhetorische Gemeinplätze. Von einem vorzüglichen Inhalt könnte man demnach bei dieser Schrift erst dann sprechen, wenn zugleich besondere Vorzüge in der Ausführung und Behandlung dieser Gemeinplätze nachgewiesen würden. Aber gerade in dieser Hinsicht lassen sich mehrere Verstösse anführen, die uns den Verfasser als einen mittelmässigen mit der rhetorischen Kunst nicht eben besonders vertrauten Schriftsteller verrathen, als welchen wir doch einen Plutarch nicht werden betrachten können.

Denn erstens ist der Verfasser wiederholt zu einem bereits dagewesenen Punkte zurückgekehrt und hat zusammengehöriges unnöthig getrennt. So spricht er an verschiedenen Stellen von dem Elend des menschlichen Lebens, ferner davon, dass die menschliche Natur eine übermässige Trauer nicht ertragen könne. Schlimmer ist der Umstand, dass er uns die Person des Vaters so wenig als die des verstorbenen Sohnes irgendwie individuell näher führt. Denn was in c. 34 zum Lobe des letzteren gesagt wird, passt im Grunde auf jeden frühzeitig verstorbenen Jüngling. In Betreff des Vaters aber gehen wir ganz leer aus, wir erfahren nichts von seinen persönlichen Verhältnissen, seinem Stand und Charakter, nichts näheres über die Art, mit der er bereits anderweitige ähnliche Unglücksfälle und Verluste der Seinigen ertragen hat. Dass individuelle Beziehungen auf die Verhältnisse der betreffenden Personen in einer gut geschriebenen consolatio nicht fehlen dürfen, liegt auf der Hand. Wie schön weiss uns Plutarch in der Trostschrift an seine Gattin das liebenswürdige Wesen des verstorbenen Töchterchens, zugleich den edlen, würdigen

Geist der Mutter zu schildern. Wie persönlich gehalten sind die Trostschriften des Seneca, wie farblos dagegen die consolatio ad Apollonium. Nun besteht ferner die Ausführung der loci communes in dieser Schrift durchgehends fast nur in der Anführung fremder Citate, die noch dazu ἐκ διαστάσεως angeführt werden, also keinen integrirenden Bestandtheil von der Gedankenreihe des Schriftstellers bilden, ein Fehler, vor welchem sich Plutarch, so oft er auch Citate seinen Lesern bietet, stets gehütet hat.

Diese von der Plutarchischen Art und Weise so ganz verschiedene Art des Citirens tritt uns aber so auffallend entgegen, dass sie unter den sachlichen Gründen für die Unächtheitserklärung der consolatio entschieden die erste Stelle einnehmen muss. Plutarch verfährt mit Citaten überhaupt sparsamer, und in einer ganz anderen Weise. In der consolatio haben wir in c. 5 achtzehn Verse von Menander, in c. 7 zwölf Verse von Homer, zehn von Hesiod, in c. 8 zwei Stellen aus Komikern, jede von acht Versen. Capitel 6 enthält unter andern Dichterstellen zweimal sechs Verse von Simonides und Euripides getrennt durch je zwei Verse aus Pindar und Sophokles, in c. 24 haben wir zwei Homerstellen von je achtzehn Versen, in c. 35 zwei Stellen Pindarischer Threnen von vierzehn und zehn Versen. Eine solche Art des Citirens findet Ihr auffälliges Seitenstück in der untergeschobenen Schrift περὶ εὐγενείας, dem Plutarch ist sie völlig unbekannt. Er liebt es auch, Dichterverse zum Schmuck seiner Darstellung einzuflechten, aber höchstens drei bis vier Verse, das weitere wird dann, wo es nöthig schien, in einer prosaischen Paraphrase beigefügt. Selbst in der Schrift über die Dichterlectüre finden wir nicht mehr als vier Hexameter, höchstens etwa fünf Trimeter angeführt. Dafür hat denn die unächte Schrift de musica, deren Verfasser etwa so wie Porphyrius dies in seiner Schrift de abstinentia mit Theophrast und anderen gethan, ganze Capitel aus Aristoxenus und Heraklides unverändert abgeschrieben hat, in c. 30 achtundzwanzig Verse aus einem Stücke des Pherekrates aufzuweisen. Aehnlich verhält es sich mit den Citaten aus Philosophen und andern Prosaikern. Auch Plutarch citirt aus andern Schriftstellern, d. h. er nennt ihre Namen, giebt aber das ihnen entlehnte als integrirenden Bestandtheil seiner eignen Darstellung. Ganz anders der Verfasser der consolatio. Capitel 6 ist grösstentheils aus Krantor entlehnt, zwei Citate aus Plato, ein umfangreiches und ein kleineres, giebt c. 13, ein ellenlanges Citat aus des Aristoteles Eudemus c. 27, Stellen aus Protagoras und Aeschines c. 33, c. 36 endlich enthält fast nur Entlehnungen aus dem Platonischen Gorgias. Nun beachte man aber die Art, wie die Platonische Unsterblichkeitslehre daselbst behandelt wird. Ὁ δὲ φιλόσοφος Πλάτων, heisst es, πολλὰ μὲν ἐν τῷ περὶ ψυχῆς περί τε τῆς ἀθανασίας αὐτῆς εἴρηκεν, οὐκ ὀλίγα δ' ἐν τῇ Πολιτείᾳ καὶ τῷ Μένωνι καὶ τῷ Γοργίᾳ καὶ σποράδην ἐν τοῖς ἄλλοις διαλόγοις. ἀλλὰ τὰ μὲν ἐν τῷ περὶ ψυχῆς διαλόγῳ ῥηθέντα κατ' ἰδίαν ὑπομνηματισάμενός σοι παρέξομαι, ὡς ἐβουλήθης· τὰ δὲ (νῦν δὲ τά?) πρὸς τὸ παρὸν καίρια καὶ χρήσιμα λεχθέντα πρὸς τὸν Ἀθηναῖον ἑταῖρον δὲ καὶ μαθητὴν Γοργίου τοῦ ῥήτορος. φησὶ γὰρ ὁ παρὰ τῷ Πλάτωνι Σωκράτης — und nun kommt eine lange Stelle aus Plato in wörtlicher Anführung ohne die geringste erläuternde Zuthat. Plutarch lebte in der Platonischen Unsterblichkeitslehre und war ganz von ihr durchdrungen. Nimmermehr hätte er sich bei ihrer Erwähnung mit einem dürren Citate begnügt.

Er würde aber auch sein Werk nicht als eine mühevolle Zusammenstellung bezeichnet haben, wie dies der Verfasser der Trostschrift in c. 37 thut: ταῦτά σοι συναγαγών, Ἀπολλώνιε φίλτατε, καὶ συνθεὶς μετὰ πολλῆς ἐπιμελείας, ἀπειργασάμην τὸν παραμυθητικόν σοι λόγον. Und wäre es ihm bei seiner grossen Belesenheit, und den mancherlei Büchern, die er besass, schwer gewesen, dergleichen zusammenzubringen? Uebrigens ertappen wir hier den Verfasser auf einer unwahren rhetorischen Phrase. Er hat ja bei weitem das meiste einschliesslich der Dichtercitate, wie eine Vergleichung mit dem fünften Buche von Cicero's Tusculanischen Untersuchungen zeigt*), einfach aus Krantors consolatio abgeschrieben, so dass von einem συνάγειν und συντιθέναι μετὰ πολλῆς ἐπιμελείας füglich nicht die Rede sein kann. Nun müssen ferner bei der Ausführung eines locus communis Beispiele angewandt werden. Sicherlich würde Plutarch überwiegend geschichtliche Beispiele angewandt haben. Aber daran fehlt es in der consolatio so gut wie ganz, und dies ist ein zweiter entscheidender Grund für ihre Unächtheit. Wir erhalten ein Paar Apophthegmen von Simonides, Philippus, Theramenes, Sokrates, Diogenes, Arcesilas. Vom Dichter Antimachus wird erzählt, dass er seinen Schmerz über den Tod der Lyde, seiner Geliebten, durch ein Gedicht erleichtert habe. In c. 13 wird gesagt und mit Citaten belegt, dass der Tod nicht zu fürchten sei. Dann fährt der Verfasser fort in c. 14: λέγεται δὲ τούτοις μαρτυρεῖν καὶ τὸ θεῖον· πολλοὺς γὰρ παρειλήφαμεν δι' εὐσέβειαν παρὰ θεῶν ταύτης τυχόντας τῆς δωρεᾶς· ὧν τοὺς μὲν ἄλλους φειδόμενος τῆς συμμετρίας τοῦ συγγράμματος ἀπολείψω. μνησθήσο-

---

*) Vgl. Fr. Schneider in Zeitschrift für Alterthumswissenschaft 1836, No. 104. 5. S. 839 ff.

μαι δὲ τῶν ὄντων ἐμφανεστάτων καὶ πᾶσι διὰ στόματος. Wie
lächerlich. Gerade die minder bekannten Beispiele hätte doch
der Verfasser anführen sollen, wenn er befürchtete seine Schrift
zu weit auszudehnen. So aber schreibt er der Bequemlichkeit
halber die Geschichten von Kleobis und Biton, vom Tod des
Pindar und von Euthynous aus Krantor ab. Geschichtliche
Beispiele kommen nun erst in c. 33: ἀποβλέπειν δὲ καὶ πρὸς
τοὺς εὐγενῶς καὶ μεγαλοφρόνως τοὺς ἐπὶ τοῖς υἱοῖς γενομένους
θανάτους πράως ὑποστάντας Ἀναξαγόραν τὴν Κλαζομένιον καὶ
Δημοσθένην τὸν Ἀθηναῖον καὶ Δίωνα τὸν Συρακούσιον καὶ τὸν
βασιλέα Ἀντίγονον καὶ συχνοὺς ἄλλους τῶν τε παλαιῶν καὶ τῶν
καθ' ἡμᾶς. Es folgen die Berichte über Anaxagoras, Dion,
Demosthenes, Antigonus, ferner Perikles und Xenophon, von
denen vorher keine Rede war. Auch dies ist wahrscheinlich
aus irgend einem Buche abgeschrieben, wenigstens ist es bemerkenswerth, dass Aelian Var. Hist. III, 2—5 Anaxagoras,
Xenophon, Dion, Antigonus in derselben Reihenfolge behandelt, wie der Verfasser der consolatio. Beispiele von Zeitgenossen führt er gar nicht an, sondern er hilft sich am
Schluss des Capitels mit der allgemeinen Redensart: πλὴν
πολλῶν ὄντων παραδειγμάτων τῶν διὰ τῆς ἱστορίας ἡμῖν πα-
ραδεδομένων τῆς θ' Ἑλληνικῆς καὶ τῆς Ῥωμαικῆς τῶν γενναίως
καὶ καλῶς ἐν ταῖς τῶν ἀναγκαίων τελευταῖς διαγενομένων, ἀπο-
χρήσει τὰ εἰρημένα πρὸς τὴν ἀπόθεσιν τοῦ παντὸς (l. πάντων)
ἀνιαροτάτου πένθους, καὶ τῆς ἐν τούτῳ πρὸς οὐδὲν χρήσιμον
ματαιοπονίας.

Zeigt so die geringe Anzahl der Beispiele und die Art,
wie sie angebracht werden, dass die Schrift nicht von Plutarch
herrühren kann, so ist ein neuer Beweisgrund dafür aus dem
Umstand zu entnehmen, dass das über Perikles, Demosthenes

und Dion berichtete mit der Darstellung der Ereignisse, welche Plutarch in den Biographien dieser Männer giebt, in Widerspruch steht. Obenein ist das in der consolatio unter Berufung auf eine Schrift des Protagoras über Perikles berichtete sogar falsch. Es heisst, als Perikles den Tod seiner beiden Söhne Paralus und Xanthippus erfahren, sei er nichtsdestoweniger, das Haupt nach vaterländischer Sitte mit einem Kranze geschmückt und im weissen Kleide in die Volksversammlung gegangen, habe hier guten Rath ertheilt und die Athener zum Kriege ermahnt. Dagegen erzählt Plutarch im Leben des Perikles c. 36 es seien diesem Staatsmanne sein Sohn Xanthippus, eine Schwester und eine grosse Menge von Verwandten und Freunden, die ihm bei der Verwaltung des Staates sehr nützlich gewesen, durch die Pest entrissen worden. Alle diese Verluste habe der hochherzige Mann standhaft ertragen und keine Thräne vergossen, bis er auch den Paralus begraben, den letzten seiner rechtmässigen Söhne. Auch hier habe er, obgleich tief gebeugt, seine Standhaftigkeit bewahren wollen, aber als er dem Todten den Kranz aufsetzte, übermannte ihn der Schmerz, dass er laut und anhaltend weinte. Diese Verschiedenheit der Erzählung bereitete Wyttenbach keine geringe Verlegenheit, wie man aus seiner Anmerkung entnehmen kann: »aliter haec narrat et praeter suam ipse consuetudinem Plutarchus in vita Periclis p. 172 C. D, si quidem easdem res diversis locis eodem modo referre solet; ut facile appareat, eum libelli huius ad Apollonium scripti postea iudicio et aetate maturiore nullam magnopere rationem habuisse, et quod hoc loco dicitur — $εὐθὺς\ μετὰ\ τὴν\ προσαγγελίαν\ ἀμφοτέρων\ τῶν\ υἱέων\ οὐδὲν\ ἧττον\ κατὰ\ τὸ\ πάτριον\ ἔθος\ ἐστεφανωμένον\ καὶ\ λευχειμονοῦντα\ δημηγορεῖν$ —

temeritatem habere deprehendatur. Nam μετὰ τὴν προσαγγελίαν ἀμφοτέρων τῶν υἱέων post nuntium utriusque filii eam habet significationem, filios obiisse a patre absentes, quod secus est, quippe constat, eos Athenis peste obiisse: nam quod ipsa dictio soloeca est, nunc praetermittimus, siquidem totus libellus curiosam (1) habet compositionem.« Und weiter: »concionantes coronis capita cincta habuisse, idque moris patrii fuisse, minus notum est.« Und wenn er es dann auch wahrscheinlich macht, dass Perikles einen Kranz getragen hat, so bleibt doch das auffallende in der Behauptung unsres Schriftstellers, er habe dies nach vaterländischer Sitte gethan.

Noch weniger stimmt das über Dion und Demosthenes berichtete mit Plutarchs Darstellung im Leben des Dio c. 55, des Demosthenes c. 22 überein. In der consolatio wird erzählt, Dio habe bei einer Berathung mit seinen Freunden, als plötzlich ein Getöse und Geschrei sich im Hause erhob, und er auf die Frage nach der Ursache des Lärmens hörte, sein Sohn habe sich vom Dache herabgestürzt und liege entseelt am Boden, ohne irgend welche Bestürzung befohlen den Leichnam des Verstorbenen den Frauen zur Bestattung zu übergeben und die angefangene Berathung fortgesetzt. Von alledem weiss Plutarch nichts. Nach ihm sitzt Dio allein gegen Abend in Gedanken versunken in der Vorhalle seines Palastes. Da hört er auf der entgegengesetzten Seite der Halle ein plötzliches Geräusch, und sieht die Gestalt einer Frau, einer Furie gleichend, welche das Haus mit Besen ausfegt. Erschrocken über dieses Gesicht ruft er seine Freunde zusammen und behält sie bei sich, aus Furcht, das Gespenst möchte ihm in der Einsamkeit nochmals erscheinen. Dies sei nicht geschehen, aber wenige Tage nachher habe sich sein

Sohn in einem Anfall von Zorn von dem oberen Theile des Hauses herabgestürzt und sei um's Leben gekommen. Wie Dio dies ertragen habe, giebt er weiter nicht an. Er erzählt ferner, Demosthenes sei auf die Nachricht vom Tode Philipps in weissem Gewande und mit einem Kranz auf den Markt gegangen, am siebenten Tage nach dem Tode seiner Tochter, wie dies Aeschines berichte, der deshalb dem Demosthenes Vorwürfe mache und ihn wegen der geringen Liebe zu seiner Tochter tadle. Der Verfasser der consolatio führt zwar die Worte des Aeschines an, aber so, dass man mit Recht zweifeln muss, ob er selbst die Rede des Aeschines eingesehen, oder dessen Worte irgendwo abgeschrieben habe, denn er sagt nichts vom Tode Philipps, der den Demosthenes so freudig gestimmt hatte, sondern sagt in ganz einfältiger Weise, er habe sich bei seiner Trauer den Dion zum Muster genommen.

Auch sonst enthält die consolatio manches, was Plutarch schwerlich würde geschrieben haben. Dahin gehört unter anderem die Erzählung in c. 19, einer der alten Philosophen — τινὰ τῶν ἀρχαίων φιλοσόφων, man beachte den ganz vagen Ausdruck — sei zur Königin Arsinoe gekommen, welche den Tod ihres Sohnes beweinte, und habe ihr folgende Fabel erzählt: καθ' ὃν χρόνον ὁ Ζεὺς ἔνεμε τοῖς δαίμοσι τὰς τιμὰς οὐκ ἔτυχε παρὼν τὸ Πένθος· ἤδη δὲ νενεμημένων ἦλθεν ὕστερον. τὸν οὖν Δία, ὡς ἠξίου καὶ αὐτῷ τιμὴν δοθῆναι, ἀπορoῦντα διὰ τὸ ἤδη καταναλῶσθαι πάσας τοῖς ἄλλοις, ταύτην αὐτῷ δοῦναι τὴν ἐπὶ τοῖς τελευτήσασι γενομένην, οἷον δάκρυα καὶ λύπας. ὥσπερ οὖν τοὺς ἄλλους δαίμονας, ὑφ' ὧν τιμῶνται, τούτους ἀγαπᾶν, τὸν αὐτὸν τρόπον καὶ τὸ Πένθος· ἐὰν μὲν οὖν αὐτὴ ἀτιμάσῃς, ὦ γύναι, οὐ προσελεύσεταί σοι, ἐὰν δὲ τιμᾶται ὑπὸ σοῦ ἐπιμελῶς ταῖς δοθείσαις αὐτῷ τιμαῖς, λύπαις καὶ θρήνοις, ἀγαπήσει σε καὶ ἀεί τί σοι παρέξεται τοιοῦτον, ἐφ' ᾧ τιμηθήσεται παρὰ σοῦ συνεχῶς. Diese Fabel ist von hier aus in die Aesopischen Sammlungen aufgenommen (n. 353 bei Halm). Aber man vergleiche damit, was Plutarch in der Trostschrift an seine Gattin c. 6 schreibt. Es giebt Mütter, sagt er, welche beim Tode ihrer Kinder, die sie während ihres Lebens vernachlässigt, oder wenig beachtet hatten, sich einer unmässigen Trauer ergeben, nicht aus Liebe, sondern eitle Ruhmsucht trete zu einer verkehrten Affection der Natur, und so steigere sich die Trauer zu einer wahnsinnigen Leidenschaft — καὶ τοῦτο φαίνεται μὴ λαθεῖν Αἴσωπον· ἔφη γὰρ οὗτος, ὅτι τοῦ Διὸς τὰς τιμὰς διανέμοντος τοῖς θεοῖς, ᾔτει καὶ τὸ Πένθος. ἰδωκεν οὖν αὐτῷ, παρὰ τοῖς αἱρουμένοις δὲ μόνοις καὶ θέλουσιν. Der Trauernde nehme also die Trauer auf, und wenn diese sich mit der Zeit festgesetzt habe, wolle sie nicht wieder weichen, auch nicht, wenn er es wolle, daher müsse man sich von vornherein hüten, dass die Trauer sich nicht nahe. Plutarch erzählt die Fabel ganz einfach, er weiss nichts von der Königin und ihrer Trauer, nichts von dem alten Philosophen, der sie tröstet, in der consolatio dagegen ist sie sophistisch amplificirt.

Wie man in der Darstellung dieser Schrift, auf deren Einzelheiten ich mich jedoch nicht einlassen kann, einen erhabenen Stil hat entdecken können, oft bis zur tragischen Darstellung und mit unverkennbaren Spuren einer Nachahmung des Plato, ist mir räthselhaft geblieben. Ich finde sie frostig und geschraubt, überladen mit geschmacklos angewandten Figuren, von welchem Fehler sich Plutarch immer frei gehalten hat. Nur einige Beispiele. In c. 10 sagt der Verfasser, um zu zeigen, dass der Tod an sich betrachtet nichts furchtbares habe: τί γὰρ θαυμαστόν, εἰ τὸ τρηκτὸν τέτρηκται, εἰ τὸ τηκτὸν τέτηκται, εἰ τὸ καυστὸν κέκαυσται, εἰ τὸ φθαρτὸν ἔφθαρται. Dergleichen wird man im ächten Plutarch vergebens suchen. Frostig ist die Figur in c. 11: εἰ γὰρ προὔδειμεν (τὴν τοῦ θανάτου προθεσμίαν) κἂν προεξετήκοντό τινες ταῖς λύπαις καὶ πρὶν ἀποθανεῖν ἐτεθνήκεσαν, wiederholt in c. 15: τῷ γὰρ ὄντι πολλοὶ διὰ τὴν ἀσθένειαν καὶ τὴν πρὸς τὸν θάνατον διαβολὴν ἀποθνήσκουσιν, ἵνα μὴ ἀποθάνωσιν. Das ist allerdings aus der verkehrten Nachahmung einer Stelle im Platonischen Phädo p. 68 D geflossen. Wie abgeschmackt endlich ist der hyperbolische Ausdruck in c. 27 nach dem längeren Citat aus dem Eudemus des Aristoteles: μυρία δ' ἐπὶ μυρίαις ἄν τις ἔχοι τοιαῦτα παρατίθεσθαι πρὸς τὸ αὐτὸ κεφάλαιον· ἀλλ' οὐκ ἀναγκαῖον μακρηγορεῖν. Damit vergleiche man die elegante Uebergangsformel bei Plutarch de aud. poet. c. 10: οὐ χεῖρόν ἐστι καὶ περὶ τούτων διελθεῖν ἐν βραχέσιν, ἀφαίμενον τύπῳ τῶν πραγμάτων, μήκη δὲ καὶ παρασκευὰς καὶ παραδειγμάτων ὄχλον ἐῶντα τοῖς ἐπιδεικτικώτερον γράφουσιν. Von Vermeidung des Hiatus endlich findet sich keine Spur in der consolatio. Sie für eine Jugendschrift Plutarchs auszugeben, dazu ist, wie bereits gesagt, nicht der geringste Grund vorhanden. Nichts in derselben verräth einen jugendlichen Verfasser, einen adulescens vixdum e rhetorum scholis egressus, wie Wyttenbach p. 716 sich ausdrückt, für den übrigens eine consolatio an einen älteren Mann ein wenig geeignetes Thema wäre, alles aber einen mittelmässigen Schriftsteller der sophistischen Zeit, denn nur ein solcher konnte an die Möglichkeit denken, Beispiele aus der Römischen Geschichte anzuführen, (c. 33.).

DRITTES CAPITEL.

Wir wenden uns nunmehr zur Schrift de fato. Wenn diese von Plutarch herrührte, so müsste sie eine seiner ersten Schriften sein. Denn sie beginnt mit den Worten: τὰ περὶ τῆς εἱμαρμένης δοκοῦντα ἡμῖν, ὡς οἷόν τε σαφῶς καὶ συντόμως πειράσομαι ἐπιστεῖλαί σοι, φίλτατε Πείσων, ἐπειδὴ σὺ τοῦτο ἠξίωσας, οὐκ ἀγνοῶν, ἣν ἔχω πρὸς τὸ γράφειν εὐλάβειαν. Nun fürwahr, Plutarch, einer der fruchtbarsten Schriftsteller des Alterthums, konnte in seinen späteren Jahren, etwa nach der Regierung Domitians von einer πρὸς τὸ γράφειν εὐλάβεια nicht füglich reden, ohne sich lächerlich zu machen. Wenn er sie überhaupt je gehabt hat, dann offenbar nur in seinen jüngeren Jahren. Nun ist die Schrift de fato das Werk eines öffentlichen Lehrers der Philosophie, der den Piso auf seine bereits gehaltenen und noch ferner zu haltenden Vorträge verweist.*) Demnach müsste sie Plutarch etwa während seiner Anwesenheit in Rom unter Vespasian, oder bald nachher, etwa vor seiner zweiten Anwesenheit daselbst, zu Hause in Chäronea verfasst haben. Sie verräth aber weder nach Inhalt noch Form irgendwie das Werk eines Anfängers. Der Inhalt ist streng wissenschaftlich, mit spinösen Distinctionen, ohne allen Schmuck der Rede entwickelt. Da ist nicht die Spur von einem historischen Beleg, einem Apophthegma, einem Bilde oder Gleichniss anzutreffen, keine Nutzanwendung auf die

---

*) c. 1: τοῦτο γάρ ἡ Λάχεσις ἐργάζεται, ἡ τῆς Ἀνάγκης ἀληθῶς θυγάτηρ, ὡς καὶ πρότερον παρελάβομεν, καὶ ὕστερον ἔτι μᾶλλον εἰσόμεθα ἐν τοῖς κατὰ σχολὴν λόγοις. e. 2: τὰ δὲ καθ' ἕκαστα περὶ τούτων ὁ ἕτερος μῦθος ὁ ἐν τῇ πολιτείᾳ μετρίως αἰνίττεται, καὶ ἡμεῖς εἰς δύναμίν σοι ταῦτα ἐπειράθημεν ἐξηγήσασθαι.

praktische Ethik, überhaupt nichts zu finden, was irgendwie an die Eigenthümlichkeit Plutarchs erinnerte. Wer über philosophische Gegenstände in seinen jüngeren Jahren so schrieb, wie der Verfasser der Schrift de fato, der konnte wohl in späteren Jahren zur Schreibweise eines Plotin oder Proclus, nimmermehr aber eines Plutarch fortschreiten. Selbst in den einzelnen Ausdrücken hat die Abhandlung manches befremdliche. λιποτάκτης, λιποτακτέω p. 569 E, λιποταξία p. 570 D für λειποτάκτης u. s. w. mag auf Rechnung der Abschreiber zu setzen sein. Aber die Wörter οἰκοδομικός, ναυπηγικός p. 571 E. F, παρωνύμως p. 572 D, παρεφάπτομαι p. 573 F, συνεψιαρμένον p. 569 F (öfter bei Aristides) finden sich bei Plutarch sonst nicht.. Desgleichen θεσμοθεσία p. 573 F, was sich nur aus Kirchenschriftstellern belegen lässt. Auch εὐαρέστησις p. 574 B ist spät. εὐαρεστεῖν findet sich bei Plutarch nur in der unächten Trostschrift an Apollonius. παροιμία, das im Anfang von c. 11 eine wunderbare und eigentlich unerhörte Bedeutung hat, ist wohl verdorben.

Man kann nun nicht sagen, dass die Schrift ihrem Inhalte nach der sonstigen Philosophie Plutarchs widerspräche. Vielmehr hätte er alles das, was sie enthält, nur in einer ganz anderen Weise, auch sagen können. Es wird sich uns dies aus einer kurzen Analyse des Inhaltes ergeben. Der Verfasser geht aus von den Platonischen Definitionen des Schicksals und sagt, man habe das Schicksal nach der Seite seiner erscheinenden Thätigkeit und nach der Seite seines Wesens zu unterscheiden. Nach Seite seiner Thätigkeit ist bei Plato das Schicksal »das unwandelbare göttliche Wort auf Grund einer freien Ursache« oder aber »das die Natur des Weltalls begleitende Gesetz, dem zufolge das Geschehende

verläuft.*). Dem Wesen nach ist das Schicksal die dreifach
vertheilte Weltseele, vertheilt in eine μοῖρα ἀπλανής, eine μοῖρα
πλανᾶσθαι νομιζομένη, und eine μοῖρα, die sich unterhalb des
Himmels um die Erde befindet. Dies sind die drei Parzen,
Klotho, die oberste, Atropos, Lachesis, welche letztere die himm-
lische Thätigkeit ihrer Schwestern aufnimmt und sie mit dem
ihrem Bereich unterworfenen Irdischen verflicht und verbindet.
In Betreff des Schicksals nach der Seite seiner Thätigkeit erheben sich nun viele Fragen. Es umfasst alles geschehende, welches unbegrenzt ist, ist aber selbst begrenzt.
Denn kein Gesetz, kein Logos, überhaupt nichts göttliches
kann unbegrenzt sein. Es ist ein bestimmter Kreislauf des
Geschehenden, der stets in sich selbst zurückkehrt.**) Das
Schicksal bestimmt aber nur das allgemeine des gesetzmässi-
gen Verlaufs unter gewissen Bedingungen, nicht aber das einzelne, was sich erst aus der Anwendung des allgemeinen ergiebt, also nur in mittelbarer Beziehung zum Schicksal steht.
Daher ist der Satz, dass alles gemäss dem Schicksal geschieht,
nur insofern wahr, als alles durch das Schicksal zusammen-
gehalten wird. Er ist aber nicht wahr, wenn nun auch alle
Folgen des Schicksals als dem Schicksal gemäss gelten sollen,
sowenig wie alles das gesetzlich ist, was eine Folge des Ge-
setzes ist und unter dem Gesetze befasst wird. Es befasst
das Gesetz Verrath, Desertion, Ehebruch unter sich, und dies
ist gerade ungesetzlich. Ebenso wenig ist es gesetzlich, einen
Tyrannen zu tödten. Niemand, der einen Tyrannen nicht tödtet,

---

*) Plat. Phaedr. p. 248 C. Tim. p. 41 A.
**) Ueber die Wiederkehr derselben Erscheinungen im Kreislauf der Be-
gebenheiten vergleiche man v. Sert. c. 1, ferner die Erzählung vom Schicksal
der Stadt Xanthus, v. Brut. c. 31.

kann wegen Gesetzwidrigkeit bestraft werden, aber Tyrannen werden in Folge der Gesetze getödtet, die sie übertreten. Das Schicksal also befasst alles, deshalb wird aber nicht alles mit Nothwendigkeit geschehen, sondern nur soweit es seine Natur zulässt Nun ist das Mögliche das generische prius des ἐνδεχόμενον, des zufällig-möglichen. Das zufällig-mögliche ist gleichsam die vorausgesetzte Materie für das, was in unserer Macht steht, dessen Natur eben darin besteht, das zufällig-mögliche zu beherrschen. Dabei kömmt das Glück mit in's Spiel, eine Folge des zweiseitigen Schwankens des zufällig-möglichen. Möglich ist das, was in Folge einer Möglichkeit geschehen kann, genauer, insofern nicht ein äusseres Hinderniss dazwischen tritt. Wo nun ein äusseres Hinderniss absolut wegfällt, wie beim Auf- und Untergehen der Gestirne, sprechen wir von Nothwendigkeit. Wo ein Hinderniss eintreten kann, sprechen wir vom zufällig-möglichen. Das Nothwendige also ist ein mögliches, dessen Gegentheil unmöglich ist. Das zufällig-mögliche ist ein mögliches, dessen Gegentheil auch möglich ist. Dass die Sonne untergeht ist zugleich nothwendig und möglich. Denn unmöglich ist sein Gegentheil, dass sie nicht untergeht. Dass beim Sonnen-Untergang ein Regen stattfindet, ist möglich und zwar zufällig-möglich. Denn auch das nichtstattfinden eines Regens beim Sonnen-Untergang ist möglich. Wenn wir nun das zufällig-mögliche so gestalten. dass sein Gegentheil unterbleibt, so handeln wir, wie es in unsrer Macht steht. Das Glück gehört nun zu den Ursachen, und zwar zu den mittelbaren, zufälligen Ursachen. Wie wenn einer gräbt, um zu pflanzen, und dabei Gold findet, so ist das Glück. Es ist also nach den Platonikern zu definiren als eine Ursache, die bei dem, was zu einem bestimmten Zwecke mit Absicht geschieht, zufällig hinzutritt — und zwar ohne dass man es vermuthet hat und dem menschlichen Denken verborgen. Das rein zufällige (τὸ αὐτόματον) ist von grösserem Umfange als das Glück. Es fällt zusammen mit dem zufällig-möglichen. Das Glück dagegen mit dem, was in unsrer Macht steht, und zwar insofern es mit Absicht vorgenommen wird. Daher ist vom Glück nur bei Menschen die Rede, bei denen vom vernünftigen Thun (πράττειν) die Rede ist, vom rein zufälligen dagegen bei allem beseelten und unbeseelten. Alle diese besagten Begriffe nun, das mögliche, zufällig-mögliche u. s. w. befasst das Schicksal sämmtlich in sich, aber nichts davon ist dem Schicksal gemäss.

Schliesslich ist noch die Vorsehung in's Auge zu fassen. Die Vorsehung auf ihrer höchsten Stufe ist das Denken oder Wollen des höchsten Gottes, die Wohlthäterin von allem, durch welche zunächst alles göttliche aufs beste und schönste geordnet ist. Die zweite Vorsehung geht von den zweiten Göttern aus, die am Himmel wandeln, durch welche das Sterbliche geordnet ist und alles, was sich auf Erhaltung und Dauer der Arten bezieht. Eine dritte Vorsehung geht aus von den Dämonen um die Erde, welche zu Wächtern und Aufsehern der menschlichen Thaten gestellt sind. Alles nun, was nach dem Schicksal geschieht, geschieht auch nach der Vorsehung, nicht aber alles was nach der Natur geschieht. Sondern davon geschieht einiges nach der oder jener Vorsehung, keineswegs aber umgekehrt. Denn die höchste Vorsehung ist das älteste von allem, ausser dem, dessen denken und wollen es selbst ist. Die oberste Vorsehung also hat das Schicksal hervorgebracht und schliesst es gewissermassen in sich. Die zweite Vorsehung ist zugleich mit dem Schicksal hervorgebracht und wird schlechterdings von ihm umfasst. Die dritte, die später als das Schicksal hervorgebracht ist, wird ebenso von demselben umfasst, wie dies bei dem in unserer Macht stehenden und dem Glücke der Fall war. Eine nochmalige Polemik gegen die Stoiker und deren Fatalismus beschliesst die Abhandlung.

Das alles könnten nun immerhin Plutarchs Lehren gewesen sein, und weshalb sollte eine Schrift, welche das Thema vom Schicksal und der Vorsehung auf Grund Platonischer Definitionen und Anschauungen im Gegensatz zur Stoischen Lehre behandelt, im allgemeinen nicht mit der Philosophie Plutarchs übereinstimmen, die gleichfalls von Platonischen Voraussetzungen aus gegen den Stoicismus polemisirt? Daher hat denn auch E. Zeller*) die Hauptgedanken der Schrift de fato seiner Darstellung der Plutarchischen Philosophie gehörigen Ortes einzuverleiben und in ungezwungener Weise mit ähnlichen Gedanken aus der Schrift über den Verfall der Orakel und das Gesicht im Monde zu verknüpfen vermocht, ohne dass man sagen könnte, dass heterogenes mit einander verbunden sei. Indes muss es doch auffallend erscheinen, dass Plutarchs Hauptgedanke, den er so oft wiederholt, von der ursprünglichen Duplicität der Materie, an welchen daher auch sonst seine Lehren über Vorsehung und Schicksal anknüpfen, in der Abhandlung de fato gar nicht berührt und zur Erläuterung der vorliegenden Probleme verwendet wird. Noch auffallender aber ist es, dass die in dieser Schrift entwickelte Lehre von der dreifachen Vorsehung, ferner die scharfe Unterscheidung der Begriffe des $\delta\nu\nu\alpha\tau\delta\nu$, $\dot{\epsilon}\nu\delta\epsilon\chi\dot{o}\mu\epsilon\nu o\nu$ und $a\dot{v}\tau\dot{o}\mu a\tau o\nu$ in ihrem Verhältniss zu $\tau\dot{v}\chi\eta$ und $\dot{a}\nu\dot{a}\gamma\varkappa\eta$ sonst

---

*) Die Philosophie der Griechen. 2. Aufl. III, 2. S. 159 ff.

nirgend von Plutarch berührt oder irgendwie berücksichtigt ist. Wenn diese Lehren nun auch ihrem Inhalte nach in Plutarchs System hineinpassen, so stehen sie doch in seinen Schriften vollständig isolirt da, und dies ist um so bemerkenswerther, als doch Plutarch die wenigen wirklich speculativen Gedanken, die er dem Plato entlehnt hat, oder doch entlehnt zu haben glaubt, vielfach wiederholt und so oft sich ihm dazu Gelegenheit bietet, gern auf sie zurückkommt. Dazu kommt aber noch ein anderer höchst wichtiger Umstand. Ueberall nämlich werden in der Schrift de fato Aristotelische Kategorien und Peripatetische Kunstausdrücke zur Anwendung gebracht, auch die eben erwähnten Begriffe mit ihren Definitionen entsprechen durchaus den Aristotelischen Aufstellungen, wie wir sie z. B. in den ersten Analytiken, I, 8. 13 und sonst bei ihm finden. Eine Benutzung aber der logischen Definitionen des Aristoteles und der auf ihnen beruhenden Peripatetischen Schulsprache ist völlig unplutarchisch. Nur in Plutarchs Ethik, speciell in der Schrift de virtute morali, lassen sich bestimmtere Anklänge an Aristotelische Philosopheme nachweisen. Plutarch selbst aber betrachtet sich überall als Platoniker, und damit steht es dann in einem auffallenden Widerspruch, wenn der Verfasser der Schrift de fato in c. 7 sich in einem ausdrücklichen Gegensatz zu den Platonikern weiss, und ihre Ansichten berichtigt.

Die Erwägung dieser letzteren Punkte in Verbindung mit dem, was bereits über die ganz unplutarchische Darstellungsweise bemerkt ist, lassen es für mich keinem Zweifel unterliegen, dass das Benseler'sche Verwerfungsurtheil der Schrift de fato auf Grund des völlig vernachlässigten Hiatus durchaus begründet, und jeglicher Versuch, sie etwa für eine

Jugendschrift auszugeben, verfehlt ist. Es möge aber noch das Urtheil Kaltwassers hier Platz finden, welches er in seiner Uebersetzung der moralischen Abhandlungen Th. 5 S. 91 über das Buch de fato gefällt hat. »Diese Abhandlung über das Verhängniss oder Fatum ist unter allen, die dem Plutarch zugeschrieben werden, eine der schwersten, und dabei an vielen Stellen so corrupt, dass sich kaum ein erträglicher Sinn herausbringen lässt. Dem Stil nach zu urtheilen, scheint sie entweder den Plutarch gar nicht zum Verfasser zu haben, oder wenn sie ja von ihm herrührt, ein bloser Entwurf, eine Skiagraphie zu einem grösseren Werke gewesen zu sein, das er in der Folge weiter hat ausarbeiten wollen. Dies letztere wird um desto wahrscheinlicher, da Lamprias in dem Verzeichniss der Schriften seines Vaters ein Werk über das Fatum anführt, das aus zwei Büchern bestanden hat, heutiges Tages aber nicht mehr vorhanden ist. Ausserdem könnte man auch gegenwärtige Abhandlung als einen Auszug betrachten, den ein Unbekannter aus dem grösseren Werke gemacht und dadurch Gelegenheit gegeben hat, dass letzteres verloren gegangen, wie dies der Fall bei vielen Werken der Alten ist.« Was Kaltwasser über die traurige Beschaffenheit des Textes sagt, muss leider zugegeben werden. Daran aber dass die Schrift bei der präcisen, sich überall gleichbleibenden und doch von allzu grosser Kürze sich fernhaltenden Gedrungenheit des Stils für einen Auszug zu halten sei, ist nicht zu denken. Schon Benseler hat diese Ansicht S. 471 zurückgewiesen. Die Notizen des angeblichen Lamprias haben unsrer obigen Auseinandersetzung zufolge an sich keinen Werth und müssen bei der Frage nach der Aechtheit und Ursprünglichkeit einer Plutarchischen Schrift völlig unberücksichtigt bleiben.

Blos bei Schriften, von denen wir sonst gar nichts wissen, haben sie die Möglichkeit für sich, keine reinen Fictionen zu sein. Aber die Abhandlung kann auch für keinen blosen Entwurf, keine Skiagraphie gehalten werden. Dazu ist ihr Inhalt viel zu ausführlich und erschöpfend. Auch ist es doch wenig wahrscheinlich, dass ein Schriftsteller, der auf Veranlassung eines Freundes seine Darstellung unternimmt, sich damit begnügt haben sollte, vorbehaltlich späterer Ausführung, ihm nur die ersten Elemente dessen, was er wissen wollte, aufzuschreiben. Und so bleibt an Kaltwassers Urtheil schliesslich nur das bestehen, dass die Schrift dem Stil nach zu urtheilen, nicht von Plutarch verfasst zu sein scheint.

Meine Ansicht über die unter Plutarchs Namen auf uns gekommenen placita philosophorum in fünf Büchern macht in der Hauptsache keinen Anspruch auf Neuheit, sondern ist nur die ausführliche Bestätigung einer schon vor längerer Zeit von A. Meineke beiläufig gemachten Bemerkung. Man hat nämlich die Placita schon lange dem Plutarch abgesprochen. Vgl. Vossius de hist. Graec. Lugd. Bat. 1624 p. 169. Jonsius de script. hist. philos. Francof. 1659 p. 234. Am beachtenswerthesten ist das, was Chr. D. Beck in der Vorrede seiner 1787 erschienenen Ausgabe dieser Schrift gesagt hat. Das Werk, wie es uns jetzt vorliegt, sei eine dem Plutarch fremde, oberflächliche Compilation. Es sei mit der Pseudo-Galenischen Schrift περὶ φιλοσόφου ἱστορίας und vielen Stellen des Stobäus aus einer gemeinsamen Quelle excerpirt, und diese Quelle sei ein von Lamprias erwähntes verloren gegangenes Werk des Plutarch unter gleichem Titel gewesen. Der letzte Theil dieser Behauptung ist falsch, der erste dagegen richtig und von grosser Wichtigkeit.

Das Verhältniss zwischen Stobäus, Galen und Plutarch muss deshalb einer etwas eingehenderen Betrachtung unterworfen werden. Bekanntlich hat Johannes von Stobi ausser seinem umfangreichen Florilegium, das jedoch wie die Parallela des Johannes von Damaskus zeigen, nicht vollständig auf uns gekommen ist, noch ein anderes Werk in zwei Büchern verfasst, unter dem Titel Ἐκλογαὶ φυσικαὶ καὶ ἠθικαί. Auch dieses Werk besitzen wir nicht mehr vollständig, sondern Anfang und Ende ist verloren gegangen. Ueber den Anfang belehrt uns Photius in seiner Bibliothek cod. 167 p. 1126 Bekk. Nachdem hier die Capitel der Eclogen angegeben sind, heisst es: ἐν μέντοι τούτῳ τῷ βιβλίῳ πρὸ τοῦ τοῖς εἰρημένοις κεφαλαίοις ἐπιβαλεῖν περὶ δύο κεφαλαίων διαλαμβάνει, ὧν τὸ μὲν ἔπαινός ἐστι φιλοσοφίας, καὶ οὗτος ἐκ διαφόρων αὐτῷ συνηρανισμένος, τὸ δὲ περὶ τῶν κατ' αὐτὴν συνεστηκυιῶν αἱρέσεων, ἐν ᾧ καὶ περὶ γεωμετρίας καὶ μουσικῆς καὶ ἀριθμητικῆς δόξας παλαιὰς συναναγράφει. Mit der Arithmetik, also mit dem letzten Theile des zweiten Capitels beginnen unsre Eclogen. Das Lob der Philosophie und die Aufzählung der Secten ist verloren gegangen.

Das von Stobäus in den Eclogae physicae gesammelte Material ist ein doppeltes. Entweder sind es längere wörtlich entlehnte Citate aus Schriftstellern, deren Name genannt ist, oder es sind kurze Referate über Ansichten der Philosophen ohne Angabe der Quelle. Unter den 49 Capiteln der Eclogen bestehen einige nur aus Citaten, wie 1, 3, 9, 31, 39, 48, 49. Auch 35, denn was darin über Homer gesagt wird, das ist, wie bereits Heeren sah, aus einem alten Scholion zur voraufgehenden Platonischen Stelle geflossen. Dagegen enthalten c. 12 und 37 lediglich Referate über Ansichten von Philosophen.

In den übrigen Capiteln sind die beiden Bestandtheile des Materials gemischt. Die Referate über die Philosophen bilden gleichsam den Aufriss des ganzen Werks, in welchen die Citate aus Dichtern und Prosaikern hineingewebt sind, einen rothen Faden, der sich durch das ganze hindurchzieht. Dass sie sämmtlich aus ein und demselben Buche geflossen sind, lässt sich bei ihrer Uebereinstimmung in der Form der Darstellung nicht bezweifeln. Die Ansichten der Stoiker, namentlich des Chrysipp, sind ausführlicher mitgetheilt als die der übrigen Philosophen. Ganz ähnlich verhält es sich mit den Eclogae ethicae, nur dass Capitel 1—5, 7, 8, bei welchem das ganze Werk abbricht, nichts als Citate enthalten, das sechste dagegen eine zusammenhängende Darstellung über die Ethik, welche offenbar von einem Stoiker verfasst ist, der neben den Ansichten seiner Schule auch die Peripatetiker, Plato und die älteren Philosophen berücksichtigt hat. Die Darstellung ist ganz dieselbe wie in den Referaten der Eclogae physicae.

Die Quelle, aus welcher die Referate des Stobäus geflossen sind, hat A. Meincke in Mützells Zeitschrift für das Gymnasialwesen B. 13, 1859 S. 563 ff. nachgewiesen. Er setzt dort zuerst auseinander, dass nicht etwa Stobäus selbst für den Verfasser der im sechsten Capitel der eclogae ethicae enthaltenen Abhandlung gehalten werden dürfe. »Stobäus ist nichts als ein fingerfertiger Compilator, und weder in dem Florilegium, noch in den für die Geschichte der Griechischen Philosophie ungleich wichtigeren eclogis physicis findet sich auch nur ein einziges Excerpt, das von ihm selbst redigirt worden wäre, geschweige denn, dass er als der Verfasser einer Abhandlung betrachtet werden könnte, die, so wenig sie auch

Ansprüche auf selbständige Forschung macht, doch nur von einem Manne verfasst sein kann, der Urtheil genug besass, um ein fremdes Lehrgebäude in lichtvoller Darstellung dem Leser vorzuführen.« Dann bemerkt er, dass dasjenige, was Ecl. phys. p. 623 über die Lehre der Peripatetiker von der εὐδαιμονία berichtet wird, auch im Florilegium steht 103, 28 mit dem voraufgeschickten Lemma ἐκ τῆς Διδύμου ἐπιτομῆς. Ferner sei aus Eusebius Praep. Evang. XV, 14. 15. 20 zu entnehmen, dass die ἐπιτομή oder ἐπιτομαί des Areios Didymos, wie er hier genannt wird, die ganze Philosophie der Peripatetiker und Stoiker behandelt habe und nicht blos ihre Ethik. Ja wir sehen sogar, dass das Werk des Didymus die gesammte Griechische Philosophie von Thales an umfasst hat, da ja Clemens Alexandrinus Strom. I p. 300 nach Didymus den Ausspruch ἐγγύα παρὰ δ'ἄτα dem Thales, den noch bekannteren μηδὲν ἄγαν dem Solon beilegt. Ebendaselbst p. 309 giebt er nach Didymus ἐν τῷ περὶ Πυθαγορικῆς φιλοσοφίας an, Theano sei die erste Philosophin gewesen. Ausserdem führt Stobäus Ecl. phys. II, 1, 17 ἐκ τοῦ Διδύμου περὶ αἱρέσεων einiges über Xenophanes an, Eusebius aber Praep. Evang. XI, 23 führt zur Erläuterung der Platonischen Ideenlehre eine Stelle ἐκ τῶν Διδύμῳ περὶ τῶν ἀρεσκόντων Πλάτωνι συντεταγμένων an, die sich ohne Nennung der Quelle unter den Referaten bei Stobäus Ecl. phys. I, 12 findet. Aus alledem folgert nun Meineke zuletzt, dass ein grosser Theil dessen, was ohne Angabe des Gewährsmanns bei Stobäus über die Griechischen Philosophen excerpirt ist, auf dasselbe Werk des Didymus zurückzuführen sei, dass namentlich alles dasjenige daraus geflossen sei, was Ecl. phys. I, 12 ff. über Thales, Anaximander, Anaximenes, Anaxagoras, Pythagoras und andre berichtet

wird. Ausser Stobäus scheine übrigens auch Hippolyt im
ἔλεγχος κατὰ πασῶν αἱρέσεων und vielleicht auch der Verfasser der Plutarchischen Placita das Werk des Didymus benutzt zu haben. Ueber das Alter dieses Areios Didymus bemerkt Meineke zuletzt, habe er nichts ermitteln können.
Suidas nenne einen Akademischen Philosophen Δίδυμον Ἀτήων
ἢ Ἀττιον, woselbst Reinesius und andere aus Clemens Alexandrinus Ἀρειον geschrieben, der vielleicht von dem Verfasser
der Epitome über die Philosophen-Secten nicht verschieden
sei, obgleich des Suidas Angabe, er habe πιθανῶν καὶ σοφισμάτων λύσεις geschrieben, mehr auf einen Rhetor und Sophisten als Philosophen zu passen scheine, man müsste denn
sagen, Suidas habe verschiedene Personen durcheinander geworfen.

Meineke hat seine Ansicht in der adnotatio critica zum
zweiten Buch der Eclogen p. 155 (vgl. p. 152) wiederholt, zugleich mit einer Zeitbestimmung für Areios Didymos. Er sagt:
»ducta autem est haec tota de morali Stoicorum et Peripateticorum doctrina disputatio ex satis amplo opere, quo Didymus
Areus totam Graecorum philosophiam explicuerat; ex eodem
pleraque eorum derivasse Stobaeum, quae passim de philosophorum Graecorum decretis auctorum nominibus omissis in
medium protulit, haud vana coniectura est, quam l. l. proposui.
Vixit autem Didymus Areus temporibus imperatoris Augusti,
quem eo praeceptore usum esse constat e Suetonio v. Aug. 89
et Dione Cassio LII, 36.« Dass uns im Stobäus Excerpte aus
einer verloren gegangenen Schrift des Arcius Didymus περὶ
αἱρέσεων oder περὶ αἱρέσεων ἐπιτομή oder einem ähnlichen
Titel erhalten sind, lässt sich nach seiner Beweisführung nicht
bezweifeln. Aus diesem Werke ist aber, wie der weitere Ver-

auf meiner Darstellung zeigen wird, nicht das meiste, sondern geradezu alles geflossen, was im Stobäus bloses Referat ist. Ob nun dieser Areus Didymus mit dem von Sueton und Dio, auch vom Verfasser der Apophthegmata regum et imperatorum genannten Areus aus Alexandria zu identificiren sei, mag fraglich erscheinen. Jedenfalls muss aber auch er um die Zeit des Kaiser Augustus gelebt haben, denn er citirt keinen Philosophen, der jünger wäre als Posidonius.

Wenn nun Meineke ferner sagt, es scheine auch Hippolyt und Pseudo-Plutarch aus dieser Quelle geschöpft zu haben, so ist dies mit Hippolyt zwar nicht der Fall, wohl aber mit Pseudo-Plutarch, und zwar so, dass von keinem »scheinen« geredet werden kann, sondern die Sache ganz evident ist. Die Referate in Stobäus' Eclogen stimmen nicht blos in der ganzen Anlage, sondern auch in den Capitelüberschriften und im Inhalt so vollständig und wörtlich mit den Placita philosophorum überein, dass man sieht, beide Autoren schrieben ein und dieselbe Quelle ab. Nun zerfällt die Pseudo-Plutarchische Schrift in fünf Bücher, von denen das erste ein Vorwort, die allgemeine Physik und die Kosmogonie enthält. Das zweite Buch beginnt mit den Worten: τετελεκὼς τοίνυν τὸν περὶ ἀρχῶν καὶ στοιχείων καὶ τῶν συνεδρευόντων αὐτοῖς λόγον, τρέψομαι πρὸς τὸν περὶ τῶν ἀποτελεσμάτων ἀπὸ τοῦ περιεκτικωτάτου πάντων ἐνστησάμενος. Es folgt die Kosmologie und Uranologie. An der Spitze des dritten Buches stehen die Worte: περιωδευκὼς ἐν τοῖς προτέροις ἐν ἐπιτομῇ τὸν περὶ τῶν οὐρανίων λόγον, σελήνη δ'αὐτῶν τὸ μεθόριον, τρέψομαι ἐν τῷ τρίτῳ πρὸς τὰ μετάρσια· ταῦτα δ' ἐστὶ τὰ ἀπὸ τοῦ κύκλου τῆς σελήνης καθήκοντα μέχρι πρὸς τὴν θέσιν τῆς γῆς, ἥντινα κέντρου τάξιν ἐπέχειν τῇ περιοχῇ τῆς σφαίρας νενομίκασιν. ἀρξώμαι δ'ἐντεῦθεν. Es folgt die Meteorologie c. 1—6. Die Worte περιγεγραμμένων δέ μοι τῶν μεταρσίων, ἐφοδευθήσεται καὶ τὰ πρόσγεια bilden den Uebergang zur Lehre von der Erde und dem, was wir mathematische Geographie nennen. Das letzte Capitel vom Hof um den Mond, sowie das erste Capitel des vierten Buchs über das Wachsen des Nils, stehen an falscher Stelle. Die Einleitung zum vierten Buche, welches mit etwas gestörter Reihenfolge der Capitel die Psychologie behandelt, lautet: περιωδευμένων δὲ τῶν τοῦ κόσμου μερῶν διαβήσομαι πρὸς τὰ κατὰ μέρος. Das fünfte Buch behandelt ohne besondere Einleitung die Divination, die Träume und die Physiologie des Menschen und hört auf mit der Lehre von den Krankheiten, der Gesundheit und dem Alter.

Der Stoff des ganzen Werkes giebt sich sofort als Excerpt aus einem grösseren Werke zu erkennen. Der Schriftsteller erklärt, er wolle den λόγος φυσικός behandeln, deshalb sei es nöthig, zuvörderst von der Eintheilung der Philosophie zu sprechen. Es folgt die Dreitheilung der Stoiker und die Zweitheilung der Peripatetiker und dann heisst es am Anfang des ersten Capitels: ἐπειδὴ πρόκειται ἡμῖν τὰ φυσικὰ θεωρῆσαι, ἀναγκαῖον ἡγοῦμαι δηλῶσαι, τί ποτέ ἐστιν ἡ φύσις· ἄτοπον γὰρ πειρᾶσθαι μὲν φυσιολογεῖν, ἀγνοεῖν δ'αὐτὸ τοῦτο τὴν τῆς φύσεως δύναμιν. Aber wir erhalten blos die Ansicht des Aristoteles hierüber nach Auscult. phys. II, 1 und erfahren, dass die Natur das Princip von Ruhe und Bewegung ist. Es wird darauf der Unterschied von Princip und Element angegeben, und im dritten Capitel folgt ein ziemlich ausführlicher und genauer Bericht über die Ansicht der Philosophen hinsichtlich der Weltprincipien von Thales bis auf den Stoiker Zeno.

Merkwürdig ist dabei nur, dass die Lehren der Ionischen Philosophen, des Anaxagoras, Pythagoras, Epikur ausführlicher behandelt sind, als die des Plato, Aristoteles und Zeno. Die Entstehung der Welt wird nach Epikur, ohne jedoch diesen Philosophen zu nennen, im vierten Capitel auseinandergesetzt. Kein Wort von den Ansichten Plato's und der Stoiker über diesen Punkt. Umgekehrt haben wir im sechsten Capitel bei der Frage, woher die Menschen den Begriff der Gottheit haben, nur die Ansicht der Stoiker. In den zehn ersten Paragraphen des siebenten Capitels werden die hauptsächlichsten Atheisten genannt, daran schliesst sich eine Angabe dessen, was Euripides im Sisyphus gegen die Existenz der Götter vorgebracht hat, und eine eingehende Prüfung der Ansichten des Anaxagoras und Plato über die Weltschöpfung. Man sieht, es fehlt diesen Capiteln an jedem inneren Zusammenhang und die Mittheilung der Ansichten der Philosophen ist eine durchaus planlose. Wir haben eben nicht das Originalwerk eines Schriftstellers vor uns, sondern willkürlich excerpirte Bruchstücke aus einem solchen, in denen Relationen fremder Ansichten und die Kritik derselben bunt durcheinander laufen. Von der Mitte des siebenten Capitels an gewinnt aber die Schrift mit einem Male ein ganz anderes Aussehn. Alles selbständige Urtheil und Raisonnement des Autors hört auf, wir erhalten nur noch eine kurze Angabe dessen, was die einzelnen Philosophen über die verschiedenen Lehren der Physik für Ansichten gehabt haben.

So zerfallen die Placita in zwei ganz heterogene, einander völlig unähnliche Theile, ein Umstand, auf welchen meines Wissens erst einmal hingewiesen ist, nämlich von dem Verfasser der Recension der Beckschen Ausgabe in der Götlinger Bibliothek der alten Litteratur und Kunst vom J. 1788, St. 3 S. 100. Dort heisst es ganz richtig: »Wenn man die sieben ersten Capitel dieses Werkes mit den folgenden vergleicht, so findet man zwischen diesen einen solchen Abstand, dass man auf einmal ein andres Buch aufgeschlagen zu haben scheint. In jenen, vorzüglich in dem dritten, Vollständigkeit, chronologische Ordnung, ja selbst eignes Urtheil, in diesen auf einmal nichts mehr von dem allen, sondern statt dessen blos flüchtig hingeworfene Sätze, bei denen sich der Verfasser kaum scheint zum Schreiben Zeit gelassen zu haben, ohne Ordnung und ohne Zusammenhang. Was ist daher wahrscheinlicher, als dass wir die ersten Capitel dieses Buches, wenngleich nicht ganz vollständig, doch grosse Stücke aus ihnen noch so besitzen, wie sie der erste Verfasser geschrieben hat. Es scheint, der Compilator war Willens, das Werk ganz abzuschreiben, aber bei dem siebenten Capitel ging ihm die Geduld aus; er fing an zu excerpiren, und excerpirte sichtbar immer elender, immer mehr ohne Plan und Ordnung, je tiefer er hineinkam. Aus diesen Capiteln also, und vorzüglich aus dem dritten, können wir mit Recht auf den Werth, Plan und Ausführung des alten Werkes schliessen, und mit Bedauern sehen, wieviel wir davon verloren haben. Der Verfasser desselben ging die Meinungen der alten Philosophen über die Gegenstände der Physik nach den Secten durch, fing mit Thales und seinen Nachfolgern an, kam dann auf die Pythagoreer, ferner auf Heraklit, Demokrit und seinen Schüler Epikur, und zuletzt auf die Sokratische Schule und ihre Zweige. Auch führte er nicht blos die Meinungen der Philosophen an, sondern beurtheilte sie auch, wie man aus eben diesem Capitel zur Genüge sieht. Das vierte Capitel ist wiederum kein bloses Excerpt, sondern eine wörtliche Abschrift eines Theils des ganzen Capitels und eben so die sieben ersten Capitel.«

Ein weiterer Beleg für die Verschiedenartigkeit der Theile, aus denen die Placita bestehen, ergiebt sich auch aus dem Verhältniss dieser Schrift zu Stobäus. Aus diesen ersten Capiteln nämlich ist nur sehr wenig in den Eclogen anzutreffen, nichts aus dem Vorwort, dem ersten, vierten, sechsten sowie der ersten Hälfte des siebenten Capitels. Von §. 11 dagegen findet sich alles mit ganz geringen Ausnahmen, und zwar wörtlich gleichlautend auch in den Referaten des Stobäus aus Areus Didymus. Diese Uebereinstimmung zieht sich durch die zweite Hälfte des ersten, das ganze zweite und dritte und den grösseren Theil des vierten Buches hindurch. Der Schluss des vierten sowie das fünfte Buch behandelt eine Materie, die Stobäus nicht mit aufgenommen hat, bis auf ganz geringe Theile des fünften Buches. Bei dieser durchgängigen wörtlichen Uebereinstimmung kann eben kein Zweifel sein, dass auch die Pseudo-Plutarchischen Placita aus Areus Didymus geflossen sind, und es bleiben nur noch zwei Fragen zu erledigen, woher kömmt die besagte grosse Verschiedenheit zwischen den beiden Theilen des ersten Buches, und woher kömmt es, dass Stobäus aus diesem ersten Theile nur ganz weniges aufzuweisen hat, während er sonst alles hat, was der zweite Theil des ersten Buches und die folgenden Bücher enthalten?

Auch auf diese Fragen erhalten wir eine befriedigende Antwort, wenn wir die dritte der hierher gehörigen Schriften, nämlich das Pseudo-Galenische Werk περὶ φιλοσόφου ἱστορίας in's Auge fassen, welches im 19. Bande der Kühnschen Ausgabe der Werke Galens S. 222—345 abgedruckt ist. Der

Verfasser, den ich der Kürze wegen Galen nennen will, hat sein Werk in 39 Capitel getheilt. Die meisten Capitel bestehen wieder aus kleineren Abschnitten mit besonderen Ueberschriften, wie denn auch die erste Ueberschrift bei längeren Capiteln sich nie auf das ganze Capitel, sondern nur auf den ersten Abschnitt bezieht. Die Ueberschrift des ersten Capitels lautet: ποία πρὸ τοῦ Σωκράτους ἦν ἡ φιλοσοφία, τίνα μέρη αὐτῆς προσέθη καὶ περὶ τῆς τοῦ βιβλίου ὑποθέσεως. Galen sagt, die Philosophie, die sich anfangs nur auf Physiologie bezogen habe, sei von Sokrates, dem es schwierig schien, sich eine sichere Kenntniss von verborgenen Dingen zu verschaffen, auf Ethik und Dialektik gerichtet worden, da derjenige, der zu der von ihm erkannten Wahrheit auch andere hinüberführen wolle, darauf sehen müsse, durch eine richtige Methode der Begriffsdarlegung andere von dieser Wahrheit zu überzeugen. Er wolle nun einen nützlichen Ueberblick über die gesammte Philosophie geben, und zwar nicht eigne neue Gedanken vortragen, sondern die Ansichten der früheren kurz zusammenfassen. Die Quelle seiner Darlegung sei eine doppelte. Einmal nämlich werde er das mittheilen, was er selbst von seinen Lehrern gehört habe, dann das was er sich aus verschiedener Lectüre der Philosophen gesammelt habe — ἁπλουστέρως δὲ ὅσα παρὰ τῶν πεπαιδευκότων ἡμᾶς ἀπηκούαμεν καὶ δι᾽ ἀναγνωσμάτων ἐμάθομεν νῦν συνάγειν ἐπεχειρήσαμεν. Daraus werde der Leser lernen, woher die Philosophie zuerst zu den Griechen gekommen sei und durch wen sie eingeführt sei, und wer die hervorragendsten Persönlichkeiten auf diesem Gebiete des Wissens seien.

Im zweiten Capitel, dessen erster Abschnitt die Ueberschrift trägt περὶ τῶν φιλοσόφων κατὰ τὴν διαδοχὴν λελοιπότῶν (?), werden kurz die Philosophen von Thales bis auf den Stoiker Posidonius und den Epikureer Hermarchus aufgezählt, mit Ausschluss der Italischen Philosophen, welche erst im letzten Abschnitt περὶ εἰδῶν τῆς φιλοσοφίας von Pythagoras bis auf Protagoras von Abdera genannt werden, nachdem der Verfasser gesagt hat, es gebe überhaupt zwei Arten von Philosophie, die Ionische und die Italische. Im dritten Capitel wird von den besonderen Namen der Philosophie, von der Logik, von den Theilen der Philosophie, von den Secten und von der Veranlassung zum philosophiren nach Xenokrates gehandelt. Im vierten Capitel berührt Galen in ganz oberflächlicher Kürze die Urtheile, den Syllogismus, Definition, Partition, die Lehre vom Kriterium, von der Wahrheit und der Art des Beweises. Den Grund dieser Kürze giebt uns der Anfang des fünften Capitels an: ὅσα μὲν εἰκὸς ἦν περὶ τῶν συντελούντων εἰς τὸ λογικὸν μέρος τῆς φιλοσοφίας εἰπεῖν ἐν ἑτέρῳ διῆλθον διὰ πλειόνων. ἡμεῖς δὲ συντομώτατα περὶ τούτων διαλεχθέντες συμμετρίᾳ μὲν ἐπὶ τὰ φυσικώτερα. Eine Erwähnung der bewirkenden und materiellen Ursachen führt den Verfasser auf eine kurze Aufzählung dessen, was die früheren Philosophen über Gott und die Materie gelehrt haben. Im sechsten Capitel wird über den Unterschied von Princip und Ursache, von Element und Princip, von der Natur, der Bewegung, den Körpern gehandelt. Soweit ist alles dem Galen eigenthümlich. Anders verhält sich dies mit dem folgenden. Denn von dem Abschnitt περὶ σχήματος findet sich wenigstens der erste Satz bei Plutarch I, 14, 1 und was über die Ideen gelehrt wird, das stimmt wo nicht immer dem Wortlaute, so doch durchaus der Sache nach mit Plut. I, 17. Desgleichen in Capitel 7 und 8. Denn der Abschnitt περὶ κόσμου ist eine

Abkürzung von dem, was Plut. I, 5 ausführlicher giebt. Der Abschnitt πῶς συνέστηκεν ὁ κόσμος enthält mit unglaublicher Nachlässigkeit das gekürzt, was Plutarch viel genauer I, 4 giebt. Der Abschnitt περὶ θεοῦ, welcher anfängt ὅσα κατ' ἀρχὰς περὶ θεοῦ λέγοντες παρελίπομεν, ταῦτα νῦν ἐροῦμεν, stimmt, einige Kürzungen abgerechnet, fast wörtlich mit Plut. I, 7. Der Abschnitt πόθεν ἔχομεν ἔννοιαν θεῶν ist eine klägliche Kürzung von Plut. I, 6 und der letzte Abschnitt περὶ ἡρώων καὶ δαιμόνων stimmt wiederum, nicht dem Wortlaut, aber doch der Sache nach mit Plut. I, 8. Es folgt im Galen eine kurze εἰσαγωγή in die Lehre von der Seele, die Plutarch nicht hat. Aber die Abschnitte des zehnten Capitels περὶ ἐλαχίστων haben wir bei Plut. I, 13 — περὶ χρωμάτων I, 15 — περὶ μίξεως I, 17 — περὶ κενοῦ I, 18 — περὶ χώρας I, 20 (Plutarch ist hier ausführlicher) — περὶ χρόνου I, 19 — περὶ οὐσίας χρόνου I, 21 (hier gehen die Autoren etwas auseinander) — περὶ γενέσεως καὶ φθορᾶς I, 24 — περὶ ἀνάγκης I, 25 — τίς οὐσία ἀνάγκης I, 26 — περὶ οὐσίας εἱμαρμένης I, 28 — περὶ τύχης I, 29.

Die übrigen Capitel des Galen stimmen in der Reihenfolge, in den Ueberschriften der Abschnitte und im Wortlaut so vollständig mit dem 2.—5. Buche des Plutarch überein, dass sich abgesehen von Varianten der Lesart und einigen geringfügigen Unterschieden, beide Schriften gleichen wie ein Ei dem andern. Einiges fehlt im Galen, wie II, 24, 7. III, 8, 2 (Uebergangsformel). 17, 5. 18. IV, 2—4. 14, 4. 15 (blos die letzten Zeilen). V, 27. 28. Einiges ist unbedeutend kürzer als im Plutarch. Einiges, was Galen hat, fehlt im Plutarch, so ist II, 20 bei Galen um einen Satz vollständiger; V, 18 um einen Abschnitt; V, 22 hat einen ausführlicheren Schluss.

V, 30 weiss Plutarch nichts von Pythagoras. Ausführlicher ist II, 27 im Galen. Ferner schliesst sich bei diesem das erste Capitel des vierten Buchs an das achte an, auf Capitel 4—7 folgt Cap. 21. Im 5. Buche geht Cap. 24 dem 25. vorher. Doch alle diese Abweichungen sind untergeordneter, mehr zufälliger Art. Im allgemeinen ist die Uebereinstimmung so gross, dass unzweifelhaft die Placita (ausgenommen die sieben ersten Capitel) und Pseudo-Galen aus derselben Quelle, d. h. aus ein und demselben Auszug aus Areus Didymus geflossen sind.

Durch Combination der im bisherigen dargelegten Thatsachen gelange ich nun zu folgendem Resultate. Areus Didymus, ein Stoischer Philosoph nach Posidonius, der bereits in einer besonderen Schrift über die Logik gehandelt hatte, verfasste ein zweites weitläufig angelegtes Werk über die gesammte Philosophie, jedoch so, dass er in diesem die Hauptpunkte der Logik nur kurz recapitulirte, ausführlich dagegen die Physik und Ethik behandelte. In diesem Buche theilte er theils das mit, was er von seinen Lehrern gehört hatte, d. h. die Stoische Philosophie, theils das, was er in den Schriften der älteren Philosophen, oder wenigstens über diese selbst gelesen hatte. So enthielt denn sein Werk ausser einer ausführlicheren Darlegung des Stoischen Lehrgebäudes ein überaus nützliches Compendium der Geschichte der Philosophie. Aus diesem Werke wurden schon in alter Zeit, d. h. vor dem Zeitalter der Antonine, verschiedene handliche Auszüge gemacht. Solcher Auszüge sind drei, genauer zugesehen sogar vier auf uns gekommen. Der Auszug, den Pseudo-Galen entweder abschrieb, oder nochmals abkürzte, hörte auf mit dem Ende der Physik, so dass der Inhalt dieser Schrift mit dem

Titel περὶ φιλοσόφου ἱστορίας nicht stimmt. Der Auszug, den
Stobäus benutzt hat, enthielt ausser der Physik auch die
Ethik. Irgend ein dritter Compilator, der als Pseudo-Plutarch
zu bezeichnen ist, liess die historische Einleitung und alles
das aus, was im Werke des Didymus sich auf Logik bezog,
verschmähte auch die Ethik, und wollte blos das auf Physik
bezügliche ausschreiben. Dazu musste er aber viel ändern
und weglassen, und diese Arbeit wurde ihm gar bald zuviel.
Daher begnügte er sich damit, aus den ersten Capiteln des
Didymus einige längere Stücke abzuschreiben, dann aber ver-
zichtete er auf alle Selbständigkeit des Excerpirens und schrieb
einen bereits vorgefundenen, dem Pseudo-Galenischen ähnlichen Auszug wörtlich ab. So erklärt sich vielleicht einigermassen die auffällige Verschiedenheit zwischen den sieben
ersten Capiteln und dem Rest der Placita. Von diesen drei
Auszügen hat nun jeder seine eigenthümlichen Vorzüge. Der
Auszug des Stobäus giebt die meisten und reichhaltigsten
Excerpta. Der Auszug des Galen lässt uns die ursprüngliche
Beschaffenheit vom Werke des Didymus nach seiner ganzen
Anlage erkennen. Plutarch endlich entfernt sich in seinen
ersten Capiteln am wenigsten vom Wortlaut und der Ausführ-
lichkeit des Didymus. Bis zu welcher Dürftigkeit aber Didymus unter den Händen seiner Epitomatoren stellenweis zusammengeschrumpft ist, das beweist am besten der Abschnitt
über die Gestalt des Mondes bei Galen verglichen mit Stob.
p. 151, 27 und Plut. II, 27. Dass das Werk des Didymus
bereits vor der Zeit der Antonine epitomirt worden ist, kann
man daraus entnehmen, dass Athenagoras in seiner i. J. 177
an Kaiser Marcus gerichteten πρεσβείᾳ περὶ Χριστιανῶν eine
solche Epitome benutzt hat. Man vergleiche das über Aristo-

teles und die Stoiker bei Athenag. c. 6 gesagte mit de plac.
I, 7, 16. 17, ferner Athenag. c. 21 mit de plac. I, 8, 2. Vielleicht ist auch das, was bei Athenagoras über Plato folgt, so wie das in c. 6 über Philolaus, Lysis und Opsimus gesagte aus Didymus geschöpft.

Da sich nun die Placita philosophorum als ein doppeltes Excerpt aus einem grossen Werke des Areus Didymus ergeben haben, so ist die Frage nach der Authentie des Buches damit vollständig erledigt. Denn dass Plutarch auch nicht entfernt daran gedacht haben kann in gedankenloser Weise*) ein grosses Werk zu excerpiren, noch dazu das Werk eines Stoikers, der sein eignes System ganz besonders in den Vordergrund treten liess, bedarf keines weiteren Beweises.

Auf die Frage, wie man wohl dazu gekommen ist, dem Plutarch dieses für uns zwar immerhin werthvolle, aber an sich betrachtet doch höchst mittelmässige Machwerk beizulegen, vermag ich keine genügende Antwort zu geben. Es ist dies jedoch schon im dritten, spätestens zu Anfang des vierten Jahrhunderts geschehen. Denn Eusebius hat viele Capitel der Placita als Plutarchisch dem 14. und 15. Buch seiner Praeparatio Evangelica einverleibt**). Nach Eusebius führt Cyrillus in seinen Büchern gegen Julian die Placita unter Plutarchs Namen an, und theilt einiges daraus wörtlich mit. Auf dieselbe *Πλουτάρχου περὶ τῶν τοῖς φιλοσόφοις δοξάντων ἐπιτομή* beruft sich auch Theodoret. de cur. aff. II p. 85, IV p. 61 ed. Sylburg. Dass übrigens auch die von Eusebius I, 8 unter

---
*) Man vergleiche nur de plac. II, 25 mit Stob. ecl. phys. T. I p 150, II, 28 mit p. 152, II, 11, 3 mit p. 137. 133, III, 80, 2 und III, 31, 3 mit p. 154, endlich III, 3, 5 mit p. 163.
**) Nämlich I, 3. 1—7. 26—35. 4. 5. 7. 9. 10. II, 3—11. 13—18. 20—22. 24—32. III, 9—11. 13. 16. IV, 4. 5.

Plutarchs Namen citirten Στρωματεῖς, eine den Placitis verwandte Schrift, ein untergeschobenes Machwerk waren, beweist, wie schon bemerkt, die Dürftigkeit des Inhalts und die Vernachlässigung des Hiat in dem daselbst aufbewahrten Fragment. Ueber den Hiat in den Placitis genügt es auf Benseler p. 512 ff. zu verweisen.

Fassen wir das Ergebniss unserer bisherigen Bemerkungen zusammen, so haben wir also gefunden, dass bis auf die noch nicht besprochene Schrift de musica und die vorläufig zurückgestellten kleineren Apophthegmen alle Schriften, welche Benseler wegen der gänzlichen Vernachlässigung des Hiat dem Plutarch abgesprochen hat, auch abgesehen davon aus rein sachlichen Gründen sich als unächt erweisen lassen, ein Umstand, durch welchen die ganze Lehre vom Hiat gewiss nicht wenig unterstützt wird. Etwas schwieriger gestaltet sich die Frage bei der Schrift de musica, indes stehe ich nicht an, auch in Betreff dieser Abhandlung Benselers Verwerfungsurtheil beizupflichten, trotzdem ich früher selbst ihre Aechtheit vertheidigt habe. Aber dies that ich, ohne von Benselers Buch und der ganzen Art seiner Beweisführung Kenntniss zu haben. So hatte ich denn eigentlich nur den Franzosen Amyot zu widerlegen, welcher bemerkt hatte »le style ne semble point estre de Plutarque.« Das war freilich ein ganz allgemeines Urtheil, und wenn auch nach ihm andere Gelehrte beiläufig die Schrift als unächt bezeichnet, oder sie mit einem »Plutarchi quae vulgo fertur« citirt hatten, so waren doch von keiner Seite meines Wissens bestimmte Gründe für eine derartige Ansicht beigebracht worden. Was hatte aber Amyot mit seiner Bemerkung eigentlich gemeint? Die Schrift besteht zu ihrem grössten Theile aus Stücken, die der Verfasser den von ihm benutzten Quellen wörtlich entlehnt hat. Das, was nachweislich seine eigene Zuthat ist, bietet hinsichtlich der Gräcität im ganzen nichts erhebliches dar, dass man deshalb genöthigt wäre, die Schrift dem Plutarch abzusprechen. Hinsichtlich ihrer Tendenz, eine Rückkehr von der verdorbenen, weichlichen Musik der Gegenwart, zur strengen Einfachheit der klassischen Kunst zu empfehlen, stimmt die Schrift vortrefflich zu Plutarchs eigner Richtung, um so mehr als dessen Lehrer Ammonius sich in ganz ähnlichen Klagen über den Verfall der Musik zu seiner Zeit ergeht, wie der eine Unterredner der Schrift de musica. Plutarch beweist sich an vielen Stellen seiner Schriften als ein musikalisch gebildeter Mann, mit besonderer Vorliebe entnimmt er gerade dieser Kunst seine Bilder und Gleichnisse. So schien mir denn kein Grund vorhanden zu sein, die Schrift dem Plutarch abzusprechen, vielmehr glaubte ich sie als eine Jugendschrift desselben bezeichnen zu müssen. Den Grund dafür habe ich in der Vorrede zu meiner Ausgabe p. XI in folgenden Worten angegeben: »Propter Soterichum Alexandrinum inter Onesicratis*) commemoratum convivas, eo animo inducor, ut eundem illum esse Onesicratem statuam, cuius in Quaest. Convivv. V, 5 facta est mentio, clarissimum medicum Alexandrinum, cuius in conviviis doctae disputationes instituebantur. Adiit eum Plutarchus Alexandriae cum Lampria avo admodum iuvenis. Iam

---

*) Der dialogus de musica gehört in das Gebiet der Deipnosophistik. Onesikrates, den der Verfasser seinen Lehrer nennt, hatte am zweiten Tage des Kronosfestes musikkundige Männer, den Alexandriner Boterichus und den Lysias nebst anderen Gästen zu Tische geladen. Nach beendigter Mahlzeit schlägt Onesikrates die Musik, ihre Geschichte und ihren Werth als Gegenstand der weiteren Unterhaltung vor. Der Inhalt der von Soterichus und Lysias gehaltenen Vorträge wird darauf ausführlich mitgetheilt.

vero, si in dialogo de Musica Onesikrates inter vivos refertur, non potest dialogus compositus esse nisi ea aetate, qua prima eruditionis specimina Plutarchus edere coepit.«

Allein diese Argumentation steht auf ganz schwachen Füssen. Der Onesikrates in der Schrift de musica erscheint als Lehrer des Verfassers — er wird διδάσκαλος und nicht καθηγητής genannt — und zwar in solcher Weise, dass man daraus allerdings auf ein ziemlich junges Alter des Verfassers schliessen möchte. Er wird nicht als Arzt bezeichnet. Der Onesikrates der Tischgespräche ist Arzt, aber nicht in Alexandria, sondern in Chäronea, kein Lehrer, sondern ein Freund Plutarchs. Plutarch hat ihn nicht mit seinem Grossvater in Alexandria besucht, vielmehr berichtet er an der angezogenen Stelle von den Gastmälern, welche ihm bei seiner Rückkehr von Alexandria, also zu Hause in seiner Vaterstadt von seinen Freunden zu seinem Empfang bereitet wurden. Die meisten dieser Gastmäler waren von zahlreichen Personen besucht, indem die Gastgeber immer eine Menge solcher einluden, von denen sie annahmen, dass sie zu Plutarch in irgend welcher, wenn auch entfernten Beziehung ständen. So führten die Gastmäler zu einer lärmenden Unterhaltung. Der Arzt Onesikrates aber lud nur die nächsten Bekannten und Freunde ein und dies gab dem Plutarch und darauf dessen Grossvater Lamprias Veranlassung darauf hinzuweisen, wie man auch bei den Einladungen zu einem Gastmale Mass halten müsse. Da der Grossvater Lamprias damals noch am Leben, auch geistig vollkommen frisch und rüstig war, so muss dieses Gastmal doch auch in eine ziemlich frühe Periode von Plutarchs Leben gesetzt werden. Wäre nun der Onesikrates der Schrift de musica identisch mit dem in der angezogenen Stelle der Tischgespräche erwähnten Onesikrates, ferner der Verfasser beider Schriften ein und dieselbe Person, so müsste man sich doch billig wundern, dass Plutarch, wo er in einer allerdings in späteren Jahren verfassten Schrift einen Vorgang aus seiner Jugendzeit berichtet, den Soterichus nicht auch als seinen Lehrer, sondern nur schlechtweg als seinen Freund bezeichnet hätte. Immerhin könnte man sich darüber hinwegsetzen, wenn die Autorschaft Plutarchs für die Schrift de musica feststände, unmöglich aber kann man die Identität eines Namens, die doch an sich durchaus nicht zur Identificirung der damit bezeichneten Personen berechtigt, als ein den Ausschlag gebendes Moment bei der Frage nach der Aechtheit der Schrift, oder die letztere zugestanden, bei der Frage nach ihrer Abfassungszeit benutzen.

Es hat sich aber auch der neuste Herausgeber der Schrift über Musik, Herr Professor R. Westphal für deren Aechtheit erklärt und sie für ein Jugendwerk Plutarchs ausgegeben. Nachdem er nämlich durch eine eingehende Untersuchung ihrer Quellen[*]) zu dem Resultat gelangt ist, dass von den 44 Capiteln, in welche die Schrift de musica nach der Eintheilung Wyttenbachs zerfällt, nur 14 dem Verfasser selbst angehören, die übrigen 30 und gerade diejenigen, welche die eigentliche Ausbeute über antike Musik geben, ohne irgendwie bedeutende Aenderungen meist wörtlich aus älteren Werken, nämlich Aristoxenus und Heraklides ausgezogen sind, sagt er, hiermit erledige sich die Frage nach der Authentie der Schrift eigentlich von selbst, welche aufzuwerfen allerdings geboten gewesen, da es längst nicht unbemerkt bleiben konnte, dass

---

[*]) Vgl. auch dessen Griechische Rhythmik und Harmonik. 2. Aufl. Leipz. 1867 S. 54 ff., in der jedoch von der dem Plutarch zugeschriebenen Schrift über Musik die Rede ist.

vieles, von welchem der Verfasser als von etwas zu seiner Zeit bestehendem redet, unmöglich der Zeit Plutarchs angehört haben kann. Sie sei ein Werk Plutarchs, des Schülers des Onesikrates. Alles was darin steht, ist von Plutarch geschrieben, aber das meiste hat er aus älteren Büchern abgeschrieben, und für diesen grösseren Theil der Schrift ist er nicht der Verfasser, sondern nur der librarius. Nun sei Plutarch nicht unerfahren in der Musik, dies beweisen vor allem die Tischgespräche, er ist auch, wie sein Buch über die Psychogonie zeigt, in der musikalischen Akustik wohl zu Hause. Zu der Klasse der Tischgespräche gehöre nun auch vorliegende Schrift, und es sei gar nicht nothwendig, den scenischen Apparat derselben für reine Fiction zu halten. Der Gastgeber Onesikrates begegne uns auch Symp. V, 3. 4, gleichfalls in der Rolle des Gastgebers. Aus dieser Stelle erfahren wir, dass Onesikrates in Chäronea lebt, und so könne es wohl keine Frage sein, dass auch das am Kronosfest veranstaltete Gastmal, an welchem der Dialog über Musik gehalten wird, in Chäronea stattgefunden habe. Wenn der Onesikrates der Tischgespräche Arzt sei, so stehe damit in keinem Widerspruche, dass er in unsrer Schrift ein reges Interesse für Grammatik und Musik, insbesondere für das sogenannte φυσικὸν μέρος der musikalischen Theorie hat. Auch könne er, trotzdem er Arzt gewesen, auf die gelehrte Bildung seines Mitbürgers und Freundes Plutarch in dessen jüngeren Jahren von solchem Einfluss gewesen sein, dass dieser ihn als seinen Lehrer, vielleicht nur gelehrten Gönner bezeichnet, und es thue dieser dem Onesikrates gegebene Titel der Thatsache, dass Ammonius*) der wirkliche und eigentliche Lehrer Plutarchs

---

*) Es ist ein wunderbarer Irrthum, wenn Westphal S. 29 von Ammonius Sakkas spricht.

war, keinen Eintrag. Demnach habe man den Dialog über Musik der Ueberlieferung gemäss als eine Arbeit Plutarchs zu betrachten, aber es sei eine Jugendarbeit desselben. Plutarch verstehe es in ihm noch nicht die Berichte der früheren in freier Weise zu gestalten. Das meiste, was er dort vorgetragen werden lässt, sind wörtliche Auszüge aus Aristoxenus und Heraklides' Schriften; hier dagegen in den Tischgesprächen, und zwar im neunten Buche beim Gastmale des Ammonius, bei welchem auch über musikalisches gesprochen wird, wovon uns freilich nur die Schlusserörterung, eine Klage des Ammonius über den Verfall der alten klassischen Musik erhalten ist, — zeigt sich Plutarch auf dem Höhepunkte seines eignen vielseitigen Wissens und seiner schriftstellerischen Kunst. Aber eben dieser zu Tage tretende Gegensatz zwischen dem unselbständigen Epitomator-Verfahren im Dialog über die Musik und der freien und selbständigen Stellung, welche Plutarch in Bezug auf musikalische Dinge in den Tischgesprächen einnimmt, erhalte nur dann eine genügende Lösung, wenn wir für beide Werke zwei ganz verschiedene Schriftstellerepochen im Leben Plutarchs annehmen. Die Tischgespräche sind eine Frucht seines reiferen Lebens, der Dialog über die Musik muss noch im jugendlichen Alter Plutarchs geschrieben sein. Es ist vermuthlich die früheste Schrift, die wir von ihm besitzen, in der unselbständigen, unfreien Art der Quellenbenutzung noch am ersten mit der consolatio ad Apollonium zu vergleichen.

Ich kann nun nach wiederholter Prüfung der Sachlage diesem Urtheil Westphals doch nicht beistimmen. Es ist zu bedauern, dass auch er von Benselers Verwerfungsurtheil über die Schrift auf Grund des in ihr völlig vernachlässigten Hiatus

nichts gewusst, oder sich doch darum nicht weiter bekümmert
hat. Durch den Hiat tritt die Frage nach Aechtheit oder Unächtheit der Schrift sofort in ein andres Stadium und bekömmt
einen festen Grund und Boden. Allerdings besteht sic überwiegend aus abgeschriebenen Citaten, und der in diesen Citaten vernachlässigte Hiat fällt dem Verfasser nicht zur Last.
Aber gerade in den Theilen, die auf seine Rechnung zu setzen
sind, wie gleich in der Einleitung, ist der Hiat völlig vernachlässigt. Man sehe nur die von Benseler S. 536 aufgeführten
Beispiele. Demnach befolgt ihr Verfasser eine andere Art der
Composition als Plutarch, und sofern die Composition mit zum
Stil eines Autors gehört, hat Amyot mit seiner Bemerkung
»le style ne semble point estre de Plutarque« ganz Recht.
Es ist nun möglich, dass Plutarch in seinen ersten Schriften
den Hiat noch nicht vermieden hat, aber wie bereits gesagt,
wenig wahrscheinlich. So ist es auch unwahrscheinlich, dass
Plutarch seine schriftstellerische Thätigkeit mit einer form-
losen Compilation begonnen habe, und die Heranziehung der
consolatio ad Apollonium ist bei der erwiesenen Unächtheit
dieser Schrift ganz nutzlos. Sonst aber ist es für Plutarchs
philosophische und gelehrte Schriftstellerei geradezu charakteristisch, dass er in keiner Schrift unverarbeitete längere
Citate dem Leser auftischt. Ja es ist, wie wir im ersten Abschnitt bereits gesehen haben, überhaupt unwahrscheinlich,
dass Plutarch schon in der Jugend, etwa vor Domitians Regierungsantritt, also vor seinem dreissigsten bis fünfunddreissig-
sten Jahre, geschriftstellert hat. Nun ist der Dialog über die
Musik allem Anschein nach das Werk eines jugendlichen Verfassers, aber es ist eben nicht zu erweisen, dass dies Plutarch
sein müsse. Denn dass der Lehrer desselben Onesikrates

heisst, und ein Onesikrates auch von Plutarch unter seinen Freunden erwähnt wird, aber, oder vielmehr also — nicht als Lehrer, kann doch reiner Zufall sein, und es nöthigt uns nichts, diese beiden Personen zu identificiren. Soterichos aber und Lysias werden von Plutarch nirgends erwähnt.

Von besonderer Wichtigkeit scheint mir aber noch folgender Umstand zu sein. Plutarch verfasste seine Tischgespräche bekanntlich auf den Wunsch des Sosius Senecio. $\psi\acute{\eta}\vartheta\eta\varsigma\ \tau\varepsilon$ $\vartheta\varepsilon\tilde{\iota}\nu\ \dot{\eta}\mu\tilde{\alpha}\varsigma$, sagt er diesem in der Vorrede zum ersten Buch, $\tau\tilde{\omega}\nu\ \sigma\pi o\rho\acute{\alpha}\delta\eta\nu\ \pi o\lambda\lambda\acute{\alpha}\varkappa\iota\varsigma\ \tilde{\varepsilon}\nu\ \tau\varepsilon\ '\!Ρ\acute{\omega}\mu\eta\ \mu\varepsilon\vartheta'\ \dot{\upsilon}\mu\tilde{\omega}\nu,\ \varkappa\alpha\grave{\iota}\ \pi\alpha\rho'\ \dot{\eta}\mu\tilde{\iota}\nu$ $\dot{\varepsilon}\nu\ \tau\tilde{\eta}\ '\!E\lambda\lambda\acute{\alpha}\delta\iota,\ \pi\alpha\rho o\acute{\upsilon}\sigma\eta\varsigma\ \ddot{\alpha}\mu\alpha\ \tau\rho\alpha\pi\acute{\varepsilon}\zeta\eta\varsigma\ \varkappa\alpha\grave{\iota}\ \varkappa\acute{\upsilon}\lambda\iota\varkappa o\varsigma,\ \varphi\iota\lambda o\lambda o\gamma\eta\vartheta\acute{\varepsilon}\nu\tau\omega\nu\ \sigma\upsilon\nu\alpha\gamma\alpha\gamma\varepsilon\tilde{\iota}\nu\ \tau\grave{\alpha}\ \dot{\varepsilon}\pi\iota\tau\acute{\eta}\delta\varepsilon\iota\alpha$. Nun sind die Tischgespräche, wie sich mit Bestimmtheit behaupten lässt*), erst nach Domitian geschrieben. Damals muss Plutarchs Grossvater längst todt gewesen sein, denn bei Domitians Tode war ja Plutarch mindestens 46 Jahre alt. Wenn er nun aber in den ersten Büchern seiner Tischgespräche den Grossvater noch vielfach als redend einführt, so geht daraus hervor, dass er für Senecio nicht blos Tischgespräche der jüngsten Vergangenheit, sondern auch früherer Zeiten, soweit er sich deren vielleicht auf Grund gemachter Aufzeichnungen erinnerte, zusammengestellt hat. Wäre nun Plutarch der Verfasser der Schrift über Musik, und wäre er es, der in derselben ein musikalisches Tischgespräch, dem aller Wahrscheinlichkeit nach doch ein wirklicher Vorfall zu Grunde lag, berichtet hätte, so würde es doch als auffallend, ja eigentlich als unerklärlich erscheinen, dass er in der Sammlung der von ihm erlebten Tischgespräche nicht auch auf dieses seinem Inhalte nach so wichtige Gespräch Rücksicht genommen, oder dem Sosius von seinem bereits

---

*) S. oben S. 24.

früher geschriebenen Buche wenigstens in der Einleitung ein Paar Worte gesagt hätte. Pflegt er doch sonst in den moralischen Schriften früher geschriebene Abhandlungen zu erwähnen, namentlich dann, wenn sie mit dem gerade vorliegenden Gegenstande verwandte Partien behandelten, auf die er deshalb absichtlich vermied zurückzukommen. So schreibt er, um nur dies eine Beispiel anzuführen, in der Einleitung zu seiner Schrift de capienda ex inimicis utilitate an Cornelius Pulcher: ἅπερ οὖν εἰς τοῦτο πρῴην εἰπεῖν μοι παρέστη, συναγαγὼν ὁμοῦ τι τοῖς αὐτοῖς ὀνόμασιν ἀπέσταλκά σοι φεισάμενος, ὡς ἐνῆν μάλιστα, τῶν ἐν τοῖς πολιτικοῖς παραγγέλμασι γεγραμμένων· ἐπεὶ κἀκεῖνο τὸ βιβλίον ὁρῶ σε πρόχειρον ἔχοντα πολλάκις. Eine derartige Erwähnung der Schrift über die Musik wäre auch in den Tischgesprächen füglich am Platze gewesen.

Wenn wir nun aus allen diesen Gründen die Schrift de musica dem Plutarch glauben absprechen zu müssen, so ist doch zugleich klar, dass gar leicht ein Grammatiker späterer Zeit, vielleicht erst der Veranstalter unsrer Sammlung im zehnten Jahrhundert, wegen der in der Schrift zu Tage tretenden Bekanntschaft ihres Verfassers mit der Pythagorisch-Platonischen Zahlenlehre, wegen ihrer ganzen Tendenz, die zu den Ansichten Plutarchs vollständig passt, vielleicht auch in Erinnerung an den in den Tischgesprächen erwähnten Onesikrates, sich veranlasst fühlen konnte, diese Schrift eines sonst unbekannten Verfassers dem Plutarch von Chäronea beizulegen. Vielleicht aber empfiehlt es sich schliesslich, um eben dieses Onesikrates Willen, eine von Westphal am Schluss seiner Einleitung S. 32 aufgestellte, aber, da es ihm an stichhaltigen Gründen einer Verwerfung von Plutarchs Autorschaft zu fehlen schien, sofort wieder abgewiesene Conjectur in Betracht zu ziehen, wonach nicht Plutarch der Vater, sondern Plutarch der Sohn als Verfasser der in Rede stehenden Schrift zu betrachten wäre. Herr Westphal schreibt nämlich: »Denjenigen, welche für unsern Dialog die Autorschaft des Plutarch ableugneten, hätte eine Conjectur sehr nahe gelegen, bei welcher die handschriftliche Ueberlieferung $Πλουτάρχου\ περὶ\ μουσικῆς$ in vollem Rechte bestehen geblieben wäre, indem sie nämlich nicht an Plutarch den Vater, sondern an Plutarch den Sohn gedacht hätten, welchem jener zugleich mit seinem Sohne Autobulus die Schrift $περὶ\ τῆς\ ἐν\ Τιμαίῳ\ ψυχογονίας$ dedicirt hat. Man hätte hierfür mit Leichtigkeit geltend machen können, dass gerade die Partie des Dialogs über Musik, welche die eigene Arbeit des sonst nur als Compilator erscheinenden Verfassers ist, nämlich der Abschnitt von den akustischen Zahlen im Platonischen Timäus und im Aristoteles ein dem jüngeren Plutarch wohl bekanntes und geläufiges Thema ist, wie denn Plutarch der Vater in der oben genannten Schrift c. 29 bezüglich jener $ἀριθμῶν$ sagt: $περὶ\ ὧν\ εἰ\ καὶ\ πολλάκις\ ἀκηκόατε\ καὶ\ πολλοῖς\ ἐντετυχήκατε\ λόγοις\ καὶ\ γράμμασιν,\ οὐ\ χεῖρόν\ ἐστι\ κἀμὲ\ βραχέως\ διελθεῖν,\ προεκθέμενον\ τὸ\ τοῦ\ Πλάτωνος$. Der gleichnamige Sohn würde alsdann in Beziehung auf die musische Kunst genau auf demselben Standpunkte stehend, den der Vater zu Folge der Schlussworte des Ammonius in den $προβλ.\ συμπ.$ einnimmt, nämlich in einem feindlichen Gegensatze zu der Musik seiner Zeit und im Geiste seines Vaters den Dialog über Musik compilirt haben, und der Onesikrates, in dessen Hause dies Gespräch gehalten sein soll, würde nicht der $διδάσκαλος$ des älteren Plutarch, den er $προβλ.\ συμπ.$ V, 3. 4 bei sich zu Gaste hat, sondern des jüngern Plutarch sein.«

VIERTES CAPITEL.

Wir kommen nunmehr zur dritten von Benseler aufgestellten Classe Plutarchischer Schriften, in denen auch zahlreiche und anstössige Iliate angetroffen werden, von denen die ächten Schriften frei sind, aber doch nicht so zahlreiche wie in allen denen, von welchen im bisherigen die Rede war, zu Tage treten. Man könne sie nicht ohne Weiteres dem Plutarch absprechen, meint Benseler, müsse sie aber als im höchsten Grade verdächtig bezeichnen, um so mehr als auch bei mehreren Schriften dieser Classe noch anderweitige Verdachtsgründe dazukommen. Er rechnet dazu die Schrift de aere vitando alieno, die apophthegmata regum et imperatorum, das convivium septem sapientum, die Abhandlungen de garrulitate, de puerorum educatione und de communibus notitiis contra Stoicos.

Die Unächtheit der Schrift de puerorum educatione ist nun von Wyttenbach in einer besonderen an der Spitze seiner Anmerkungen wieder abgedruckten Abhandlung so überzeugend dargethan, dass es unnütz wäre, darüber noch Worte zu verlieren. Man kann natürlich Wyttenbachs Ausführungen im einzelnen wohl hie und da bemängeln, aber das Gesammtresultat seiner Untersuchung ist unantastbar.

Die Unächtheit der Schrift de vitando aere alieno unterliegt für mich keinem Zweifel. Der Iliat ist in ihr keineswegs sorgfältig vermieden. Nicht blos ist von den Fällen, in denen sich auch Plutarch denselben erlaubt, ein sehr reichlicher Gebrauch gemacht, es bleiben auch Fälle übrig, in denen er keine Entschuldigung hat. Vielleicht lassen sich die

Hiate ἡ καλὴ Ἀθλίς p. 1009, 23, χρυσίου ἀπέφθου ib. 34, κυνηγετεῖται ὑπ' p. 1011, 23, πωλεῖ ἕκαστος p. 1013, 30 durch Umstellung beseitigen, aber misslich würde dies sein mit τραχὺ ἱμάτιον p. 1010, 13, ἐλεύθεροι ὦμεν p. 1012, 33, unmöglich bei ὃν ἄρτι ἐσπαράττομεν p. 1013, 29. Immerhin würde der vernachlässigte Hiat allein, zumal bei der schlechten Textesbeschaffenheit, in der uns diese Schrift wie andre in der Sammlung der Moralia überliefert sind, noch nicht ausreichen, sie dem Plutarch abzusprechen. Allein es liegen dazu noch andre Momente vor. Die Darstellung leidet an frostigem rhetorischen Pathos, der Stil ist an vielen Stellen auffallend unplutarchisch, während er in hohem Grade an Maximus Tyrius erinnert, so z. B. c. 3, 6. 6, 2. 5. 7, 2. 3. Trotz ihres kleinen Umfanges enthält die Schrift verhältnissmässig viele Wörter, die Plutarch nicht kennt. Schwerlich würde dieser καλάνδαι als gemein-Griechisches Wort gebraucht haben, p. 1009, 27. Schwerlich καβάλλης p. 1018, 18 für ἵππος, wofür die Lexica sonst nur Hesychius und eine Stelle der Anthologie anführen. Ganz unbekannt sind ἐπιρρυπαίνω p. 1009, 26 und ἀφανιστής p. 1010, 29. Auffallend ist das Adjectivum κατάργυρος p. 1010, 26, συσπειραθέντες als synonymon von συσταλέντες p. 1009, 50, der mediale Gebrauch von ἐπικυλίσκεσθαι p. 1010, 48, der metaphorische Gebrauch von ἐπικυλίω p. 1013, 51. τυφομανία in übertragener Bedeutung wie p. 1012, 10 scheinen nur Byzantiner zu gebrauchen. Das Wort ὑπαργυρεύω p. 1014, 15 kennen wir sonst nur aus Glossaren, λεκανίς p. 1009, 22 ist in den Wörterbüchern nur mit einem Beispiel aus der dem Lucian untergeschobenen Schrift ἐρασταί belegt, ἀμεριμνία endlich mit nur noch einer Stelle aus Herodian.

Zu den sprachlichen Bedenken kommen sachliche. Plutarch erzählt zwar im Leben des Perikles, dass der Goldschmuck an der Minerva-Statue des Phidias zum Abnehmen war, aber er sagt nichts von seinem Gewicht, noch weniger berichtet er die Worte des Perikles, wie sie in dieser Schrift uns vorliegen. Was aber hier c. 2, 4 steht: καίτοι ὅ γε Περικλῆς ἐκεῖνος τὸν τῆς θεᾶς κόσμον ἄγοντα τάλαντα τεσσαράκοντα χρυσίου ἀπέφθου περιαιρετὸν ἐποίησεν, ὅπως, ἔφη, χρησάμενοι πρὸς τὸν πόλεμον αὖθις ἀποδῶμεν μὴ ἔλαττον, — ist aus einer flüchtigen Benutzung von Thucydides II, 13 hervorgegangen. Hier sagt Perikles den Athenern, denen er die zur Kriegsführung ihnen zu Gebote stehenden Hülfsmittel aufzählt, im schlimmsten Falle — ἢν πάνυ ἐξείργωνται πάντων — könnten sie auch den Schmuck an der Bildsäule der Göttin verwenden. ἀπέφαινε δ'ἔχον τὸ ἄγαλμα τεσσαράκοντα τάλαντα σταθμὸν χρυσίου ἀπέφθου καὶ περιαιρετὸν εἶναι ἅπαν· χρησαμένους τε ἐπὶ σωτηρίᾳ ἔφη χρῆναι μὴ ἐλάσσω ἀντικαταστῆσαι πάλιν. Vgl. Diod. XII, 40. Dass es ein grosser Unterschied sei, in Zeiten der Noth eine Verwendung von Tempelschmuck vorbehaltlich der Zurückerstattung und für den äussersten Nothfall anzurathen, und gleich von vornherein bei der Anfertigung des Schmucks in frivoler Weise eine derartige Verwendung desselben in Aussicht zu stellen, und dass letzteres nur von einem seichten Schwätzer, nicht aber von dem religiös strengen Plutarch behauptet werden konnte, dürfte einleuchten. Ebenso wenig würde es sich Plutarch, der seinen Plato gründlich kannte und mit philologischer Sorgfalt zu lesen pflegte, haben zu Schulden kommen lassen aus den ἄγριοι ἄνδρες διάπυροι ἰδεῖν παρεστῶτες κτλ. der Republik X p. 615 E, διαπύρους κολαστὰς καὶ δημοκοινούς zu machen. Sehr auffällig ist es, wenn es von Kleanthes c. 7, 6 heisst: *ὅσον τε φρόνημα τοῦ ἀνδρός, ἀπὸ τοῦ μύλου καὶ τῆς μάκτρας πεττούσῃ χειρὶ καὶ ἀλούσῃ γράφειν περὶ θεῶν καὶ σελήνης καὶ ἄστρων καὶ ἡλίου*. So konnte doch nur Jemand schreiben, der die wirklichen Schriften des Kleanthes nicht zu nennen wusste, eine Unwissenheit, die wir Plutarch nicht zutrauen dürfen, die angewandte Figur der Aufzählung aber nimmt sich höchst frostig aus. Doch solche Beispiele von *ψυχρότης* und *κακοζηλία* finden sich mehrere in der Schrift. Unedel ist das Gleichniss in §. 10 desselben Capitels: *ὁ δὲ ἅπαξ ἐνειληθεὶς μένει χρεώστης διαπαντός, ἄλλον ἐξ ἄλλου μεταλαμβάνων ἀναβάτην, ὥσπερ ἵππος ἐγχαλινωθείς*. Es erinnert an die bekannte Fabel vom Pferd und Hirsch. Ebenso unedel und frostig angewandt ist die in c. 8, 3 angebrachte Fabel von den zwei Geiern. So etwas konnte doch der feingebildete Plutarch unmöglich schreiben. Auch verräth sich der plumpe, übertreibende Declamator in Wendungen wie c. 6, 5: *πῶς οὖν διατραφῶ; τοῦτ' ἐρωτᾷς ἔχων χεῖρας, ἔχων πόδας, ἔχων φωνήν, ἄνθρωπος ὤν, ᾧ τὸ φιλεῖν ἐστι καὶ φιλεῖσθαι, καὶ τὸ χαρίζεσθαι καὶ τὸ εὐχαριστεῖν; γράμματα διδάσκων καὶ παιδαγωγῶν καὶ θυρωρῶν, πλέων, παραπλέων; οὐδέν ἐστι τούτων αἴσχιον οὐδὲ δυσχερέστερον τοῦ ἀκοῦσαι ἀπόδος*. Dieser Schluss aber scheint dem Verfasser sehr imponirt zu haben, denn er kehrt bald darauf wieder c. 8, 6: *τί· οὖν; οὐ γίνεται χειμὼν περὶ τοὺς χρεώστας, ὅταν ἐπιστῇ διὰ χρόνου δανειστὴς λέγων ἀπόδος*. Und um nun den Sturm recht anschaulich zu machen, werden die zwei Homerverse citirt

ὡς εἰπὼν σύναγεν νεφέλας, ἐτάραξε δὲ πόντον
σὺν δ'εὐρός τε νότος τ' ἔπεσε ζέφυρός τε δυσαής,

und fortgefahren *τόκων τόκοις ἐπικυλισθέντων*. Dergleichen zu schreiben verräth wenig Geschmack. So zeugt es auch wohl nur von einer anima illiberalis, wenn c. 5, 2 der Ungesetzlichkeit des blutsaugerischen Wuchers die Verachtung des gesetzlich erlaubten Zöllner-Handwerks gegenüber gestellt wird. Ganz apokryph endlich klingt die Erzählung vom Dichter Philoxenus in c. 8, 8, der in einer Sicilischen Kolonie eine Landanweisung gehabt und daselbst in reichen Verhältnissen gelebt habe, aber als er sah, dass Luxus, Genusssucht und Mangel an Bildung (ἀμουσία) überhand nahmen oder einheimisch waren, der Verfasser braucht das Wort ἐπιχωριάζειν, mit den Worten μὰ τοὺς θεούς, ἐμὲ ταῦτα τὰ ἀγαθὰ οὐκ ἀπολεῖ, ἀλλ' ἐγὼ ταῦτα seinen κλῆρος andern überliess und auf und davon fuhr. Würde der geschichtskundige Plutarch so unbestimmt von einer ἀποικία Σικελική gesprochen haben? Dies alles erwogen, kann ich es, wie gesagt, nicht bezweifeln, dass dem Plutarch die Urheberschaft dieses Schriftchens abzusprechen sei. Der heilige Basilius hat sie aber bereits gekannt — doch wohl als Plutarchisch — und in seiner Predigt über den 14. Psalm benutzt. Vgl. Gréard de la mor. de Plut. p. 192 f.

Dagegen halte ich es für ungerechtfertigt, wenn Benseler wegen der Hiate auch die gelehrte und gründliche, ganz im Plutarchischen Geist und Stil geschriebene Abhandlung de garrulitate, deren Verfasser sich ohnehin bestimmt, wenn auch nicht als Chäronenser, so doch als Böoter zu erkennen giebt (c. 22 extr.), dem Plutarch absprechen will. Denn man muss sagen, dass auch in dieser Abhandlung der Hiat sorgfältig vermieden ist. Denn abgesehen von den Fällen, in denen er nach den bei Plutarch gültigen Ausnahmen selbstverständlich zu dulden ist, dahin gehört auch der Hiat auf p. 610, 6 in der Aufzählung, sowie τοῦ Πυθίου Ἀπόλλωνος p. 618, 33, so bleiben überhaupt blos 14 anstössige Fälle übrig, eine bei dem nicht unbedeutenden Umfange der Schrift, sie enthält 23 Capitel und nimmt in der Pariser Ausgabe 18 Halbsejten ein — gewiss geringe Anzahl. Und von diesen lassen sich viele unschwer beseitigen. P. 607, 36 ist statt οἱ δ' ἀδόλεσχαι οὐδενὸς — οἱ ἀδολέσχαι δ' οὐδενός zu schreiben. P. 611, 37 αὔριον δέ μοι εὐχαριστήσεις, würde die Rede, die ja eben eine räthselhafte sein soll, durch Tilgung von μοι nur gewinnen. P. 614, 44 ist statt ἐν φυγῇ ὄντος — φυγόντος zu schreiben. P. 616, 20 κατετάθη ὁ ἄνθρωπος, ist vielleicht δ' einzuschieben. Ib. 43 kann ὑμῖν getilgt werden, der dann übrig bleibende Hiat wäre vor beginnendem Relativsatz ohne Anstoss. P. 617, 2: ὡμολόγησεν εἰς εἶναι ἱερουσύλων ist der Artikel τῶν ausgefallen. Ib. 19 ist εἶναι zu tilgen. P. 621, 25 ist statt ἔστω — ἐστὶν zu lesen. P. 622, 5 ist δεῖ zu tilgen. Vier Hiate p. 615, 20. 616, 40. 617, 7. 621, 27 lassen sich auf die leichteste Weise durch einfache Umstellung beseitigen, und so bleibt blos noch auf p. 620, 53: Φιλίππου γράψαντος, εἰ δέχονται τῇ πόλει αὐτόν übrig, der vielleicht nicht zu umgehen war. Noch ist zu bemerken, den Hiat in der Pause anlangend, zu dem auch p. 617, 18 zu rechnen ist, dass er in ächt Plutarchischer Weise auch in dieser Schrift vor dem Punkt, aber nicht vor neu beginnenden Satzgliedern vermieden ist. Damit dürfte sich das einzige bis jetzt gegen dieselbe vorgebrachte Bedenken doch wohl vollständig erledigen.

Mit der Ansicht Doehners, welcher Quaest. Plut. III p. 26 ff. behauptet, die Schrift de amore prolis könne in der Gestalt wenigstens, in der sie uns jetzt vorliegt, nicht von Plutarch herrühren, habe ich mich nur theilweis befreunden können.

Er zeigt es zunächst aus der Schreibart: »tota dicendi ratio sermonisque motus (modus?) ita conformatus est, ut qui accurate singula rimetur, quique aurem assidua Plutarchi lectione subactam habeat, vel invito sibi inter legendum gravissimos de auctore scrupulos iniici sentiat. Tanta enim est tamque manifesta inter hunc librum et cetera Plutarchi scripta dissimilitudo tamque inepta passim rerum et argumentorum compositio, ut mirari subeat, quod superiores editores haec omnia sicco pede transierint,« und weist dann im einzelnen nach, dass sich in der verhältnissmässig kleinen Schrift eine nicht unbedeutende Menge Wörter findet, welche Plutarch sonst nicht kennt und die der Dichtersprache entlehnt sind, zum Theil der Sprache einen affectirten Anstrich verleihen. Als auffallend wird fernerhin bezeichnet, dass dieselben Ausdrücke und Redewendungen oft rasch hintereinander wiederholt werden. Besonders auffallend und unplutarchisch erscheint die Häufung von Synonymen. Als Beispiele giebt Doehner an auf p. 496 B: $οὐδενός$ $ἐστιν\ ἅψασθαι\ καὶ\ ἀνελέσθαι\ καὶ\ ἀσπάσασθαι\ καὶ\ περιλαβεῖν$. Auf derselben Seite $φιλῆσαι\ καὶ\ περιπτύξαι\ καὶ\ κατασπάσασθαι$ und $καὶ\ προσεπειδίασε\ καὶ\ ἀντίλετο\ καὶ\ ἠσπάσατο$. Oder von der vorhergehenden Seite $γενναῖα\ καὶ\ καλὰ\ καὶ\ φερέκαρπα\ σπέρματα$, ferner $φύσις\ ἀκριβὴς\ καὶ\ φιλότεχνος\ καὶ\ ἀνελλιπὴς\ καὶ\ ἀπερίτμητος$, oder $δάνεια\ καὶ\ μισθοὺς\ καὶ\ ἀρραβῶνας\ ἐπὶ\ χρείαις\ διδομένους$, oder $τὰς\ θηρίων\ γενέσεις\ καὶ\ λοχείας\ καὶ\ ὠδῖνας\ καὶ\ τεκνοτροφίας$ u. s. w. Nicht minder auffallend sind mehrere Stellen, die sich als offenbare flüchtige Excerpte aus Stellen der Schrift de sollertia animalium zu erkennen geben. Als solche stellt Doehner gegenüber p. 494 A. B mit de sollert. p. 983 C. D, 494 C mit 982 A. Endlich meint Doehner kann auch die Schrift, wie sie jetzt ist, schon wegen der vielen

anstössigen Hiate nicht von Plutarch herrühren. Dazu kommen
noch einige sachliche Bedenken.

Gewiss, die vorgebrachten Gründe fallen scheinbar schwer
ins Gewicht. Aber wir dürfen nicht vergessen, dass wir die
Schrift eben nicht in ihrer ursprünglichen Gestalt mehr haben.
Sie ist blos ein Fragment und augenscheinlich das Fragment
eines Auszuges. Damit fallen mehrere der vorgebrachten Bedenken weg. Bei anderen fragt es sich erst noch, was auf
Rechnung des Epitomators, was auf Rechnung des ursprünglichen Verfassers zu setzen ist. Auch mit dem Hiat
ist es in Anbetracht des vielfach verderbten Textes nicht so
schlimm, als man nach Dochners Aeusserung glauben sollte,
vgl. Benseler S. 465. Ihrem Inhalte nach passt die Abhandlung vortrefflich zu Plutarchs sonstigen Ansichten, wie wir
dies im zweiten Theile noch sehen werden. Dies scheint denn
auch mit ein Grund gewesen zu sein, weshalb Doehner seine
Ansicht auf S. 36 einigermassen modificirt hat, wo er sagt,
er halte die Schrift keineswegs für das Machwerk einer ganz
späten Zeit, denn dazu sei bei alledem die Sprache noch zu
rein, sondern sie gebe uns Trümmer einer grösseren Schrift
Plutarchs, die denselben Titel führte, und die, wenn dem
catalogus Venetus Glauben beizumessen sei, von Plutarch
möge verfasst sein, die ein betrügerischer Compilator mit
allerlei anderweitigen Zuthaten zu einem Ganzen verschmolzen
und dann dasselbe für Plutarchisch ausgegeben habe. Die
ächte Schrift scheine noch dem Clemens Alexandrinus vorgelegen zu haben, zum Beleg welcher Ansicht Dochner de
am. prol. p. 495 E. mit Clem. Alex. Paedag. I p. 121, 27 sqq. P.
zusammenstellt. Allein diese beiden Stellen haben doch nur
eine ganz allgemeine Uebereinstimmung des Inhalts, und man

sieht in der That nicht ein, wie daraus irgendwie hervorgehen soll, dass dem Clemens noch die ursprüngliche Schrift Plutarchs vorgelegen habe, was freilich, wenn er sie überhaupt benutzte, selbstverständlich sein würde. Aus der Erwähnung im catalogus Venetus kann gar nichts gefolgert werden, denn dieser Catalog ist, wie A. Schäfer längst gezeigt hat, nichts als eine Zusammenstellung von Büchertiteln, welche unsrer jetzigen Sammlung der Moralia zukommen. Doch dem sei, wie ihm wolle. Auch die Richtigkeit der Dochnerschen Argumentation zugegeben, würden wir seinem Schlussresultat zu Folge immer noch berechtigt sein, die Hauptgedanken der Schrift als Plutarchisch unsrer Darstellung einzuverleiben.*)

Wir kommen zum Gastmal der sieben Weisen. Schon Reiske betrachtete diese Schrift als ein schülerhaftes Machwerk, das im einzelnen vieles unverständliche und auch sachlich bedenkliche enthalte. Meiners in seiner Geschichte der Wissenschaften in Griechenland und Rom T. I, S. 135 ff. sprach sie dem Plutarch ab. Seine Ansicht widerlegte Wyttenbach in der Bibliotheca critica, nachmals in seinen Anmerkungen (Animadv. II p. 200 ff.), allerdings in etwas oberflächlicher Weise und ohne auf den eigentlichen Inhalt und Zusammenhang der Schrift näher einzugehen. Hinsichtlich des Stils begnügte er sich mit der allgemeinen Wendung »stilo et oratione paulum differt ab aliis Plutarchi scriptis: sed ita, ut Plutarchus

---

*) Darin aber ist Doehner wohl unbedingt beizupflichten, wenn er sich aufs entschiedenste gegen die Aechtheit der quaestiones naturales ausspricht. Er nennt sie Quaest. Plut. II p. 14 miseras Plutarchi imitatorum quisquilias, quae iusto pulchrius inscribuntur quaestiones naturales. — Der wunderliche Einfall Cobets, welcher die Schrift de mulierum virtutibus deshalb glaubte dem Plutarch absprechen zu müssen, weil sie besser stilisirt sei, als andere, ist zur Genüge widerlegt in der sorgfältigen Abhandlung von M. Dinse de libello Plutarchi γυναικῶν ἀρεταί inscripto. Berol. 1863.

tamen agnoscatur. Omnino debebat oratio aliquantum accommodari ad argumenti et colloquentium venustatem: inde in dissimilitudine extat tamen similitudo cum reliquis Plutarchi scriptis: qualis a poeta significatur in sororibus: facies non omnibus una, nec diversa tamen, qualem decet esse sororum.«

Der Inhalt der Schrift ist ungefähr folgender. Ein gewisser Diokles, ein Wahrsager, in Folge seiner Kunst dem Periander befreundet, ausserdem der Gastfreund des Thales, den er auf Perianders Befehl bei sich aufgenommen hatte, erzählt einem gewissen Nikarch, über dessen persönliche Verhältnisse wir nicht das mindeste erfahren, die näheren Umstände über ein kürzlich in Korinth stattgehabtes Gastmal, an dem ausser den sieben Weisen auch noch andere Personen, darunter der Redende selbst, Theil genommen hatten und über welches Nikarch aus dritter Hand nicht genau berichtet war. Auf Anlass eines der Aphrodite zu bringenden Opfers, des ersten seit dem Tode seiner Mutter, hatte Periander in einer Halle in der Nähe des Aphroditetempels bei Lechaeum ein Mal veranstaltet, zu welchem er die geladenen Gäste in besondern Festwagen abholen liess. Thales aber zog es vor, mit Diokles zu Fuss an Ort und Stelle zu gehen, und mit ihnen geht auch Niloxenus aus Naukratis, der in Aegypten die Bekanntschaft des Thales und Solon gemacht hatte, und jetzt mit einem versiegelten Schreiben vom König Amasis an Bias nach Griechenland gesandt war, mit der Weisung, wenn dieser auf seinen Inhalt keine genügende Antwort geben könnte, es den weisesten der Hellenen zu überreichen. Ihre bevorstehende Zusammenkunft bei Periander kam ihm daher sehr erwünscht. Unter witzigen Gesprächen, in welche von Thales nicht ungeschickt die Erwähnung verschiedener Aussprüche

des Bias, Pittakus und Chilon verflochten wird, kommen die
drei an Ort und Stelle an. Thales, der bereits gesalbt ist,
verschmäht es, ein Bad zu nehmen, und besieht, während die
andern sich baden und salben lassen, inzwischen die Anlagen
und äusseren Umgebungen des Hauses. Darauf lassen sie sich
von Dienern durch die Halle in das Männergemach führen.
In der Halle sitzt Anacharsis; vor ihm ein Mädchen, die ihm
mit den Händen das Haar ordnet. Sie eilt dem eintretenden
Thales mit Anstand entgegen und wird von ihm mit einem
Kusse empfangen. Es ist die weise Eumetis, gewöhnlich nach
ihrem Vater Kleobuline genannt, berühmt durch ihre Geschicklichkeit im Aufgeben und Lösen von Räthseln, aber auch sonst
von ausgezeichnetem Geiste. In der Nähe des Männergemachs
treffen sie auf den Milesier Alexidemus, einen natürlichen Sohn
des Tyrannen Thrasybulus, im Begriff voll Zorn über Periander
das Haus zu verlassen, der ihn mit einer Einladung zum
bevorstehenden Male von seiner Abreise zurückgehalten, ihm
aber nun einen schlechten Platz angewiesen habe, worin er
eine offenbare Kränkung seines Vaters Thrasybul erblickt.
Vergeblich sucht Thales ihn von seinem Vorsatz abzubringen.
Er geht von dannen. Thales aber wird mit seinen Begleitern
von einem Diener in ein am Garten gelegenes Gebäude ge-
rufen, wo ihn Periander erwartet, beunruhigt über ein soeben
gebrachtes Wunderzeichen — einen von einer Stute neugebor-
nen Centauren. Dem Diokles erscheint dies Zeichen sehr bedenklich, und während er bereits darauf bedacht ist, die
nöthigen Sühnungen anzuordnen, weiss Thales dagegen den
Periander durch denselben Rath, den nach Phaedrus III, 3
Aesop bei einer ähnlichen Veranlassung einem Bauern ertheilte, vollständig zu beruhigen und heiter zu stimmen.

Beim Eintritt in den eigentlichen Saal setzt sich Thales mit seinen Begleitern auf den von Alexidemus verschmähten Platz, an denselben Tisch mit Ardalus dem Troezenier. Zu den ferneren Gästen gehören ausser den eigentlichen Weisen, die bereits versammelt sind, auch Aesop als Gesandter des Königs Krösus, der auf einem niedrigen Sessel zu Füssen Solons sass, ein Arzt Kleodemus, Solons Freund Mnesiphilus, der Dichter Chersias und andere. Auch Melissa, Perianders Gemahlin und Eumetis sitzen mit bei Tische. Das Gastmal war übrigens einfacher als gewöhnlich, selbst Melissa hatte ihrer weisen Umgebung entsprechend ihren Schmuck nicht angelegt. Nach beendigter Malzeit werden Kränze herumgereicht, eine Flötenspielerin trägt etwas vor, und darauf beginnt die eigentliche Unterhaltung. Eine kleine Pause, die eintritt, benutzt Periander, um den Aegyptischen Fremden zur Abgabe seines Schreibens an Bias zu veranlassen. Niloxenus leistet der Aufforderung Folge und die Gäste vernehmen nun aus Bias' Munde die Anfrage des Königs Amasis, wie er dem schwierigen Auftrag des Aethiopenkönigs, mit dem er sich in einem Wettstreit um die Weisheit befindet, gerecht werden soll, der von ihm nichts geringeres verlangt, als das Meer auszutrinken. Viele Dörfer und Städte sollen sein Lohn sein, wenn er die Aufgabe löst, andernfalls muss er die Städte um Elephantine abtreten. Nach einer kurzen an Kleobulus gerichteten Zwischenfrage giebt Bias die bekannte Lösung zur grossen Freude des Naukratiten und der übrigen Gäste. Aber Chilon sagt lächelnd zu Niloxenus, er solle Amasis melden, statt darüber nachzudenken, wie er so viel Salzwasser vertilgen könne, solle er lieber darauf bedacht sein, seinen Unterthanen seine Herrschaft schmackhaft und an-

genehm zu machen, worin ihn Bias am besten unterrichten
könne. Auf Perianders Wunsch ertheilt nun jeder der Sieben
dem Amasis einen Rath, über die geeignete Art, seine Herrschaft am besten einzurichten. Alle vorgetragenen Meinungen,
erklärt zum Beschluss Periander, sind dazu angethan, einem
verständigen Manne das Herrschen zu verleiden. Daran schliesst
sich die weitere Unterhaltung an. Als diese auf Abwege zu
gerathen droht, erinnert Periander daran, dass der Fremde
den Brief des Amasis noch nicht zu Ende gelesen hat. So
theilt denn Niloxenus mit, was Amasis seinerseits dem Aethiopenkönig für Aufgaben gestellt habe, und liest die vom Könige
ertheilten Antworten vor, von denen Amasis die einen gebilligt,
die andern verworfen hatte. Thales aber verwirft sie sämmtlich und giebt bessere an ihrer Stelle. Bei der sich hieran
anschliessenden Unterhaltung weist Periander darauf hin, dass
es althellenische Sitte sei, einander solche schwierigen Fragen
vorzulegen, wie dies ja schon Homer und Hesiod bei der
Leichenfeier des Amphidamas auf Chalcis gethan habe. Bei
dieser Wendung des Gesprächs äussert sich Kleodemus in
ziemlich unzarter Weise geringschätzig über die Räthsel der
Eumetis, welche dadurch in grosse Verlegenheit gesetzt wird,
aus der sie jedoch der gutmüthige Aesop befreit. Darauf veranlasst Mnesiphilus die Weisen, sich über die beste Art der
Demokratie zu äussern, und nach ihm Diokles, ihre Ansichten
über das beste Hauswesen kund zu thun, wobei sich Aesop
einen Scherz über den Wagen des Anacharsis erlaubt, den
dieser in einer längeren Erwiderung zurückgiebt.

Nachdem auch dieses Thema verhandelt ist, verlassen
Eumetis und Melissa den Saal. Die Gäste bewegen sich jetzt
freier, und sprechen in reichlicherem Maasse dem Weine zu.

Nur Solon lässt den vor ihm stehenden Becher unberührt, und da Pittacus hierin einen Widerspruch mit den von ihm selbst in seinen eignen Gedichten aufgestellten Lehren erblickt, so giebt dies dem Mnesiphilus Gelegenheit, seinen Freund zu vertheidigen, indem er zeigt, dass Essen und Trinken doch nicht um ihrer selbst willen zu treiben seien, sondern wegen der damit verbundenen Annehmlichkeiten; so sei auch der Wein für die meisten nur die Veranlassung zur geselligen Vereinigung und zu erhöhtem Frohsinn, ein Mittel, dessen es eben in der Gesellschaft der versammelten Weisen nicht bedürfe. Im Anschluss daran verlangt der Dichter' Chersias zu wissen, welches das Maass des ausreichenden und genügenden Besitzes sei. Für den Weisen, antwortet Kleobulus, giebt das Gesetz das Maass, für den Thoren, der bald diese, bald jene Bedürfnisse hat, lässt sich das Maass nicht bestimmen. Da Kleodemus entgegnet, dass ja auch von den Weisen selbst ein jeder ein verschiedenes Maass des Besitzes habe, so erwidert Kleobulus, das Gesetz habe eben einem jeden das für ihn passende Maass von Besitz zugetheilt. Ist denn etwa auch Epimenides, fragt hierauf Ardalus, durch ein Gesetz veranlasst, sich aller andern Nahrung zu enthalten und nur mit einem wenig der von ihm selbst bereiteten $\check{\alpha}\lambda\iota\mu\text{o}\varsigma\ \delta\acute{\upsilon}\nu\alpha\mu\iota\varsigma$ im Munde, sein Leben zu fristen? Epimenides thut recht daran, erwidert Thales im Scherz, wenn er sich nichts mit mahlen und backen zu schaffen macht, wie Pittacus, über den er einst bei seiner Anwesenheit in Lesbos ein Lied gehört habe, das seine Wirthin zur Mühle sang. Aber Solon nimmt die Sache ernster und vertheidigt den Epimenides, wobei er die Meinung aufstellt, dass es das zweite nach dem höchsten und besten der Güter sei, so wenig als möglich Nahrung zu bedürfen, oder wenn das grösste zusagt, überhaupt keiner Nahrung zu bedürfen. Dem widerspricht Kleodemus. Bei Befolgung dieses Grundsatzes käme die ganze menschliche Existenz, mit allem was sie verschönert und angenehm macht, in Frage, alle Künste und Handwerke würden wegfallen, Niemand würde daran denken den Göttern zu opfern, und ihre schönsten Gaben würden verachtet werden. Willst du nicht auch das sagen, fährt Diokles fort — man weiss nicht recht, wie er darauf kommt — dass wir mit der Nahrung auch den Schlaf beseitigen? Damit würden die Träume und die älteste Art der Wahrsagung wegfallen, das ganze Leben einförmig werden, ja in gewisser Weise wäre dann die Seele umsonst von einem Körper umgeben, denn die meisten und wichtigsten Theile desselben seien doch Ernährungsorgane, wer also der Nahrung nicht bedürfe, bedürfe auch des Leibes nicht, er müsse schliesslich überhaupt aufhören zu existiren. Allein Solon hält seine Meinung aufrecht, und als Diokles mit den Worten schliesst »wir haben nun diesen Beitrag zur Vertheidigung des Magens geliefert, wenn aber Solon oder ein andrer ihn anklagt, so werden wir hören« so ergreift er das Wort zu folgender Rede:

»Allerdings, um nicht urtheilsloser zu erscheinen als die Aegypter, welche den Leichnam aufschneiden und ihn der Sonne aussetzen, die herausgenommenen Theile aber in den Fluss werfen, und dann erst den übrigen nunmehr gereinigten Leib besorgen. Denn in der That ist dies die Verunreinigung unsres Fleisches und der Tartarus, wie im Hades, mit furchtbaren Strömen, mit Wind zugleich und darunter gemischtem Feuer und Leichen angefüllt. Denn lebend ernährt er sich von nichts lebendem, sondern indem wir lebende Wesen tödten und Pflanzen vernichten, die durch Ernährung und Wachsthum am Leben Theil haben, begehen wir Unrecht. Denn vernichtet wird in seiner ursprünglichen Existenz das, was in ein andres übergeht, und in jeder Hinsicht zu Grunde gerichtet, um die Nahrung eines andern zu werden. Die Enthaltung aber vom Fleischgenuss, wie man sie vom alten Orpheus erzählt, ist mehr ein Sophisma als eine Flucht vor den bei der Ernährung stattfindenden Ungerechtigkeiten. Die alleinige Flucht und Sühnung zur völligen Gerechtigkeit ist selbstgenügsam und bedürfnisslos zu werden.*) Wem aber ohne Verletzung eines andern die eigne Erhaltung Gott zur Unmöglichkeit gemacht hat, dem hat er die Natur als Ausgangspunkt der Ungerechtigkeit zugegeben. Gebührt es sich daher nicht, mein Lieber, mit der Ungerechtigkeit den Bauch, den Magen und die Leber mit auszuschneiden, die uns die Empfindung und das Verlangen von nichts schönem geben, sondern theils Küchengeräth, wie Hackmesser und Kessel, theils Müllergeräth, Oefen, oder Geräthen zum Brunnengraben und Brodbacken gleichen? Und fürwahr, bei den meisten kann man die Seele im Leibe wie in einer Mühle eingehüllt sehen, indem sie stets zum Bedürfniss der Nahrung im Kreise umhergeht, wie ja auch wir soeben einander weder sahen noch hörten, sondern ein jeder gebückt dem Bedürfniss der Nahrung fröhnten. Jetzt aber, nachdem die Tische abgetragen sind, sind wir, wie du siehst, frei geworden, und mit Kränzen geschmückt beschäftigen wir uns mit Reden, verkehren mit einander und haben freie Musse, nachdem wir zum nicht bedürfen der Nahrung gekommen sind. Werden wir nun nicht, wenn

---

*) p. 159 D: φυγῇ δὲ μία καὶ καθαρμὸς εἰς δικαιοσύνην τελειοῖ αὐτάρκη καὶ ἀνενδεῆ γενέσθαι. Doch wohl τελείαν, wodurch zugleich der fehlerhafte Hiat beseitigt wird.

unser gegenwärtiger Zustand ununterbrochen unser ganzes Leben lang fortdauerte, stets Musse haben, mit einander zu verkehren, ohne die Armuth zu fürchten und den Reichthum zu kennen? Denn das Streben nach dem Ueberflüssigen folgt sofort und vereinigt sich mit dem Bedürfniss des Nothwendigen. Aber Kleodemus meint, Nahrung müsse sein, damit es Tische und Mischkrüge gebe, und der Demeter und Kore noch geopfert werde. Ein anderer wird Kämpfe und Krieg verlangen, damit wir Mauern, Schiffs- und Zeughäuser haben, und Hekatomphonien opfern, wie dies bei den Messeniern ein Gesetz sein soll. Wieder ein anderer wird auf die Gesundheit unwillig sein; es wäre ja schrecklich, wenn in Ermangelung von Kranken eine weiche Decke oder ein Bett keinen Nutzen mehr hat, wenn wir dem Asklepios und den Heilgöttern nicht mehr opfern. Und die Arzneikunst mit ihren Instrumenten und so zahlreichen Mitteln wird um Ehre und Ansehn kommen. Oder wodurch unterscheidet sich dies von jenem? Denn auch die Nahrung wird als Mittel gegen den Hunger genommen, und von allen die diät leben, sagt man sie pflegen sich, womit man zugiebt, dass sie nichts angenehmes, ergetzliches, sondern etwas ihrer Natur nothwendiges thun. Denn es lassen sich mehr Unannehmlichkeiten als Annehmlichkeiten in Folge der Nahrung aufzählen. Ja es hat die Annehmlichkeit nur einen geringen Raum im Leibe und eine kurze Dauer: braucht man es aber zu sagen, mit wie viel widerwärtigem und schmerzlichen uns die Mühe und Schwierigkeit ihrer Bereitung anfüllt? Im Hinblick darauf mag wohl Homer zum Beweis der Unsterblichkeit der Götter den Umstand benutzt haben, dass sie keine Nahrung zu sich nehmen:

denn nicht essen sie Brod, nicht trinken sie funkelnde Weine, haben darum kein Blut, und werden unsterblich geheissen, indem die Nahrung nicht blos ein Mittel zum leben, sondern auch zum sterben ist. Denn aus ihr kommen die Krankheiten, die unzertrennlichen Begleiter der Leiber, die an der Ueberfüllung kein geringeres Uebel haben als am Mangel. Häufig aber ist es eine noch grössere Mühe die Nahrung zu verarbeiten und wieder in den Körper zu vertheilen, als sie zusammenzubringen und aufzutreiben. Aber wie wenn die Danaiden in Verlegenheit kämen, was sie für ein Leben führen und was sie thun sollen, wenn sie loskämen vom Dienst am Fass und seiner Füllung, so kommen wir in Verlegenheit, was wir thun sollen, wenn wir in die Lage kämen nicht mehr so vielerlei Dinge vom Lande und aus dem Meere unserem unersättlichen Fleische zuzuführen, indem wir aus Unkenntniss des Schönen uns an einem auf das nothwendige gerichteten Leben genügen lassen. Wie nun Sklaven, wenn sie frei geworden sind, was sie sonst im Dienst für ihre Herren thaten, jetzt für sich und selbst thun, so ernährt auch jetzt die Seele den Leib mit vieler Mühe und Beschwerde, wenn sie aber von ihrem Dienste loskäme, so wird sie sich selbst, die frei gewordene, ernähren, sie wird leben, den Blick auf sich und die Wahrheit gerichtet, ohne dass etwas sie davon losreisst und abzieht.«

Während Solon noch spricht, tritt Gorgias, Perianders Bruder, herein, der auf Grund gewisser Orakelsprüche nach Tänaron geschickt war, um dem Poseidon ein festliches Opfer zu bringen. Er spricht erst leise mit Periander, theilt aber

dann auf dessen Verlangen in eleganter Erzählung der ganzen
Gesellschaft die wunderbare Rettung Arions durch Delphine
mit, deren Zeuge er gewesen. Nach Beendigung seiner Erzählung befiehlt ihm Periander, die inzwischen angekommenen
Schiffer zu verhaften. An das soeben vernommene knüpfen
die Gäste ihre fernere Unterhaltung an, und Solon berichtet,
wie Delphine den Leichnam des unschuldig gemordeten Hesiod
bei Rhium an's Land getragen hätten. Die wunderbare Errettung eines Mädchens durch Delphine, die sich in Lesbos
zugetragen, giebt Pittacus zum besten. Anacharsis erklärt
das wunderbare, das bei solchen Gelegenheiten zu Tage tritt,
und der Dichter Chersias erwähnt die wunderbare Rettung
des Kypselos und die von diesem zur Erinnerung daran in
Delphi errichtete Capelle. Bei Erwähnung dieser Capelle
wendet sich Pittacus an Periander mit der Frage, was die
am Stamme des Palmbaums daselbst eingegrabenen Frösche
bedeuten. Periander aber weist ihn an Chersias, der selbst
dabei gewesen, als Kypselos die Capelle geweiht habe, aber
dieser will nicht eher eine Erklärung geben, als bis die Weisen
ihm den Sinn ihrer in Delphi angebrachten Sprüche werden
erklärt haben. Doch dazu kommt es nicht, denn nachdem
Pittacus den Chersias auf die über diese Sprüche verfassten
Fabeln des Aesop verwiesen, und dieser angedeutet hat, dass
Chersias diese Sprüche eigentlich schon im Homer glaube gefunden zu haben, fällt Solon den Sprechenden ins Wort mit
einem Homerischen Hinweis auf die bereits herannahende
Nacht, und das Gastmal hat ein Ende.

    Die ganze Schrift ist offenbar ein Product der späteren
Sophistik. Dies zeigt das Thema, sowie dessen Behandlung.
Wir finden hier fast den ganzen Apparat der Progymnasmen,

Fabeln, Chrien mit ihren Unterarten, Sentenzen, Erzählungen, eine κατασκευή und ἀνασκευή nebst θέσις in den Reden des Kleodemus und Solon, Ethopöie und Prosopopöie im ausgedehntesten Umfang. Selbst die lascive Chrie ist in der schmutzigen Erklärung, welche Thales von Perianders Wunderzeichen giebt, und die sich für einen der sieben Weisen gar wenig schicken will, nicht übergangen. Die Erzählung von Arions wunderbarer Rettung war ein im sophistischen Zeitalter sehr beliebter Gegenstand. An ihr versuchte sich der Verfasser der fälschlich dem Dio Chrysostomus beigelegten Korinthischen Rede (or. 37), die vielleicht von Favorinus herrührt, in glänzender Weise Aelian in der Thiergeschichte XII, 45, der sogar einen Hymnus des Arion fabricirt hat, und selbst der sonst nüchterne Fronto vermochte sie erträglich zu behandeln (p. 237 ed. Naber), wie sie sein Zeitgenosse Gellius wenigstens nicht ungeschickt aus Herodot übersetzt hat (XVI, 19). Bei einem sophistischen Kunstproduct müssen wir nun aber gar sehr auf unsrer Hut sein, uns nicht durch einen gewissen Schimmer äusserer Eleganz blenden und bestechen zu lassen. Es ist nicht in Abrede zu stellen, dass der Verfasser seine Aufgabe, die bekannten Aussprüche und Anekdoten, welche von den sieben Weisen im Umlauf waren mit der gleichfalls alt überlieferten Nachricht von einem Gastmale, das ihnen Periander in oder bei Korinth veranstaltet hatte, in einer in manchen Aeusserlichkeiten an das Xenophontische Symposion erinnernden Schilderung dieses Gastmals zu vereinigen, nicht ungeschickt gelöst hat. Seine Darstellung ist lebendig, die Schilderung bietet mancherlei Abwechslungen, die Erzählung von Arion ist brillant, das Ganze liest sich angenehm und ist auch sprachlich nicht übel.

Der Hiat ist mit unverkennbarer Sorgfalt vermieden, und unter der geringen Zahl anstössiger Fälle sind wohl manche auf Rechnung des vielfach beschädigten Textes zu setzen. Sieht man indes genauer zu, so entdeckt man gar bald bedenkliche Schwächen wie der ganzen Anlage, so der Ausführung im einzelnen. Die Disposition des Ganzen ist keine künstlerische. Es fehlt ihm an einer dialektischen Einheit und einem thematischen Mittelpunkt der vorgetragenen Reden. Und wenn die aphoristische Natur derselben eine solche Einheit nicht zuliess, so müsste wenigstens eine innere Steigerung in den Gesprächsgegenständen sichtbar sein, aber diese sind ganz lose äusserlich aneinandergereiht. Auch ist der Schluss des Ganzen offenbar über's Knie gebrochen, um so zu sagen, und wenig befriedigend. Der Verfasser wollte von dem ihm über die sieben Weisen vorliegenden Material nichts weglassen, dazu auch eignes geben, konnte aber nur theilweis seinen Stoff bewältigen.

Dazu kommen denn nun mancherlei Wunderlichkeiten. Gleich zu Anfang fällt es uns auf, dass wir eigentlich gar nicht erfahren, wie die Weisen nach Korinth gekommen sind. Einer von Diog. Laert. I, 99 überlieferten Sage zufolge hatten sich die sieben Weisen in Delphi versammelt und von hier aus lud sie Periander nach Korinth ein. Doch davon weiss unser Verfasser nichts. Er führt uns einfach die Weisen in Korinth vor. Nach c. 2 haben sie die Einladungen zum Gastmal erst Tags zuvor empfangen, ja Chilon sagt nicht eher zu, als bis er die Namen aller eingeladenen Gäste erfahren hat. Eine sonderbare Bewandniss hat es mit dem Brief des Amasis an Bias. Der Einleitung in c. 2 zufolge vermuthen wir, dass er eine dem Bias zur Lösung vorgelegte Frage enthalte, wie ja Niloxenus den Auftrag hat, wenn Bias die Antwort schuldig bleibe, ihn den weisesten Hellenen zu zeigen. So ist es denn in der That. In c. 6 wird uns der Brief vorgelesen, er enthält die Anfrage des Amasis wegen der von dem Aethiopenkönig gestellten Aufgabe. Wenn Bias die Lösung gefunden, solle er sofort den Niloxenus zurückschicken. Wir denken der Brief sei bis zu Ende vorgelesen, aber zu unsrem nicht geringen Staunen erfahren wir in c. 8, dass in dem Briefe auch noch andre Dinge enthalten waren, nämlich die Aufgaben, welche Amasis zuvor dem Aethiopenkönig gestellt hatte und die von diesem ertheilten Antworten, wenigstens liest sie Niloxenus aus dem Buche vor. Vernünftigerweise mussten sie doch an der Stelle des Briefes stehen, wo Amasis von seinem Wettstreit mit dem Aethiopenkönig überhaupt sprach, und Bias hätte sie gleich zuerst mit vorlesen müssen. Ebenso musste Amasis gleich hinzufügen, welche von den Antworten er für richtig halte, welche nicht. Dies hat aber unsrem Verfasser zufolge nicht in dem Briefe gestanden, sondern Niloxenus erklärt nur beiläufig, dass sein Herr nicht alle gebilligt habe. Dergleichen Seltsamkeiten liessen sich noch mehrere anführen. Dass manche Anekdoten und Aussprüche der Weisen förmlich bei den Haaren herbeigezogen sind, um in das Prokrustesbett der Erzählung eingerenkt zu werden, macht sich bei wiederholter Lesung der Schrift recht unangenehm fühlbar. Ebenso sonderbar wie die lascive Deutung des Wunderzeichens finden wir den unberechtigten Kuss, den Thales der Eumetis ertheilt, und das hetärenhafte Auftreten dieser Schönen im Verkehr mit Anacharsis misfällt uns ebenso als ihre ganz ungerechtfertigte Abfertigung durch Kleodemus.

Das alles beweist nun aber nichts gegen Plutarchs Autorschaft. Auch Plutarch konnte sich an der Lösung einer sophistischen Aufgabe versuchen. Seine Abhandlung, ob das Wasser oder das Feuer nützlicher sei, die uns allerdings nur unvollständig erhalten ist, war wohl auch in ihrer ursprünglichen Gestalt nichts als eine sophistische Declamation. Und bei der Raschheit seiner schriftstellerischen Composition dürften wir uns nicht wundern, wenn es ihm nicht gelungen wäre, in seine Schilderung eine dialektische Einheit hineinzulegen. Auch die besprochenen Sonderbarkeiten liessen sich auf Rechnung der Flüchtigkeit setzen. Aber gegen die Autorschaft Plutarchs spricht doch mit aller Entschiedenheit die im obigen wörtlich übersetzte Rede des Solon. Gewiss lassen sich manche Absurditäten des Griechischen Textes durch Emendation beseitigen, aber der Scharfsinn von zehn Bentley's würde nicht ausreichen, gesunden Menschenverstand in sie hinein zu corrigiren. Denn sie enthält, gerade heraus gesagt, nichts als Unsinn und läuft zuletzt auf eine ganz abgeschmackte Uebertreibung hinaus. Ganz auffallend aber ist der gänzliche Mangel an Zusammenhang zwischen den einzelnen Gedanken. Hier verräth sich der ungründliche, philosophisch völlig rohe Sophist auf der Stelle. Solon verlangt, dass der Mensch sich den Genuss aller Nahrung abgewöhnen solle, er thäte gut daran, meint er, sich mit der Ungerechtigkeit zugleich den Bauch, den Magen und die Leber auszuschneiden. Und dabei soll der Mensch noch am Leben bleiben? Fürwahr eine sonderbare Theorie im Munde eines Solon, der doch sicherlich von orphisch-pythagorischer Schwärmerei fern war. Dem Menschen wird das Essen geradezu als etwas seinen Körper verunreinigendes vorgeworfen, auch das Tödten der Pflanze — natürlich auch der in der genossenen Frucht enthaltenen Keime — wird ihm als Verbrechen angerechnet, und das Gebot des Orpheus sich des Fleischgenusses zu enthalten ausdrücklich als Halbheit, als Sophisma verworfen. Dergleichen absurde Uebertreibungen konnte sich ein Plutarch nicht zu Schulden kommen lassen bei einem Thema, das er in verschiedenen Schriften mit so verständiger Zurückhaltung ausführlich und interessant behandelt hat. Er konnte unmöglich dem Solon eine Rede in den Mund legen, deren klägliche, gedankenlose Dürftigkeit sofort in die Augen springt. Hier haben wir ein Cabinetsstück sophistischer $\psi υ χ ρ ό τ η ς$ vor uns, ein viel ärgeres, als uns in irgend einer pseudoplutarchischen Schrift vorliegt, bei welcher der Verfasser obenein mit seiner eigenen Darstellung in Widerspruch geräth. Denn Solon sagt: »wie ja auch wir soeben einander weder sahen noch hörten, sondern ein jeder gebückt dem Bedürfniss der Nahrung fröhnten.« Danach sollte man meinen, die Gäste hätten vorher mit lautloser Gier ihre Speisen verschlungen, ein jeder die Augen auf seinen Teller gerichtet, ohne von seinem Nachbar Notiz zu nehmen. Und doch wurde in c. 4 auch während des Essens gesprochen und gescherzt — $τοιαῦτα$ $μὲν ἐκεῖνοι πρὸς ἀλλήλους ἅμα δειπνοῦντες ἔπαιζον$ hiess es — und auch Aesop, der doch zu Solons Füssen sass, betheiligte sich an der Unterhaltung, und ihn wenigstens muss doch Solon gesehen und gehört haben. Ueberhaupt aber musste er sich bei seinen Grundsätzen gar nicht am Mahle betheiligen, oder der Verfasser musste uns ausdrücklich darauf hinweisen, dass er nicht, oder dennoch ass.

Wäre nun die Behauptung Wyttenbachs begründet, dass Porphyrius im dritten Buche seiner Schrift de abstinentia einige Stellen aus dem Gastmal der sieben Weisen und gerade aus der Rede des Solon benutzt oder nachgeahmt habe — hinc sua duxit, hinc sumsit, et in his Plutarchum secutus est Porphyrius, sagt er Animadv. I p. 262. 3 — so würde daraus immerhin für den Plutarchischen Ursprung der Schrift nichts folgen. Denn erstens ist an den gleich anzuziehenden Stellen des Porphyrius von Plutarch keine Rede, und Plutarch als Verfasser des Gastmals von ihm nicht bezeugt, zweitens konnte der zwar gelehrte, aber bekanntlich kritiklose Porphyrius, der doch über ein Jahrhundert später als Plutarch gelebt hat, recht gut schon damals eine dem Plutarch untergeschobene Schrift in gutem Glauben als ächt benutzen. Immerhin aber würde man in diesem Falle gegen das im obigen angewandte skeptische Verfahren mistrauisch werden. Aber Wyttenbachs Behauptung ist völlig unbegründet, wahrscheinlich vielmehr umgekehrt der Verfasser des Gastmals als gedankenloser Plagiarius aus Porphyrius zu betrachten.

Die eine Stelle nämlich:

Porphyr. de abst. IV. p. 186, 23.
(ed. Nauck).

εἰ γάρ, καθάπερ φησίν Ὅμηρος, μηδὲ σίτου ἐδεήθημεν μηδὲ ποτοῦ, ἵν᾽ ὄντως ἦμεν ἀθάνατοι· καλῶς τοῦτο τοῦ ποιητοῦ παραστήσαντος, ὡς οὐ μόνον τοῦ ζῆν, ἀλλὰ καὶ τοῦ ἀποθνήσκειν ἡ τροφὴ ὑπῆρχεν ἐφόδιον.

Conviv. sept. sap. p. 139, 44
(ed. Dübner).

οἶμαι γάρ, εἰς τοσαῦτα βλέψαντα τὸν Ὅμηρον ἀποδείξει κεχρῆσθαι περὶ θεῶν τοῦ μὴ ἀποθνήσκειν τῷ μὴ τρέφεσθαι· οὐ γὰρ σῖτον — καλέονται· ὡς μὴ μόνον τοῦ ζῆν, ἀλλὰ καὶ τοῦ ἀποθνήσκειν τὴν τροφὴν ἐφόδιον οὖσαν.

muss ganz ausser Betracht bleiben. Hier hat weder Porphyrius den Verfasser des Gastmals, noch dieser jenen benutzt, sondern beide benutzten ein und dieselbe Bemerkung irgend eines Commentators zu der betreffenden Homerstelle, Il. E 341 sq., daher die Uebereinstimmung in Gedanken und Ausdruck. Nun hat Porphyrius im dritten Buche de abstinentia allerdings Plutarch benutzt, und zwar dessen Reden περὶ σαρκοφαγίας, die ihm zweifelsohne in einer noch vollständigeren Gestalt vorlagen, als uns jetzt, und er hat lange Stücke daraus unverändert abgeschrieben, c. 18—24, mit der Schlussnotiz: τὰ μὲν δὴ τοῦ Πλουτάρχου ἐν πολλοῖς βιβλίοις πρὸς τοὺς ἀπὸ τῆς στοᾶς καὶ τοῦ περιπάτου εἰς ἀπάντησιν εἰρημένα ἐστὶν τοιαῦτα, woraus hervorgeht, dass er auch noch andere Schriften Plutarchs kannte, in denen der in Rede stehende Gegenstand behandelt war. Die Stellen aber, welche nach Wyttenbach Nachahmungen oder Entlehnungen aus dem Gastmal sein sollen, befinden sich gerade in demjenigen Abschnitte des dritten Buchs, der allem Anscheine nach des Porphyrius eigne Gedanken enthält*), nämlich am Schlusse desselben. Die ganze Auslassung des Porphyrius von den Worten auf p. 152, 22 an: προσθείη δ'ἄν τις τούτοις καὶ τὰ τοιαῦτα κτλ. bis zum Ende ist aber in sich so zusammenhängend, dass man nur die Wahl hat anzunehmen, Porphyrius gebe eignes, oder er habe seinem compilatorischen Verfahren gemäss eine zusammenhängende Partie aus einem andern Werke entlehnt als demjenigen, aus welchem das unmittelbar vorhergehende geschöpft ist, und seine Quelle nicht genannt. Nun wäre es im ersteren Falle zwar immer noch möglich, Porphyrius habe einzelne seiner Gedanken einer fremden Quelle entlehnt, wie dies ja auch im zweiten Falle sein Gewährsmann könnte gethan haben, aber um sofort zu erkennen, dass das Gastmal

*) Vgl. Haecker in Zeitschr. f. d. Gymnasialwesen XX. 1866 S. 841 g. E.

diese Quelle auf keinen Fall gewesen ist, braucht man nur die einschlägigen Stellen neben einander zu setzen und zu vergleichen

Porphyr. III, 26 p. 158, 10:

ἡ γὰρ φυγὴ τῆς ἐμψύχου τροφῆς φυγὴ ἦν τῶν περὶ τὴν τροφὴν ἀδικημάτων. οὐ γὰρ δὴ μὴ μετὰ κακώσεως ἑτέρου τὴν ἑαυτῶν σωτηρίαν ἀμήχανον ἡμῖν ὁ θεὸς ἐποίησεν· ἐπεὶ οὕτω γε τὴν φύσιν ἡμῖν ἀρχὴν ἀδικίας προσετίθει.

Conv. sept. sap. p. 188, 53:

τὸ δὲ ἀπέχεσθαι σαρκῶν ἐδωδῆς, ὥσπερ Ὀρφέα τὸν παλαιὸν ἱστοροῦσι, σόφισμα μᾶλλον ἢ φυγὴ τῶν περὶ τὴν τροφὴν ἀδικημάτων ἐστί. φυγὴ δὲ μία καὶ καθαρμὸς εἰς δικαιοσύνην τελείαν αὐτάρκη καὶ διενδεῆ γενέσθαι. ᾧ δὲ ἄνευ κακώσεως ἑτέρου τὴν αὐτοῦ σωτηρίαν ἀμήχανον ὁ θεὸς πεποίηκε, τούτῳ τὴν φύσιν ἀρχὴν ἀδικίας προστέθεικεν.

Porphyr. III, 27 p. 156, 3:

ἀλλ' εἰ πάντες, φασί, τούτοις πεισθεῖεν τοῖς λόγοις, τί ἡμῖν ἔσται; ἢ δῆλον ὡς εὐδαιμονήσομεν, ἀδικίας μὲν ἐξορισθείσης ἀπ' ἀνθρώπων, δικαιοσύνης δὲ πολιτευομένης καὶ παρ' ἡμῖν, καθάπερ καὶ ἐν οὐρανῷ. νῦν δ' ὅμοιον, ὡς εἰ αἱ Δαναΐδες ἠπόρουν τίνα βίον βιώσονται ἀπαλλαγεῖσαι τῆς περὶ τὸν τετρημένον πίθον διὰ τοῦ κοσκίνου λατρείας. τί γὰρ ἔσται ἀποροῦσιν, εἰ παυσαίμεθα ἐπιφο-

Conv. sept. sap. p. 190, 2:

ἀλλ' ὥσπερ εἰ διαποροῖεν αἱ Δαναΐδες, τίνα βίον βιώσονται καὶ τί πράξουσιν ἀπαλλαγεῖσαι τῆς περὶ τὸν πίθον λατρείας καὶ πληρώσεως· οὕτω διαποροῦμεν ἡμεῖς, εἰ γένοιτο παύσα-

ροῦντες εἰς τὰ πάθη ἡμῶν καὶ τὰς ἐπιθυμίας, ὧν τὸ πᾶν διαρρεῖ, ἀπειρίᾳ τῶν καλῶν τὸν ἐπὶ τοῖς ἀναγκαίοις καὶ ὑπὲρ τῶν ἀναγκαίων στεργόντων ἡμῶν βίον. τί τοίνυν πράξομεν, ἐρωτᾷς, ὦ ἄνθρωπε; μιμησώμεθα τὸ χρυσοῦν γένος, μιμησώμεθα τοὺς ἐλευθερωθέντας. μεθ᾽ ὧν μὲν γὰρ Αἰδὼς καὶ Νέμεσις ἥ τε Δίκη ὁμιλεῖ, ὅτι ἠρκοῦντο τῷ ἐκ γῆς καρπῷ· καρπὸν γάρ σφισιν »ἔφερεν ζείδωρος ἄρουρα αὐτομάτη πολλόν τε καὶ ἄφθονον.« οἱ δέ γε ἐλευθερωθέντες ἃ πάλαι τοῖς δεσπόταις ὑπηρετοῦντες ἐπόριζον, ταῦτα ἑαυτοῖς πορίζουσιν. οὐκ ἄλλως καὶ σὺ τοίνυν ἀπαλλαγεὶς τῆς τοῦ σώματος δουλείας καὶ τῆς τοῖς πάθεσι τοῖς διὰ τὸ σῶμα λατρείας, ὡς ἐκεῖνα ἔτρεφες παντοίως τοῖς ἔξωθεν, οὕτως αὐτὸν θρέψεις παντοίως τοῖς ἔνδοθεν, δικαίως ἀπολαμβάνων τὰ ἴδια καὶ οὐκ ἔτι τὰ ἀλλότρια βίᾳ ἀφαιρούμενος.

σθαι φοροῦντας εἰς τὴν σάρκα τὴν ἄτρυτον ἐκ γῆς ἅμα καὶ θαλάττης τοσαῦτα, τί πράξομεν, ἀπειρίᾳ τῶν καλῶν τὸν ἐπὶ τοῖς ἀναγκαίοις στέργοντες βίον.

ὥσπερ οὖν οἱ δουλεύσαντες ὅταν ἐλευθερωθῶσιν, ἃ πάλαι τοῖς δεσπόταις ἔπραττον ὑπηρετοῦντες, ταῦτα πράττουσιν αὐτοῖς καὶ δι᾽ αὑτούς· οὕτως ἡ ψυχὴ νῦν μὲν τρέφει τὸ σῶμα πολλοῖς πόνοις καὶ ἀσχολίαις, εἰ δὲ ἀπαλλαγείη τῆς λατρείας, αὐτὴν δήπουθεν ἐλευθέραν γενομένην θρέψει, καὶ βιώσεται εἰς αὐτὴν ὁρῶσα καὶ τὴν ἀλήθειαν, οὐδενὸς περισπῶντος οὐδὲ ἀπάγοντος.

Bedenkt man hier bei der zweiten Stelle den inneren Zusammenhang der Gedanken bei Porphyrius und dem gegenüber den Umstand, dass die beiden Stücke im Gastmal unmittelbar zusammengehören, ferner aber in ihrer Gesammtheit ganz ungeschickt ohne irgend welchen vermittelnden Uebergangsgedanken an den voraufgehenden Satz angefügt sind, dass es oft sogar schwerer ist die Nahrung zu verarbeiten und nach ihrem Eintritt wieder im Körper zu verbreiten, als sie zu verschaffen und zusammenzubringen, so kann wohl kein Zweifel sein, auf welcher Seite der ursprüngliche Verfasser, auf welcher der gedankenlos epitomirende Nachahmer zu suchen ist. Ist nun Porphyrius, wie höchst wahrscheinlich, der selbständige Verfasser der aus ihm mitgetheilten Stücke, so ist die Unächtheit des Gastmals damit einfach erwiesen. Und zu demselben Resultate gelangt man im Grunde auch dann, wenn Porphyrius dieses Stück aus einer andern ungenannten Quelle abgeschrieben hat. Dann nämlich haben wir diese fast unverändert vor uns, denn im ganzen pflegt er wie dies J. Bernays in seiner vortrefflichen Arbeit über Theophrasts Schrift über die Frömmigkeit S. 24 ff. gezeigt hat, bei der Wiedergabe der von ihm benutzten Citate sehr treu zu verfahren. Dass aber ein so geistvoller Mann wie Plutarch eine ihm im ganzen ebenso wie dem Porphyrius vorliegende Stelle eines andern Autors so greulich zerstückelt und so ungeschickt in sein eignes Werk einverleibt hätte, noch dazu über einen Gegenstand, über den er selbst in verschiedenen Schriften ausführlich gehandelt hatte, ist undenkbar, und seinem schriftstellerischen Charakter völlig widersprechend.

Nicht unerwähnt darf übrigens ein Umstand bleiben, der die äussere Beglaubigung des Gastmals im Alterthume betrifft. Stobäus hat drei Stellen desselben seinem Florilegium einverleibt, T. II p. 135 mit dem Lemma τῶν ἑπτὰ σοφῶν περὶ πολιτείας, ib. p. 258 *ἐκ τῶν ἑπτὰ σοφῶν* und T. III p. 138 *τῶν ἑπτὰ σοφῶν περὶ τῆς κατὰ τὰς ἡλικίας ἐπιμελείας.* Hier weist das zweite Lemma offenbar auf einen Büchertitel hin und müsste etwa vollständig heissen *ἐκ [τοῦ] τῶν ἑπτὰ σοφῶν συμποσίου.* Nun werden Apophthegmen aus Plutarch von Stobäus gewöhnlich mit dem Lemma des Mannes aufgeführt, der den Ausspruch gethan hat, wobei es übrigens oft sehr zweifelhaft ist, ob sie gerade aus Plutarch entlehnt sind; Citate aus Plutarch bisweilen mit dem Lemma des Autors, den Plutarch selbst citirt hat; sonst aber, wo es sich nicht um Apophthegmen und Citate handelt, wird Plutarch nie ohne Nennung seines Namens angeführt, nicht selten aber ohne Nennung seines Werkes, umgekehrt aber nie der Titel eines Plutarchischen Werkes angegeben, ohne den Namen des Autors voraufzuschicken, denn mit den Fragmenten der *ἐπιστολὴ περὶ φιλίας* hat es, wie wir oben sahen, eine besondere Bewandniss. Daher liesse sich vielleicht behaupten, dass Stobäus zwar das Gastmal bereits vorgefunden hat, aber als eine herrenlose Schrift, etwa wie später Photius die vitae decem oratorum dass es also erst in späterer Zeit unter Plutarchs Schriften gerathen ist. Auf den Umstand aber, dass die Worte auf p. 194, 5: *ψυχῆς γὰρ ὄργανον τὸ σῶμα, θεοῦ δὲ ἡ ψυχή* mit de Pyth. orac. p. 404 C stimmen, wo es heisst *ψυχὴ δ' ὄργανον θεοῦ γέγονε*, ist nichts zu geben. Diese ursprünglich Platonische Sentenz war zum Gemeinplatz geworden, für den Plutarchischen Ursprung des Gastmals kann sie sowenig etwas beweisen, als dafür, dass sein Verfasser die Schrift über die Pythia gekannt habe.

FÜNFTES CAPITEL.

Ueber die Schrift de communibus notitiis adversus
Stoicos wird man erst auf Grund einer Specialuntersuchung
in's Reine kommen können, die ich bis jetzt nicht habe vornehmen
können, und der ich mich überhaupt nicht gewachsen
fühle. Gegen die Aechtheit spricht die gehässige Art der
Polemik, bei der Plutarch sich alle die Fehler würde zu
Schulden kommen lassen, die er in der Schrift gegen Kolotes
diesem zum Vorwurf macht, das Herbeiziehen vieler wörtlichen
Citate, endlich der Umstand, dass Plutarch in der Schrift de
repugnantiis Stoicorum keine Rücksicht auf dieselbe genommen
hat, wie auch umgekehrt, dass die Schrift de repugnantiis in
der Schrift de communibus notitiis nicht erwähnt ist, während
doch eine solche Bezugnahme in den beiden grösseren Schriften
gegen Epikur sich findet. Für die Aechtheit spricht der
Umstand, dass Lamprias als Unterredner auftritt, und die in
der Schrift zu Tage tretende grosse Gelehrsamkeit des Verfassers,
die es schwerlich erlaubt, in ihr das Werk eines Nachahmers
zu erblicken, der seine Arbeit für Plutarchisch hätte
ausgeben wollen. Uebrigens würde die Schrift de communibus
notitiis, auch wenn sie ächt wäre, für eine Darstellung der
Plutarchischen Philosophie so gut wie gar keine Ausbeute
liefern, da der Verfasser sich darauf beschränkt, die Ansichten
der hervorragendsten Stoiker zu widerlegen und zu kritisiren,
ohne dabei eigne Ansichten aufzustellen.
Mit Bestimmtheit ist jedoch die letzte der hierhergehörigen
Schriften, die regum et imperatorum apophthe-

gmata, dem Plutarch abzusprechen, und nicht blos das,
sondern es lässt sich auch die vielfach verbreitete Ansicht,
als sei die Sammlung eine von späterer Hand aus Plutarchischen Schriften zusammengestellte, als völlig unstatthaft zu-
rückweisen. Dazu bedarf es jedoch einer ausführlicheren
Besprechung als bei den bisherigen Schriften. Zuvörderst sei
über das äussere der Sammlung bemerkt, dass ihr eine Dedicationsepistel Plutarchs an Kaiser Trajan voraufgeschickt
ist. Die Sammlung selbst ist nach Völkern und Staaten geordnet. Sie geht aus von den Königen und Feldherrn der
Perser, unter denen auch Semiramis ihren Platz findet, und
geht nach einer kurzen Notiz über eine Gewohnheit der Aegyptischen Könige zu den Apophthegmen der Thraker und
Scythen über. Daran schliessen sich die Tyrannen Siciliens
von Gelo bis Dio, die Macedonischen Könige von Archelaus
bis Alexander, die Diadochen, die Feldherrn der Athener von
Themistokles bis Phocion, dazwischen Aussprüche des Pisistratus und der von Demetrius dem Phalereer dem Könige
Ptolemäus ertheilte Rath zum Ankauf von Büchern über die
Herrschaft von Königen und Fürsten, dann kommen die Spartaner, erst die Könige von Lykurg bis Kleomenes, dann einige
Ephoren. Es folgen Aussprüche des Epaminondas und Pelopidas, und den Beschluss machen Apophthegmen der Römer
von Manius Curius bis auf Kaiser Augustus, alles mit möglichster Berücksichtigung der chronologischen Reihenfolge im
einzelnen.

Xylander war der erste, der die Autorschaft Plutarchs
bezweifelte. Ihm schien weder die Vorrede noch die Schrift
selbst vom grossen Plutarch herzurühren. Gierig dagegen,
der mit richtigem Blick die instituta und apophthegmata La-

conica dem Plutarch abgesprochen hat, spricht von den Königsapophthegmen immer wie von einer unzweifelhaft ächten Schrift. Wyttenbach schreibt in der Vorrede zu seiner Ausgabe der Moralia p. CLIX: hic et qui proxime sequuntur tres libri, videntur a posteriore quodam homine ex Plutarchi libris compilati esse.*) Ausführlicher entwickelt er seine Ansicht in den Anmerkungen, doch so, dass man sieht, er hat es zu einer klaren, bestimmten Ansicht eigentlich nicht gebracht. Er geht zunächst aus von äusseren Zeugnissen. Die Königsapophthegmen lagen dem Sopater vor, sie sind excerpirt im Rosetum des Macarius Chrysocephalas**) und in Villoison's Anecdota (T. II p. 36 vers.) Unter einem ähnlichen Titel stehen sie im Catalog des Lamprias, sie fehlen im Venezianer Catalog. Einige Apophthegmen finden sich unter Plutarchs Namen im Stobaeus, doch ist es ungewiss, ob aus der Sammlung, oder den Biographien. Da nun Plutarch in seinen Schriften fleissig Apophthegmen anführt, auch de coh. ira p. 457 E, wo er unter der Person des Fundanus selbst spricht, erklärt, dass er Apophthegmen sammle und lese und nicht blos von Philosophen, sondern auch von Königen und Tyrannen, so erklärt Wyttenbach, er könne nicht daran zweifeln, dass Plutarch eine Apophthegmensammlung geschrieben habe. Deshalb behaupte er jedoch nicht, dass die vorliegenden Sammlungen, wenigstens in ihrer jetzigen Gestalt, von ihm geschrieben seien. Der Stoff sei aus Plutarchs Schriften gesammelt. Auch in Stil und Darstellung zeige sich, bis auf geringe Aus-

---

1) So sagt auch Westermann comment. p. XVI von den beiden Apophthegmen-Sammlungen 'quae tamquam Plutarchi opuscula in Moralibus feruntur, verum non ab ipso conscripta, sed eius ex operibus postmodo excerpta esse videntur.'

**) Schriftsteller des 14. Jahrhunderts.

nahmen, nichts fremdes. Plutarch habe also den Stoff aus seinen und andern Büchern sammeln können. »Hoc tamen si ipse fecisset, primum uberiorem plenioremque collegisset materiam; si quidem multa apophthegmata in aliis libris memorata, in his omissa, complures ducum vitas sententiasque in iis proditas in his praeteritas neglectasque cognovimus. Porro non illud fecisset, quod aliquoties factum animadvertimus, ut res, quae aliis in libris tamquam sollerter facta narraverat, his in libris tamquam acute dicta referret, atque ita strategemata et πολιτεύματα in apophthegmatum speciem transformaret. Deinde in ratione suum ipse morem obtinuisset, aliquid de moribus ingeniisque observationis, aliquid e philosophia iudicii, ex historia luminis addidisset: quae nunc fere desideramus. Sed hoc Plutarchum brevitati studuisse: quam deinde compilatores ac descriptores ad hanc tenuitatem redegisse; nam si quid mutationis subiit hic liber, magis hoc fuit in diminuendo quam in augendo. Sint igitur haec veluti commentaria et adversaria ex Plutarchi libris vel ab ipso, vel ab alio collecta: sunt certe partim ex libris, qui supersunt, partim ex iis, qui perierunt«. Zum Schluss sagt Wyttenbach: »illud affirmamus, praefationem ad Trajanum Caesarem minus etiam germanam minusque Plutarcheam debere censeri: cuius scriptor, quisquis ille fuit, Plutarchi quidem verba et stilum satis bene imitatus est, sed a ratione et ingenio auctoris plane aberravit: a quo in huiusmodi scriptione nescio quid maius, amplius elegantiusque expectabamus. At nos de hac etiam quaestione suum cuique iudicium relinquimus«. Nimmt man dazu, was er p. 406 zu den apophthegmata Laconica schreibt: »est profecto hic libellus non magis spurius censendus quam proxime antecedens« — so tritt das schwankende

seiner Ansicht deutlich zu Tage. Der Brief an Trajan gilt
ihm für untergeschoben; die Sammlung für ächt und doch
wieder nicht für ächt. Und zuletzt beruhigt er sich bei der
Annahme, sie sei ein Auszug aus einem ächten Werke
Plutarchs.
Auch bei Benseler treffen wir eine schwankende Ansicht
an. Der Hiat, sagt er, ist in den Königsapophthegmen vermieden und nicht vermieden. Nachdem er alle in der Schrift
vorkommenden Hiate durchmustert und sie theils entschuldigt, theils emendirt hat, bleiben ihm 17 anstössige Fälle
übrig. »Quae cum ita sint« heisst es dann p. 439 »fortasse
miraberis, quod neque cum Xylandro facio, qui se neque
praefationem neque opus ipsum magni Plutarchi esse credere
fatetur, neque cum Wyttenbachio, qui materiam e scriptis
Plutarchi collectam et a posteriore quodam homine in hanc
tenuitatem esse redactam censet. Mihi autem non improbabile esse videtur, Plutarchum ipsum eiusmodi opus, quo dicta
et facta quaedam virorum clarorum breviter enarrarentur, in
usum et delectationem eorum, qui quominus ampliora scripta
legerent negotiis erant impediti, id quod in Trajanum etiam
cadebat, composuisse. — Quod autem hic liber pluribus
quam alii Plutarchi libri hiatibus est foedatus, explicari potest aut ita, ut statuas Plutarchum quaedam iisdem verbis,
quibus ab aliis relata invenisset, hic repetiisse, aut ita, ut
quaedam omnino ab aliis addita esse concedas, quod in libello
eiusmodi, in quo singulae et breves continentur historiae, facile fieri potuit. Scriptorem ipsum enim huius libri in hiatu
evitando studium quoddam posuisse patet inde, quod in praefatione uno excepto loco, qui e codicibus potest corrigi — et
in plerisque historiis — hiatus non deprehenduntur. Nequaquam

autem est credibile hominem posteriorem ad hanc sermonis
elegantiam cum eiusmodi conscriberet opusculum adtendisse.«
Benseler hält also die Königsapophthegmen für ein ächtes
Werk Plutarchs, in welchem der Schriftsteller hinsichtlich des
Iliats entweder selbst etwas nachlässiger gewesen, oder welches von späterer Hand an einzelnen Stellen interpolirt sei.
Man kann sich jedoch bei genauerer Untersuchung mit
diesen Ansichten nicht begnügen, sondern muss sowohl die
Dedicationsepistel an Trajan als auch die Sammlung selbst
für unächt erklären. Was zunächst die Epistel anbetrifft, so
enthält sie fast soviel Albernheiten als Sätze. Ihr Verfasser
bittet den Kaiser, sein kleines Geschenk freundlich aufzunehmen, denn bei einem Geschenk habe man nicht auf dessen
Grösse, sondern auf die Gesinnung des Gebers Rücksicht zu
nehmen. Sein Geschenk sei übrigens auch nützlich, da man
daraus die Charaktere und Absichten bedeutender Männer
kennen lerne, die eben mehr in ihren Worten, als in ihren
Thaten zu Tage träten. Nun enthalte zwar seine Zusammenstellung der berühmtesten Heerführer, Gesetzgeber und Imperatoren bei Griechen und Römern auch Biographien, aber
die Thaten haben grösstentheils eine Beimischung von Glück,
dagegen geben die neben den Thaten, Leidenschaften und
Glücksfällen vorfallenden Aeusserungen und Antworten, wie
in einem Spiegel die Denkweise jedes einzelnen rein zu sehen.
Da nun dort die Antworten der Männer zugleich ihre Thaten
neben sich haben, so verlangen sie eine Wissbegierde, der es
nicht an Musse gebricht. Hier aber, fährt der Verfasser in
seiner Anrede fort, glaube ich werden die Reden allein für
sich wie Anzeigen und Samen der Lebensläufe gesammelt, dir
die Zeit nicht lästig machen, indem du in kurzen Worten eine

Anschauung vieler merkwürdig gewordener Männer empfängst. Damit aber Niemand glaube, ich habe vorstehenden Unsinn erst durch eine maligna interpretatio in den Autor hineingelegt, mögen die Griechischen Worte, auf die es hier ankömmt, selbst folgen: τοιαύτῃ δή τινι γνώμῃ κἀμοῦ λιτά σοι δῶρα καὶ ξένια καὶ κοινὰς ἀπαρχὰς προσφέροντος ἀπὸ φιλοσοφίας, ἅμα τῇ προθυμίᾳ καὶ τὴν χρείαν ἀπόδεξαι τῶν ἀπομνημονευμάτων, εἰ ὅρον ἔχει τινὰ πρὸς κατανόησιν ἠθῶν καὶ προαιρέσεων ἡγεμονικῶν, ἐμφαινομένων τοῖς λόγοις μᾶλλον ἢ ταῖς πράξεσιν αὐτῶν. καίτοι καὶ βίους ἔχει τὸ σύνταγμα τῶν ἐπιφανεστάτων παρά τε Ῥωμαίοις καὶ παρ' Ἕλλησιν ἡγεμόνων καὶ νομοθετῶν καὶ αὐτοκρατόρων· ἀλλὰ τῶν μὲν πράξεων αἱ πολλαὶ τύχην ἀναμεμιγμένην ἔχουσιν, αἱ δὲ γινόμεναι παρὰ τὰ ἔργα καὶ τὰ πάθη καὶ τὰς τύχας ἀποφάσεις καὶ ἀναφωνήσεις ὥσπερ ἐν κατόπτροις καθαρῶς παρέχουσι τὴν ἑκάστου διάνοιαν ἀποθεωρεῖν. — ἐπεὶ μὲν οὖν ἅμα αἱ ἀποφάσεις τῶν ἀνδρῶν τὰς πράξεις παραπεμψένας ἔχουσαι σχολάζουσαν φιληκόων περιμένουσιν ἐνταῦθα δὲ καὶ τοὺς λόγους αὐτοὺς καθ' αὑτοὺς ὥσπερ δείγματα τῶν βίων καὶ σπέρματα συνειλεγμένους, οὐδὲν οἴομαί σοι τὸν καιρὸν ἐνοχλήσειν, ἐν βραχέσι πολλῶν ἀναθεώρησιν ἀνδρῶν ἀξίων μνήμης γενομένων λαμβάνοντι.

Offenbar will doch der Autor, welcher hier unter Plutarchs Maske spricht, von den Biographien reden. Wie konnte er aber da den Ausdruck σύνταγμα brauchen, was doch nur eine Schrift, ein Buch, niemals aber ein Corpus von Büchern bezeichnet, als welches doch die in einzelnen Büchern abgefassten, und höchst wahrscheinlich auch buchweis veröffentlichten Biographien zu betrachten sind? Und von diesem σύνταγμα sagt er καίτοι καὶ βίους ἔχει τὸ σύνταγμα, als ob darin die Biographien oder Lebensläufe accessorisch zu etwas anderem dazukämen. Eben so verkehrt heisst es freilich im folgenden ἐκεῖ μὲν οὖν ἅμα αἱ ἀποφάσεις τῶν ἀνδρῶν τὰς πράξεις παρακειμένας ἔχουσαι, als ob die Antworten das erste, die Thaten das zweite, untergeordnete wären. Von diesen mit Thaten verbundenen Antworten heisst es dann σχολάζουσαν φιληκοΐαν περιμένουσιν, als ob das nicht auch von der vorliegenden Apophthegmensammlung, ja von jedwedem Buche gelte, das man nicht zur Arbeit, sondern zur Erholung in die Hand nimmt. Ganz unerhört ist im folgenden Satze die Wendung ὁ λόγος ἐνοχλεῖ ἐμοὶ τὸν καιρόν, oder ὁ καιρὸς ἐνοχλεῖ ἐμοὶ τοὺς λόγους. Dass die Apophthegmen als Anzeigen, etwa als Proben der Lebensläufe gesammelt sein sollen, kann man sich noch gefallen lassen, aber als σπέρματα? Gehen etwa Lebensläufe aus gesammelten Aussprüchen wie Saaten aus Samenkörnern hervor? Und wie konnte wohl Plutarch seine Apophthegmen als κοινὰς ἀπαρχὰς ἀπὸ φιλοσοφίας bezeichnen und dem Kaiser entgegenbringen? Apophthegmen gehen weder von der Philosophie aus, noch sind es gemeinsame Erstlinge. Wie konnte er ferner sagen, sein σύνταγμα enthalte Biographien der bei Römern und Griechen berühmtesten ἡγεμόνων καὶ νομοθετῶν καὶ αὐτοκρατόρων? Hat es auch bei den Griechen αὐτοκράτορες schlechthin gegeben? Noch ist das eine der in dem Briefe selbst angeführten Apophthegmen auffällig. Einen Perser Σειράμνης kennt Niemand im Alterthum. Was aber diesem hier in den Mund gelegt wird, das ist bei Diodor. XV, 41 ein Ausspruch des Pharnabazus an Iphikrates.

So sehen wir, dass man in diesem Briefe auf Schritt und Tritt an einer Verkehrtheit im Gedanken oder im Ausdruck hängen bleibt. Dergleichen konnte ein Plutarch nicht schreiben: Er ist das klägliche Machwerk eines unverschämten

Falsarius und man begreift nicht, wie Wyttenbach sagen konnte, er habe den Ausdruck und den Stil des Plutarch ziemlich gut nachgeahmt. Und wenn bis auf eine, allerdings wohl verdorbene Stelle, der Hiat vermieden ist, so will dies bei dem geringen Umfang des Schriftstücks nichts sagen und ist rein auf Rechnung des Zufalls zu schreiben. Theophrast hat den Hiat durchaus nicht vermieden, und doch sind die ersten Seiten seiner Pflanzengeschichte von demselben völlig frei.

Gehen wir nunmehr zu den Apophthegmen selbst über. Es wäre ja immerhin möglich, dass irgend ein vorwitziger Patron einem ächten Werke Plutarchs eine falsche Vorrede vorgesetzt hätte. Und es ist keineswegs undenkbar, dass Plutarch einst mit dem Plan umgegangen ist, eine Apophthegmensammlung zu veröffentlichen. Von ihm musste man aber erwarten, dass er nicht blos Apophthegmen zusammenstellte, das war die mühelose Arbeit eines Compilators, in jenen Zeiten gab es genug Sammlungen von Apophthegmen, Chrien und ἀπομνημονεύματα, sondern das gesammelte ausschmückte, schön darstellte, zu seinem Verständniss das aus der Geschichte nöthige hinzufügte, kurz sie erst zu seinem Eigenthum machte. So verfuhr Aelian. Er nahm seine Apophthegmen und Geschichten auch aus gewöhnlichen Sammlungen, aber er schrieb sie nicht einfach aus, sondern er kürzte, erweiterte, änderte Worte und Ausdrücke und drückte allem den Stempel seines eignen überglatten, gekünstelten Stils auf. Aehnlich musste auch Plutarch verfahren, um so mehr als er gerade in der Erzählung von Apophthegmen sowohl in den Biographien als in den moralischen Schriften eine grosse Gewandtheit und Geschicklichkeit an den Tag legt.

So musste er also in einer Apophthegmensammlung gerade die besten und schönsten seinen Lesern vorführen, In der Erzählung gleichsam sich selbst übertreffen, er durfte auch nichts fremdartiges darunter mischen, keine Thaten statt der Aussprüche auftischen. Dies war einem Polyaen oder Pseudo-Frontin verstattet bei einer Sammlung von Strategemen, die sowohl in Thaten als Worten berühmter Feldherrn zu finden sind. Wer aber blos Apophthegmen sammelt, obenein an der Spitze des Werkes dies ausdrücklich als seine Aufgabe hinstellt, der darf nicht rein historische Notizen mit unterlaufen lassen, wie dies in unsrer Sammlung der Fall ist. Von Plutarch musste man ferner erwarten, dass er seine Apophthegmen mit irgend welchen Erläuterungen und Reflexionen zu ihrem Verständniss, wenigstens zum Verständniss in Betreff der redenden Personen versah.

Dies und manches andre wäre man berechtigt von einer Plutarchischen Apophthegmensammlung zu erwarten. Aber bei vorliegender Sammlung werden alle diese Erwartungen vollständig getäuscht. Es muss einem zunächst auffallen, dass eine so grosse Menge Apophthegmen vermisst wird, welche Plutarch in seinen übrigen Schriften in reichem Maasse vorgebracht hat, zum Theil viel bündiger und eleganter erzählt als die meisten, welche in der Sammlung enthalten sind. So fehlen, um bei den Biographieen stehen zu bleiben, der Ausspruch des Numa, c. 15 z. E, der berühmte Ausspruch des Gaius Marcius an seine Mutter, v. Coriol. c. 36, es fehlen die Apophthegmen der Gracchen, des Sertorius, Sylla bis auf eins, das wieder in der Biographie vergebens gesucht wird, des Crassus, Antonius, Brutus, Cassius, Solon, Cimon, Timoleon, Demosthenes, Eumenes bis auf eins, das nicht in der Biographie, sondern in der Schrift über die Bruderliebe erwähnt wird, und anderer. Wie ging es zu, dass Plutarch in dieser Sammlung sich engere Grenzen setzte, als in seinen übrigen Schriften, dass er sich mit 4—500 Aussprüchen begnügte, während ihm fast noch einmal so viel zu Gebote standen? Und was soll man von den Aussprüchen der Männer sagen, von denen er Biographien geschrieben hat und denen in der Sammlung besondere Capitel gewidmet sind? Warum fehlen hier diese, dort jene, warum fehlen in der Sammlung gerade so manche charakteristische? So fehlen unter den Aussprüchen Cicero's mindestens 30, welche die Biographie enthält, und umgekehrt stehen in der Sammlung einige, welche in der Biographie fehlen, ohne dass man sagen könnte, sie seien dort ausgefallen.

Aber abgesehen von der geringen Anzahl der Apophthegmen und ihrer wunderbaren Auswahl, die man gar nicht begreifen kann, wenn die Sammlung ein Werk Plutarchs sein soll, so spricht auch noch manches andere gegen ihre Aechtheit. Denn nicht blos das erregt Anstoss, was in der Sammlung fehlt, man könnte ja sagen, sie sei ursprünglich weit vollständiger gewesen und wie so manches andere Plutarchische Werk nur in einem Auszuge auf uns gekommen, noch viel grösseren Anstoss erregt das, was in ihr enthalten ist. Da findet sich keine Spur von Plutarchs Geist, nichts verräth uns einen philosophisch gebildeten Verfasser, einen Schriftsteller der gut zu erzählen und darzustellen verstand, einen Mann von umfassender Gelehrsamkeit. Und giebt man auch die Möglichkeit zu, dass die Sammlung unter der Hand eines Epitomators zusammengeschrumpft sei, obgleich es zu einer solchen Annahme an jedem positiven Anhalt fehlt, so kann doch die Schrift nach Anlage und Darstellung von Hause aus keine andere gewesen sein, als sie jetzt ist. Aber die Darstellung ist durchaus matt und nüchtern, oft trivial, in jeder Hinsicht Plutarchs unwürdig.

Man kann sich daher gar nicht genug über Wyttenbach's Kritiklosigkeit wundern, der an seiner Ansicht, die Apophthegmen seien aus Plutarchischen Schriften, sei es nun von ihm selbst, oder einem andern, gesammelt und excerpirt, so hartnäckig festhielt, dass er in den Aussprüchen des Philipp, Antigonus, Epaminondas, der Scipionen, des Augustus Bruchstücke aus verloren gegangenen Biographien erblickte und auf p. 382 zu ap. Scip. mai. 7 bemerkte: formula ταῦτα μὲν οὖν ὕστερον in vitis Plutarcheis frequens, vel sola satis habet indicii, haec apophthegmata ex vitis descripta esse — als ob sich nicht auch aus anderen Schriftstellern unzählige Belege dieser Wendung nachweisen liessen. Und doch war Wyttenbach genöthigt, zu dem einzigen in der Sammlung befindlichen Ausspruch des Sulla auf S. 396 zu gestehen: »mirum, ut scriptor huius libri nullam rationem habuit vitae Syllae; in qua multa acute dicta exstant. Nam ne hoc quidem, quod unum sub Syllae nomine hic proditur, diserte in cius vita memoratum reperimus. Et quod dicitur in magna felicitatis parte posuisse, quod Athenis pepercerit, i. e. eas non funditus deleverit, nullum ibi vestigium talis iudicii, ubi eius maxime locus erat, veluti p. 460 E et 478 B, neque p. 454 D, ubi Sylla dicitur consensionem suam cum Metello divinae cuidam fortunae tribuisse: καὶ τῆς πρὸς Μέτελλον ὁμονοίας ἰσότιμον ἄνδρα καὶ ἡδίστην εὐτυχίαν τινὰ θείαν αἰτιᾶται. Aber er war und blieb verblendet.

Denn die Haltlosigkeit seiner Ansicht ergiebt sich bei einer genaueren Prüfung der Sammlung sofort. Sie enthält überhaupt 498 Apophthegmen, d. h. Aussprüche und blose Thaten von berühmten Männern. Ueber die Ungebörigkeit der letzteren in einer Apophthegmensammlung ist schon gesprochen worden. Dahin gehört aber Cyrus 1, Semiramis, Xerxes 2. 3, Artaxerxes 2. 3, die Sitte der Aegyptischen Könige, Gelo 1. 2. 4, Alexander 28, Antigonus 2, Antigonus der jüngere 1, Themistokles 3, Aristides 1. 4, Iphikrates 1, Epaminondas 1, Scipio der ältere 7, Quintius Flamininus 2, Scipio der jüngere 1. 2, Marius 1, Lutatius Catulus, Pompeius 8, Augustus 1. 4. 6. Von diesen 498 Apophthegmen nun finden sich 222, also fast die Hälfte, in Plutarchs übrigen Schriften nicht. Es sind dies: Cyrus 2. 3, Semiramis, Artaxerxes, alle Apophthegmen von Parysatis an bis auf Dionys den jüngeren (ausgenommen die Aussprüche des Teres, Atea gegen Ende, Scilurus, Hiero 3, Dionys der ältere 6. 9, Dionys der jüngere 3), ferner Archelaus 5, Philipp 1. 2. 4. 6—12. 14. 15. 17—19. 21—25. 27. 28, Alexander 3. 5—8. 10. 12. 13. 17—20. 22. 23. 26—28. 30. 33, Ptolemäus Lagi, Antigonus 1—3. 6. 8. 9. 11—14, Demetrius 2, Antigonus der jüngere 1. 3. 5, Lysimachus 2, Antipater 1, Antigonus der dritte 1. 2, Antiochus 1. 2, Themistokles 1. 2, Myronidas, Alcibiades 5, Lamachus, Iphikrates 1—5, Chabrias 1—3, Hegesippus, Pisistratus, Demetrius der Phalereer, Charillus 2. 3, Telestes, Theopomp, Brasidas 2, Agis 1. 2, Agesilaus 1. 7. 12, Archidamus, Agis der jüngere 2, Damonidas, Eudaemonidas, Antiochus der Lacedaemonier, Antalcidas 3, Epaminondas 1—3. 5. 6. 8. 9. 11—14. 17—24, Pelopidas 6, M. Curius 1, Scipio der ältere 1—6, Gn. Domitius, P. Licinius, Cato der ältere 5. 8. 9. 11—14. 16—19, Scipio der jüngere 1. 4—12.

14—23, Caec. Metellus 1. 3, Sylla, C. Popilius, Pompelus 1,
Cicero 16. 17. 21, Caesar 6, August 4—9. 13—15.

Es bleiben also 276 Apophthegmen der Sammlung übrig,
die auch im Plutarch stehen, d. h. ihrem Inhalte nach, nicht
aber ihrem Wortlaute oder ihrer Einkleidung nach. Denn es
ist unleugbar, dass Plutarch fast alle diese Apophthegmen
besser, schärfer, genauer, anmuthiger wiedergegeben hat. Wäre
er nun der Verfasser der Sammlung, in der fast alles matt
und schmucklos erzählt ist, abgesehen von der Pointe, die natürlich
dem Apophthegma als solchem innewohnt, so liesse
sich diese Unähnlichkeit, dieser Abfall von sich selbst gar
nicht begreifen, geschweige denn erklären. Die Verschiedenheit
zwischen dem Verfasser unserer Sammlung und Plutarch
mögen folgende beliebig herausgegriffenen Beispiele veranschaulichen:

Apophth. Fab. Max. 4.

Στρατιώτου δέ τινος Λευκανοῦ
κατηγορηθέντος πρὸς αὐτόν,
ὡς νύκτωρ ἀπὸ τοῦ στρατοπέδου
πλανῷτο πολλάκις ἐρῶν
γυναικός, τὰ δ᾽ ἄλλα θαυμαστὸν
ἐν τοῖς ὅπλοις συνθανούμενος
εἶναι τὸν ἄνδρα, συλλαβεῖν ἐκέλευσε
τὴν ἐρωμένην αὐτοῦ κρύφα
καὶ πρὸς αὐτὸν ἀγαγεῖν· ὡς
δ᾽ ἤχθη μεταπεμψάμενος τὸν
ἄνθρωπον, οὐ λέληθας, ἔφη,*
παρὰ τὸν νόμον ἀπονυκτερεύων
ἀλλ᾽ οὐδὲ χρηστὸς ὢν πρότερον
ἐλελήθεις· τὰ μὲν οὖν ἡμαρ-

Plut. Fab. Max. c. 20.

Ἕτερον τοίνυν τῷ γένει Λευκανῶν
ἄνδρα προσήγγειλαν οἱ
λοχαγοὶ ῥεμβόμενον ἀπὸ τοῦ
στρατοπέδου καὶ τὴν τάξιν ἐκλείποντα
πολλάκις. ὁ δ᾽ ἠρώτησε
τἆλλα ποῖόν τινα τὸν ἄνθρωπον
εἰδεῖεν ὄντα. μαρτυρούντων δὲ
πάντων, ὅτι ῥᾳδίως ἕτερος οὐκ
εἴη στρατιώτης τοιοῦτος, ἅμα
τ᾽ αὐτοῦ τινας ἀνδραγαθίας
ἐπιφανεῖς καὶ πράξεις λεγόντων,
αἰτίαν τῆς ἀταξίας ζητῶν
εὗρεν ἔρωτι παιδίσκης κατεχόμενον
τὸν ἄνδρα καὶ κινδυνεύ-

τημένα λελύσθω τοις ήνδραγα-
θημένοις, το δε λοιπόν έση
μεθ' ημών· έχω γαρ εγγυήτην
και προαγαγών συνέστησεν αύ-
τω το γύναιον.

οντα μακράς οδούς εκάστοτε
φοιτώντα προς εκείνην από του
στρατοπέδου. πέμψας ούν τινας
άγνοούντος αύτου και συλλαβών
το γύναιον έκρυψεν εν τη σκηνή
και καλέσας τον Λευκανόν ιδία
προς αυτόν, ου λέληθας, έφη,
παρά τα Ρωμαίων πάτρια και
τους νόμους άπονυκτερεύων του
στρατοπέδου πολλάκις· αλλ' ού-
δε χρηστός ων πρότερον έλε-
λήθεις. τα μεν ούν ήμαρτημέ-
να σοι λελύσθω τοις ήνδραγα-
θημένοις, το δε λοιπόν εφ'
ετέρω ποιήσομαι την φρουράν.
θαυμάζοντος δε του στρατιώτου προαγαγών την άνθρωπον
ενεχείρισεν αυτώ και είπεν·
αύτη μεν εγγυαταί σε μενείν
εν τω στρατοπέδω μεθ' ημών·
συ δ' έργω δείξεις, ει μη δι'
άλλην τινά μοχθηρίαν απέλει-
πες, ο δ' έρως και αύτη πρό-
φασις ην λεγομένη.

Apophth. Paul. Aem. 2.

Ελθών δ' εις οίκον εξ αγοράς
και την Τερτίαν το θυγάτριον
εύρών δεδακρυμένον έπυνθά-
νετο την αιτίαν. ειπούσης δ' ότι
Περσεύς τέθνηκεν ήμίν· συνί-

Plut. Aem. Paul. c. 10.

Λέγεται δ' αυτόν, ως άνηγο-
ρεύθη κατά του Περσέως στρα-
τηγός, υπό του δήμου παν-
τος οίκαδε προπεμφθέντα λαμ-
πρώς εύρείν το θυγάτριον την

διον δ᾽ ἦν οὕτως ὀνομαζόμενον· ἀγαθῇ τύχῃ, εἶπεν, ὦ θύγατερ, καὶ δέχομαι τὸν οἰωνόν. Τερτίαν δεδακρυμένην ἔτι παιδίον οὖσαν. ἀσπαζόμενοι οὖν αὐτὴν ἐρωτᾶν, ἐφ᾽ ὅτῳ λελύπηται, τὴν δὲ περιβαλοῦσαν καὶ καταφιλοῦσαν οὐ γὰρ οἶσθά εἰπεῖν 'ὦ πάτερ, ὅτι ἡμῖν ὁ Περσεὺς τέθνηκε', λέγουσαν κυνίδιον σύντροφον οὕτω προσαγορευόμενον· καὶ τὸν Αἰμίλιον 'ἀγαθῇ τύχῃ' φάναι 'ὦ θύγατερ καὶ δέχομαι τὸν οἰωνόν.

Plutarch fährt fort ταῦτα μὲν οὖν Κικέρων ὁ ῥήτωρ ἐν ταῖς περὶ μαντικῆς ἱστόρηκεν. Dass Plutarch lateinische Schriften Cicero's selbst gelesen habe, wird Niemand behaupten, der bedenkt, dass selbst in der Biographie Cicero's sich keine Spur einer derartigen Lectüre nachweisen lässt. Vielmehr hat er diese seine Notiz in irgend einem Griechischen Buche gefunden, das ihm als Quelle diente und daraus abgeschrieben. Vergleicht man aber die Ciceronische Stelle de div. I, 46 so wird man finden, wie frei die alten Schriftsteller bei der Wiedergabe und Aenderung der Apophthegmen verfuhren. Und mit Recht. Denn sobald irgend welcher Ausspruch eines berühmten Mannes, erst von irgend Jemand schriftlich aufgezeichnet war, so wurde er gar bald zum Gemeingut aller Gebildeten, er wanderte in die Chrestomathien und Adversarienbücher der Grammatiker und Rhetoren, die wie wir aus Quintilian und Theo's Progymnasmen wissen, ihre Schüler fleissig Chrien auswendig lernen liessen. So beruft sich ja auch Plutarch ausdrücklich bei einzelnen Aussprüchen auf die Ueberlieferung der Schulen. Dann wurden sie von Geschichtschreibern und Rednern, oft mit etwa nöthig scheinenden Modificationen und Aenderungen, oft ohne solche citirt und weiter erzählt, so dass jedoch in den meisten Fällen höchstens die Worte des Ausspruchs, auf denen seine eigentliche Pointe beruhte, und selbst diese nicht einmal immer vollständig unverändert blieben. Daher kann man erst dann sagen, ein Schriftsteller habe irgend ein Apophthegma einem andern Schriftsteller entlehnt, wenn ausser der allgemeinen Aehnlichkeit des Inhalts sich auch eine völlige oder doch wenigstens annähernde Identität der Worte in der nebensächlichen Einkleidung des Ausspruchs findet. Und selbst in diesem Falle ist es noch immer möglich, dass beide Autoren unabhängig von einander dieselbe dritte Quelle benutzten und es nicht für nöthig befunden, an dem hier überlieferten etwas zu ändern. Nun kann von einer wörtlichen Uebereinstimmung zwischen den Königsapophthegmen und Plutarch im Allgemeinen gar keine Rede sein. Es würde zu weitläufig sein, weitere den obigen ähnliche Beispiele aufzuschreiben, um zu zeigen, wie weit der Verfasser dieser Sammlung an Kunst der Erzählung hinter Plutarch zurücksteht. Man vergleiche nur Xerxes 1 mit Plut. de frat. am. p. 488 D), Dionys der ältere 6 mit v. Solon. c. 20, Alexander 24 mit v. Alex. c. 59, derselbe 25 mit v. Alex. c. 58, Lycurg 5 mit v. Lyc. c. 13, endlich Agesilaus 2 mit v. Ages. c. 23, wo Plutarch dem eigentlichen Ausspruch τί δαὶ (l. δὲ) ἐκείνως ἐμοῦ μείζων, εἰ μὴ καὶ δικαιότερος hinzufügt: ὀρθῶς καὶ καλῶς οἰόμενος δεῖν τῷ δικαίῳ καθάπερ μέτρῳ βασιλικῷ μετρεῖσθαι τὴν ὑπεροχὴν τοῦ μείζονος, ein ethisches Epiphonem, welches Plutarch gewiss nicht würde weggelassen haben, wenn er in einer anderen Schrift Gelegenheit gehabt hätte, den Ausspruch zu wiederholen. Unter sämmtlichen Apophthegmen der Sammlung aber habe ich nur ein einziges gefunden, wo Uebereinstimmung des Inhalts und der Worte sich findet, nämlich Phocion 4 verglichen mit v. Phoc. c. 8, zwölf bei denen eine so grosse Aehnlichkeit der Worte sich findet, dass offenbar die beiderseitigen Relationen aus einer Quelle entlehnt sein müssen, endlich acht, bei denen in den Nebendingen des Ausspruchs die Worte verschieden, in dem Ausspruch selbst aber dieselben sind. Jene 12 Apophthegmen sind Phocion 5. 14, Philipp 13, Cato der ältere 2. 3. 6. 7. 20. 21, Pompeius 11, Cicero 1. 10, verglichen mit v. Phoc. c. 9. 30. an seni p. 741 B, v. Cat. c. 8. 9, v. Pomp. 2, v. Cic. 1, 26. Diese 8 sind Themistokles 5. 7, Lysander 3, Agesilaus 5, Cato der ältere 28, Marius 6, Caesar 13, August 12 verglichen mit v. Them. c. 11. 18, v. Lys. c. 22, v. Ages. c. 21, v. Cat. c. 9, v. Mar. c. 33, v. Caes. c. 54, an seni p. 785 D.

Wenn es nun auch richtig ist, was oben behauptet wurde, dass wo Plutarch und die Sammlung dieselben Apophthegmen berichten, die grössere Kunst der Erzählung immer auf Seiten Plutarchs liegt, so hat die Sammlung doch einige, die wo nicht besser, so doch vollständiger erzählt sind. Es sind dies Philipp 16, Alexander 21, Epaminondas 15, Cato der ältere 26, Marius 4, Lucullus 1, Pompeius 13, Cic. 4, August. 2, verglichen mit praec. rei publ. p. 806 B, v. Alex. c. 41, praec. reip. p. 810 F, v. Cat. mai. c. 10, v. Mar. c. 18, v. Lucull. c. 27, v. Pomp. c. 51, v. Cic. c. 7, v. Rom. c. 17, in der That wenig, aber doch genug, um die Unabhängigkeit der Sammlung von Plutarch zu erweisen. Dazu kommen denn noch zahlreiche Widersprüche im einzelnen, die es geradezu unmöglich machen Plutarch als Verfasser, oder auch nur als

Quelle der Sammlung zu betrachten. So heisst es im ersten Ausspruch des Artaxerxes Mnemon, der König habe seiner rechtmässigen Gemahlin befohlen, die Vorhänge des Wagens zurückzuschlagen, ὅπως οἱ δεόμενοι κατὰ τὴν ὁδὸν ἐντυγχάνωσι. Mehr in Uebereinstimmung mit den Sitten des Orients heisst es im Leben des Artaxerxes c. 5, der Wagen sei stets mit zurückgeschlagenen Vorhängen ausgefahren, und die Königin sei leicht zugänglich gewesen, nicht τοῖς δεομένοις, sondern ταῖς δημότισιν. Der Ausspruch des Teres wird von Plutarch an seni c. 16 dem Scythen Ateas beigelegt. Der zweite Ausspruch des Agathokles wird de coh. ira p. 458 F zwei Gewährsmännern beigelegt. Hier verlohnt es sich eine wörtliche Vergleichung anzustellen:

Apophth. Agathocl. 2.

Πολιορκοῦντος δὲ πόλιν αὐτοῦ τῶν ἀπὸ τοῦ τείχους τινὲς ἐλοιδοροῦντο λέγοντες ὅτι 'ᾧ κεραμεῦ, τὸν μισθὸν πῶς ἀποδώσεις τοῖς στρατιώταις'; ὁ δὲ πρᾴως καὶ μειδιῶν εἶπεν 'αἴκα ταύταν ἕλω'. λαβὼν δὲ κατὰ κράτος ἐπίπρασκε τοὺς αἰχμαλώτους λέγων, ἐάν με πάλιν λοιδορῆτε, πρὸς τοὺς κυρίους ὑμῶν ἔσται μοι ὁ λόγος.

Plut. de cohib. ira p. 458 F.

Ἀγαθοκλῆς δὲ πρᾴως ἔφερε λοιδορούμενος ὑπὸ τῶν πολιορκουμένων· καί τινος εἰπόντος, κεραμεῦ, πόθεν ἀποδώσεις τοῖς ξένοις τὸν μισθόν, ἐπιγελάσας· αἴκα ταύταν ἐξέλω. καὶ τὸν Ἀντίγονον ἀπὸ τοῦ τείχους τινὲς εἰς ἀμορφίαν ἔσκωπτον· ὁ δὲ πρὸς αὐτούς· καὶ μὴν ἐδόκουν εὐπρόσωπος εἶναι. λαβὼν δὲ τὴν πόλιν ἐπίπρασκε τοὺς σκώπτοντας μαρτυράμενος, ὅτι πρὸς τοὺς δεσπότας ἕξει τὸν λόγον, ἂν πάλιν αὐτὸν λοιδορῶσιν.

Es ist nicht wahrscheinlich, dass die Erwähnung des Antigonus durch Interpolation in den Plutarchischen Text gekommen ist, denn τοὺς σκώπτοντας weist auf das vorhergegangene ἐσκωπτον, aber nicht auf λοιδορούμενος zurück, daher denn der Compilator, der in seinem Exemplare, d. h. in einer älteren Apophthegmensammlung, die er abkürzte, dasselbe vorgefunden hatte, was Plutarch erzählt, auf eigne Hand σκώπτοντας in αἰχμαλώτους veränderte. Dies eine Beispiel würde vollständig genügen, um die Unmöglichkeit darzuthun, dass Plutarch der Verfasser unsrer Sammlung sein könnte. Doch weiter. Unpassend werden im Ausspruch des Dion die πολέμιοι statt der ἐχθροί den φίλοις gegenübergestellt, vgl. v. Dion. c. 56. Was in Alexanders 32. Ausspruch steht: πυθόμενος δὲ ὑπό τινος λοιδορεῖσθαι, stimmt nicht mit v. Alex. c. 41, wo diese Anschuldigung allen Freunden des Königs zur Last fällt. Was Antigonus A. 4 seinem Sohne Philipp gesagt haben soll, das sagt er v. Demetr. c. 28 dem Demetrius. Was in A. 15 desselben Königs vom Cyniker Thrasyllus berichtet wird, das legt Plutarch de vitioso pud. p. 531 E dem Bias oder Bion bei. Den Pyrrhus fragen in A. 1 seine jungen Prinzen, bei Plutarch v. Pyrrh. c. 9 blos ein Sohn. Die Worte des Adimantus in Themistocles A. 4, gehören in der entsprechenden Biographie c. 11 dem Eurybiades an. Den Ausspruch des Timotheus, als seine Neider ihn schlafend darstellten, während die Städte sich freiwillig in sein Netz begaben, kannte Plutarch v. Sull. c. 6 in einer ganz andern Fassung. Was vom Lycurg berichtet wird und obenein durch einen schimpflichen Hiat entstellt ist: πυγμὴν δὲ καὶ παγκράτιον ἀγωνίζεσθαι ἐκώλυσεν, ἵνα μηδὲ παίζοντες ἀπαυδᾶν ἐθίζωνται, stimmt wenig mit dem Ausspruch in dessen

Leben c. 19: *καὶ περὶ τῶν ἀθλημάτων, ταῦτα μόνα μὴ κωλύσαντος ἀγωνίζεσθαι, ἐν οἷς χεὶρ οὐκ ἀνατείνεται.* Die Zeitangabe im dritten Ausspruch des Agis *δι' ἐτῶν τεσσάρων* lautet v. Lyc. c. 20 *δι' ἐτῶν πέντε*. Der vierte Ausspruch wird in demselben Capitel der Plutarchischen Biographie dem Demaratus, der fünfte dem Archidamidas beigelegt. Die Worte des Demades an den jüngeren Agis über die Kleinheit der Schwester, sind ebendaselbst c. 19 Worte eines unbekannten Atheners. Im folgenden Capitel werden die Worte des Kleomenes einem unbekannten Jüngling, die des Antalcidas in dessen erstem Ausspruch dem Plistonax beigelegt. Dem König Philipp werden bei Plutarch nicht viele glückliche Ereignisse an einem Tage gemeldet, wie im dritten Ausspruch, sondern drei. Aehnliche Widersprüche finden sich bei den Römern. Was in Scipio des jüngeren 13. Ausspruch Klitomachus sagt, das sagt bei Plutarch max. c. princ. 1, 12 l'osidonius. Selbst nicht einmal im Dichtercitat stimmen die Autoren hier überein. Diodotus der Lehrer der Beredsamkeit in Cicero's A. 7 heisst im Leben des Cicero c. 26 Philagrus. Die silberne Sphinx Cic. A. 11, ist in der vita c. 7 von Elfenbein. Ueberhaupt entdeckt man in den Apophthegmen eine grosse Nachlässigkeit und Willkür in Betreff der Eigennamen, und man dürfte wohl ihrem Verfasser nicht zu nahe treten, wenn man ihn für diese Unrichtigkeiten verantwortlich macht, und nicht seine Abschreiber. Der *Πολυπέρχης* in Pyrrhus A. 2 heisst v. Pyrrh. c. 8 richtiger *Πολυσπέρχων*. Statt *Νιχίων* Phoc. A. 13 steht bei Plutarch *Μιχίων*. Der Karer der in Ages. A. 8 *Ἰχαριεύς* genannt wird, heisst *Ἰδριεύς*. Für Nicomedes Pelop. A. 1 musste Nicodemus genannt sein, statt Labienus Fabric. A. 1, Laevinus, und in Cat. mai. A. 29

Albinus, statt Scipio Lucull. A. 1, Caepio. *Σθέννιος* in Pompej. A. 3 heisst bei Plutarch *Σθένις, Κάστος Ποπίλλιος* in Cic. A. 10 in der vita c. 26 *Πόπλιος Κώνστας* d. i. *Πόπλιος Κόττας*.

Alle bisherigen Ergebnisse unsrer Untersuchung werden nun in merkwürdiger Weise auch durch den Hiat bestätigt. Fehlerhafte Hiate habe ich in der Duebnerschen Ausgabe an folgenden Stellen gefunden: p. 206, 5. 29. 207, 25. 208, 12. 209, 18. 210, 8. 29. 211, 10. 21. 213, 24. 13. 215, 53. 216, 7. 18. 42. 221, 31. 224, 6. 35. 225, 32*). 227, 31. 228, 2. 11. 22. 229, 7. 13. 17. 21. 29. 230, 39. 232, 27. 233, 46. 51. 235, 4. 20. 31. 36. 236, 17. 237, 20. 238, 22. 41. 240, 4. 38. 242, 46. 243, 6. 9. 245, 25. 247, 37. 248, 17. 249, 27. 28. 250, 17. 252, 15. 53. 253, 7. Soweit nun diese Hiate in Apophthegmen vorkommen, welche Plutarch auch behandelt hat, so hat er sie bis auf zwei Fälle, in seiner Behandlung derselben sämmtlich zu vermeiden gewusst, wie folgende Gegenüberstellung zeigt:

Apophth. p. 206, 29: *ἀργυρίου δὲ καὶ χρυσίου οὐκ ἀριθμόν, ἀλλὰ σταθμὸν ἔσεσθαι.*

p. 210, 8: *τί σε Πλάτων καὶ φιλοσοφία ὠφέλησε;*

29: *πρὸς τοὺς κυρίους ὑμῶν ἔσται μοι ὁ λόγος.*

Plut. v. Artax. c. 6: *μισθοῦ δὲ τοῖς στρατευομένοις οὐκ ἀριθμόν, ἀλλὰ μέτρον ἔσεσθαι.*

v. Timol. c. 15: *τί δὴ τῆς Πλάτωνος ἀπολαύσεις σοφίας.*

de coh. ira p. 458 F: *ὅτι πρὸς τοὺς δεσπότας ἕξει τὸν λόγον.*

---

*) *σκεπτομένῳ, ᾦ Φωκίων, ἔτυχας.* Der Hiat ist nicht wegen der Interpunction zu entschuldigen. Denn nach den Interpunctionsregeln der Alten' in den Scholien zu Dionysius Thrax, hat man nicht vor, sondern blos nach einem Vocativ in affectvoller Rede zu interpungiren.

p. 211, 21: πολλῶν δὲ κατορθωμάτων αὐτῷ καὶ καλῶν ἐν μιᾷ ἡμέρᾳ προσαγγελθέντων.

p. 225, 22: σκεπτομένῳ, ᾧ Φωκίων, ἔοικας.

p. 228, 2: Λυκοῦργος — λέγων, ὅτι τοὺς μὲν καλοὺς ἡ κόμη εὐπρεπεστέρους ποιεῖ, τοὺς δ' αἰσχροὺς φοβερωτέρους.

p. 228, 11: πυγμὴν δὲ καὶ παγκράτιον ἀγωνίζεσθαι ἐκώλυσεν.

p. 229, 13: μιᾷ ἡμέρᾳ.

p. 229, 17: ὁ τύπῳ ἀνομοιότατος.

p. 229, 29: ὅπου μὴ ἐφικνεῖται ἡ λεοντῆ, προςραπτέον εἶναι ἐκεῖ τὴν ἀλωπεκῆν.

p. 235, 4: ὅτι μὴ δεδεμένη ὑπομένει Ἀλέξανδρον.

p. 235, 20: Γάϊος Φαβρίκιος τὴν ὑπὸ Πύρρου Ῥωμαίων ἧτταν πυθόμενος Λαβιήνῳ εἶπεν, Πύρρος οὐκ Ἠπειρῶται Ῥωμαίους νενικήκασιν.

p. 235, 31. 34: οὐδὲ σοί, ἔφη, τοῦτο λυσιτελές ἐστιν· Ἠπειρῶται γὰρ ἐὰν ἀμφοτέ-

v. Alex. c. 3: Φιλίππῳ δ' ἄρτι Ποτίδαιαν ἡρηκότι τρεῖς ἧκον ἀγγελίαι κατὰ τὸν αὐτὸν χρόνον.

v. Phoc. c. 4: σκεπτομένῳ, Φωκίων, ἔοικας.

v. Lyc. c. 22: Λυκούργου λόγον περὶ τῆς κόμης, ὅτι τοὺς μὲν καλοὺς εὐπρεπεστέρους ποιεῖ, τοὺς δ' αἰσχροὺς φοβερωτέρους.

ib. c. 19: περὶ τῶν ἀθλημάτων ταῦτα μόνα μὴ κωλύσαντος ἀγωνίζεσθαι.

ib. c. 20: ἡμέρᾳ μιᾷ.

ib. ἡ τὴκ ἀνομοιότατος.

v. Lys. c. 7: ὅπου γὰρ ἡ λεοντῆ μὴ ἐφικνεῖται; προςραπτέον ἐκεῖ τὴν ἀλωπεκῆν.

v. Pelop. c. 28: ὅτι ἄδετος οὐδ' ὑπομένεις Ἀλέξανδρον.

v. Pyrrh. c. 18: καίτοι λέγεται Γάϊων Φαβρίκιον εἰπεῖν, ὡς οὐκ Ἠπειρῶται Ῥωμαίους, ἀλλὰ Πύρρος νενικήκει Λαβῖνον.

ib. c. 20: λέγεται — εἰπεῖν ἀλλ' οὐδὲ σοὶ τοῦτο, βασιλεῦ, λυσιτελές ἐστιν· αὐτοὶ γὰρ οἱ νῦν σε τιρίους γνῶσιν ἡμᾶς, ὑπ' ἐμοῦ βασιλεύεσθαι μᾶλλον ἢ σοῦ ἐθελήσουσιν.

p. 235, 36: ὁ τοῦ Πύρρου ἰατρός.

p. 236, 47: εἰ γὰρ μὴ σὺ τὴν πόλιν ἀπέβαλες, οὐκ ἂν ἐγὼ ἀνέλαβον.

p. 245, 25: τοῖς δὲ Τεύτοσι παραστρατοπεδεύσας ἐν χωρίῳ ὀλίγον ὕδωρ ἔχοντι.

p. 248, 17: ἐκ δὲ πεινατικοῦ ἐμετικός.

p. 249, 27: πρὸς τὸν Κικέρωνα πλαγίως τι εἰπόντα φήσαντος, αἰνιγμάτων λύσεως ἀπείρως ἔχειν, καὶ μὴν ἡ σφίγξ, ἔφη, παρὰ σοί ἐστιν.

p. 250, 47: μᾶλλον ἂν ἔφη ἐβουλόμην πρῶτος ἐνταῦθ' εἶναι ἢ δεύτερος ἐν Ῥώμῃ.

μῶντες καὶ θαυμάζοντες, ἂν ἐμοῦ πεῖραν λάβωσιν, ὑπ' ἐμοῦ μᾶλλον ἐθελήσουσιν ἢ σοῦ βασιλεύεσθαι.

ib. c. 21: ὁ τοῦ βασιλέως ἰατρός.

v. Fab. Max. c. 23: εἰ μὴ γὰρ σὺ τὴν πόλιν ἀπέβαλες, οὐκ ἂν ἐγὼ παρέλαβον.

v. Mar. c. 18: κατέλαβε τῷ στρατοπέδῳ τόπον ἰσχυρὸν μὲν, ὕδωρ δ' ἄφθονον οὐκ ἔχοντα.

v. Pomp. c. 51: ἐμετικὸς δ' ἐκ πεινατικοῦ.

v. Cic. c. 7: εἶπέ τι πλαγίως ὁ Κικέρων πρὸς αὐτόν τοῦ δὲ φήσαντος αἰνιγμάτων λύσεως ἀπείρως ἔχειν· καὶ μὴν ἐπὶ τῆς οἰκίας τὴν σφίγγ' ἔχεις.

v. Caes. c. 11: τὸν δὲ Καίσαρα — εἰπεῖν· ἐγὼ μὲν ἐβουλόμην παρὰ τούτοις εἶναι μᾶλλον πρῶτος ἢ παρὰ Ῥωμαίοις δεύτερος.

Die zwei Fälle, in denen die Apophthegmen denselben Hiat haben wie Plutarch sind p. 238, 41: Σύροι ὁπλαρίοις verglichen mit v. Flamin. c. 17, und p. 247, 37: πάσας, εἶπεν, ὑπ' ἐμαυτῷ αὐτοκράτορι verglichen mit v. Pomp. c. 22, wo der Hiatus, sollte nicht die Pointe des Ausspruchs preis gegeben werden, nicht zu vermeiden war. P. 240, 38: διὰ τί ἀνδριὰς οὐ κεῖται Κάτωνος lautet bei Plutarch praec. reip. p. 820 B: διὰ τί μου ἀνδριὰς οὐ κεῖται.

Unsere Untersuchung führt nach allem bisherigen zu folgendem Schlussresultate: Die Königsapophthegmen sind weder eine von Plutarch, noch aus Plutarchs Schriften zusammengestellte Sammlung. Wahrscheinlich sind sie aus einer älteren Apophthegmensammlung compilirt, wie es deren seit den Zeiten der älteren Peripatetiker eine Menge gegeben hat. Aus einem derartigen Buche hat auch Aelian zu seinen Variae Historiae viel geschöpft. Daher kommt es, dass Aelian drei Apophthegmen des Alcibiades (5—7) zwar mit anderen Worten, aber in derselben Reihenfolge erzählt hat, als sie in unsrer Sammlung stehen. vgl. Ael. V. H. XIII, 38. Auch die Apophthegmen 13, 21, 23, 24 stehen bei Aelian XI, 9. XIII, 42. XII, 3 und zwar so, dass die beiden mittleren fast wörtlich mit unserer Sammlung stimmen. Deshalb hat man aber nicht mit Wyttenbach an eine Benutzung der Sammlung durch Aelian zu denken. Ob die Dedicationsepistel an Trajan von demselben Verfasser herrührt, der die Sammlung compilirt hat, oder von einem Betrüger, der dadurch eine herrenlose Sammlung für ein Werk Plutarchs ausgeben wollte, lässt sich nicht entscheiden, doch ist mir das letztere wahrscheinlicher. Dass sie ein erdichtetes Machwerk ist, kann nicht bezweifelt werden. Wenn aber die Apophthegmen aus einer älteren ursprünglich für die Zwecke der Rhetorenschulen bestimmten Sammlung geflossen sind, so erklärt sich daraus, wie es kommt, dass der Hiat in ihnen grösstentheils vermieden ist. Bereits im sechsten Jahrhundert kannte Sopater die Königsapophthegmen als ein Werk Plutarchs.

Ueber die apophthegmata Laconica, die instituta Laconica und die Lacaenarum apophthegmata, welche, soweit den bisher darüber vorhandenen Angaben Glauben zu schenken ist, in den Handschriften ein zusammengehöriges Ganze bilden, bedarf es zum Schluss nur noch weniger Worte. Denn im Grunde ist mit dem geführten Beweis von der Unächtheit der Königsapophthegmen auch für diese Schriften die Unächtheit gewissermassen implicite mit bewiesen. Freilich urtheilte Wyttenbach zunächst über die apophthegmata Laconica »est profecto hic libellus non magis spurius censendus quam proxime antecedens (die Königsapophthegmen); siquidem eandem habet rationem et formam: tum dictionem omnino Plutarcheam: porro res ipsas eorum capitum, quae sunt de hominibus, quorum vitae a Plutarcho scriptae exstant, velut Agesilai, Lycurgi, Lysandri, Agidis, desumtas fere ad verbum ex horum vitis,« und weiter über die instituta Laconica »de hoc libro item censeo ut de antecedente; ut eum nec germanum nec spurium pronuntiare firmiter audeam. Nam materia quidem est Plutarchea, collecta maximam partem ex vita Lycurgi: idque vel ab ipso Plutarcho, vel postea ab alio homine: neque enim rationem video, quominus vel alterutrum, vel etiam utrumque fieri potuerit« und endlich über die apophthegmata Lacaenarum »ad argumentum et auctoritatem quod attinet, item iudicamus atque de apophthegmatum Laconicorum libello.« Aber auch diese Urtheile sind zum Theil nicht frei von inneren Widersprüchen, zum Theil geradezu falsch.

Denn diese Schriften sind in jeder Hinsicht schlechter als die Königsapophthegmen. Sehen wir vorläufig von den instituta Laconica ab, so sind die Apophthegmen ganz wüste

Compilationen in alphabetischer Ordnung. Ihrem Verfasser kam es bei seiner Sammlung gar nicht darauf an dieselben Apophthegmen mit geringen Veränderungen, oft selbst ohne diese, verschiedenen Männern beizulegen, man vergleiche unter anderen Agesil. 34 mit Androkleidas und unter den Unbekannten N. 42, Agesil. 35 und Agis 18, Agesil. 67 und Leotychides 3, Agesil. 51 und Agis 2, Antalcidas 1 und Lysander 10, Antalc. 2 und Plistonax, Agesil. 65 und Antalc. 4, Arigeus 1 und Euboidas, Archidamus. Zeuxid. 3 und Cleomenes 15, desgl. 4 und Gorgo 2, 5 und Lysander 9, Agesil. 28 und Archid. Ages. 2, Ages. 9 und Brasidas 1, Agesil. 6 und Damonidas, Demarat 3 und Eudamidas, Agesil. 64 und Kallikratidas 3. Ebensowenig genirt es ihn unter den am Schlusse beigefügten διάφορα τῶν ἐν τοῖς Λάκωσιν ἀδήξων ἀποφθέγματα manche wieder aufzuführen, die bereits vorher bestimmten Männern beigelegt waren. Was den Werth der Apophthegmen anlangt, so findet man witziges und interessantes neben geistlosem, trivialen, ja geradezu ungehörigem im bunten Durcheinander. Der Sammler schrieb unverdrossen alles zusammen, was ihm eben in den Wurf kam, und wie wenig er dabei den Anforderungen eines anständigen Geschmacks Rechnung trug, beweisen unter den anonymen Apophthegmen n. 10: ἰδών τις ἐν ἀποχωρήσει θακέοντας ἐπὶ δίφρων ἀνθρώπους, μὴ γένοιτο, εἶπεν, ἐνταῦθα καθίσαι, ὅθεν οὐκ ἔστιν ἐξαναστῆναι πρεσβυτέρῳ — noch mehr n. 11: Χίων ποτὲ κατ' ἐπιδημίαν ἀπὸ δείπνου ἐμεσάντων ἐν τῷ ἐφορείῳ, καὶ χεσάντων ἐπὶ τῶν δίφρων, ἔνθα οἱ ἔφοροι ἐκάθηντο, τὸ μὲν πρῶτον ἰσχυρῶς ἀνεζήτουν τοὺς ποιήσαντας, μὴ πολῖται τυγχάνωσιν· ὡς δ' ἤσθοντο, ὅτι Χῖοι ἦσαν, ἐκήρυξαν, τοῖς Χίοις ἐφεῖσιν ἀσελγαίνειν. Auch in Bezug auf das formelle der Erzählung und Darstellung sind diese Apophthegmen viel schlechter als die vorigen. Der Hiat ist gar nicht vermieden. Jede Seite giebt ihn massenhaft. Vergleicht man endlich die Apophthegmen nach ihrem Inhalt mit Plutarch, so findet man, ganz ähnlich wie bei den Königsapophthegmen, über die Hälfte von den mitgetheilten Anekdoten bei Plutarch gar nicht; von der andern Hälfte sind eine grosse Anzahl bei Plutarch andern Personen beigelegt, oder anders erzählt, öfter allerdings findet sich wörtliche Uebereinstimmung zwischen Plutarch und der Sammlung, die übrigens auch häufig mit den Königsapophthegmen wörtlich übereinstimmt, und in diesem Falle haben eben beide dieselben Quellen benutzt oder ausgeschrieben, aber so wenig als der Verfasser der Königsapophthegmen hat auch dieser Verfasser seinen Stoff irgendwie direct aus Plutarch entlehnt. Die Belege für das gesagte im einzelnen zu geben, halte ich für überflüssig.

Aber auch in Betreff der zwischen den Apophthegmen eingeschobenen instituta Laconica muss ich mich gegen eine directe Entlehnung aus der vita Lycurgi erklären. Sie fangen ganz abgerissen mit den Worten an: τῶν δὲ εἰσιόντων εἰς τὰ συσσίτια ἑκάστῳ δεικνύων ὁ πρεσβύτατος τὰς θύρας, διὰ τούτων οὐδεὶς ἐξέρχεται λόγος. Das steht wörtlich so v. Lyc. c. 12, nur dass dort εἰς τὰ συσσίτια fehlt und nicht δεικνύων, sondern δείξας gelesen wird. N. 2 steht mit geringen Veränderungen, statt des Tyrannen Dionysios wird jedoch einer der Pontischen Könige genannt, und n. 3 fast ganz wörtlich ebendaselbst. N. 4 mit Weglassung des zweiten Satzes in c. 16; ebendaselbst n. 5, 6. N. 12 steht fast wörtlich in c. 17, ebendaselbst jedoch mit allerlei Veränderungen n. 13. N. 14 und 15 fast wörtlich in c. 21. N. 18—20 er-

scheinen als kürzere Excerpte derselben Quelle, die Plutarch
in c. 27 vollständiger benutzt hat. N. 41 endlich steht bis
auf den letzten Satz wiederum fast wörtlich in c. 24. Dagegen sind die andern Abschnitte, die sich übrigens in ihrer
äusseren Form nicht merklich von den im bisherigen aufgezählten unterscheiden, in der vita Lycurgi nicht anzutreffen.
Manches davon erinnert an Stellen der Schrift de republica
Lacedaemoniorum. Wäre nun Plutarch die directe Quelle
des Compilators gewesen, so würde er an einzelnen Stellen
schwerlich mehr und anderes bieten, als dieser enthält. Offenbar liegt die Sache vielmehr so, dass derselbe Autor, aus
welchem Plutarch in seiner vita manches wörtlich entlehnte,
auch von dem Verfasser der instituta Laconica excerpirt ist.
Die Quelle, aus welcher Plutarch sein Leben Lykurgs geschöpft hat, ist bis jetzt noch nicht nachgewiesen. H. Peter
im Rheinischen Museum XXII. 1867 S. 78 ff. hat Phylarch
als solche vermuthet, ohne jedoch seine an sich nicht unwahrscheinliche Vermuthung durch positive Zeugnisse bestätigen
zu können. Wenn aber, wie die Uebereinstimmung in der
sprachlichen Darstellung es wahrscheinlich macht, die instituta Laconica in ihren 42 Abschnitten aus einer Quelle
excerpirt sind, und zwar derselben, welche Plutarch benutzte,
so ist dies nicht Phylarch gewesen, sondern ein späterer
Schriftsteller, der nach der Einnahme Korinths durch Mummius
geschrieben hat. Denn es heisst am Schluss der instituta die
Lacedämonier hätten nach der Schlacht bei Chäronea und
unter der Herrschaft der Macedonischen Könige — πάνυ
βραχέα τινὰ ζώπυρα διασώζοντες τῆς Λυκούργου νομοθεσίας
— noch einigermassen ihre Selbständigkeit behauptet, ἕως οὗ
παντάπασιν ὑπειδόντες τὴν Λυκούργου νομοθεσίαν ὑπὸ τῶν

ἰδίων πολιτῶν ἐτυραννεύθησαν μηδὲν ἔτι σώζοντες τῆς πατρίου ἀγωγῆς· καὶ παραπλήσιοι τοῖς ἄλλοις γενόμενοι τὴν πρόσθεν εὔκλειαν καὶ παρρησίαν ἀπέθεντο καὶ εἰς δουλείαν μετέστησαν, καὶ νῦν ὑπὸ Ῥωμαίοις καθάπερ οἱ ἄλλοι Ἕλληνες ἐγένοντο. Freilich könnte auch dieser Autor eine ältere Arbeit, also immerhin den Phylarch, ausgeschrieben haben. Doch dem sei, wie ihm wolle, für uns genügt es zu zeigen, dass die instituta Laconica mit sammt den sie umgebenden Apophthegmen nicht von Plutarch verfasst sein können. Das beweist die angezogene Schlussstelle unwiderleglich, denn zu Plutarchs Zeiten hat kein Grieche das Verhältniss seiner Landsleute zu den Römern als δουλεία betrachtet, auch füglich nicht betrachten können. Schon Wyttenbach sah sich daher zu der Bemerkung veranlasst »hic et sequens totus locus, nescio quomodo, alienus a Plutarchi auctoritate et supposititius videtur.« Nicht blos diese Stelle, sondern überhaupt die ganze Schrift ist dem Plutarch untergeschoben, wie dies bereits von Th. E. Gierig in der Vorrede zu seiner Ausgabe der instituta et excerpta apophthegmata Laconica, Leipz. 1779 behauptet und bewiesen ist. Wyttenbach kannte diese Ausgabe, scheint aber die Vorrede nicht gelesen zu haben. Seine Ansichten über diese Schriften bezeichnen im Vergleich mit denen seines Vorgängers einen auffallenden kritischen Rückschritt.

www.ingramcontent.com/pod-product-compliance
Lightning Source LLC
Chambersburg PA
CBHW032109220426
43664CB00008B/1199